Dataclysm
Who We are
When We Think No One's Looking

クリスチャン・ラダー＝著
矢羽野 薫＝訳

ハーバード数学科の
データサイエンティストが明かす

ビッグデータの残酷な現実

ネットの密かな行動から、
私たちの何がわかってしまったのか？

ダイヤモンド社

DATACLYSM

by

Christian Rudder

Japanese translation rights arranged with Data Jam, Inc.
c/o The Gernert Company, New York
through Tuttle-Mori Agency, Inc., Tokyo

訳者まえがき ビッグデータがリアルで人間くさい私たちの心の中を語りだす

あなたはどのような内容を想像して、この本を手に取っているだろうか。

ビッグデータの現実を描く読み物だろうか。出会いサイトの本ということで、男女関係や性にまつわる話を赤裸々に語る本として読む人もいれば、現代の風俗やインターネット上の交流に関する社会学的な解説を楽しみたい人もいるだろう。2色刷りの豊富な図表は、流行りのインフォグラフィックの本を思わせるかもしれない。

本書はアメリカで刊行された直後から、ニューヨーク・タイムズ、ウォール・ストリート・ジャーナル、ワシントン・ポスト、フィナンシャル・タイムズ、タイム、フォーブズ、ザ・ニューヨーカーなど、主要な新聞・雑誌で「ビッグデータの必読の1冊」として紹介された。行動経済学者のダン・アリエリーや、アカデミー賞ドキュメンタリー映画監督のエロール・モリス、人気コメディアンのアジズ・アンサリも本書を絶賛している（アンサリは、ネットの恋愛術に関するベストセラーを書いたことでも知られる）。

さらには女性誌でも取り上げられ、アメリカ以外でもベストブックに選ばれるなど、ジャンルを超えたベストセラーとなった。

「チャーミングでとにかく興味深い、時折くすりと笑いたくなる……著者のラダーは心あるデータサイエンティストで、私たちはこの本を読めて本当にラッキーだ」——Elle誌このユニークな本を日本に紹介するにあたって、少しだけ背景を説明しておきたい。本書のビッグデータの舞台となる「Okキューピッド」は2004年に開設されたアメリカの大手出会いサイトで、11年にIAC／インタラクティブに5000万ドルで買収された。IAC傘下のマッチ・グループはOkキューピッドのほか、マッチ・ドットコムや、100億組以上のカップルを成立させたというティンダーなどを擁し、2015年にはアメリカの出会い系市場の約22％を占めている。

日本では「出会い系」にまつわるマイナスイメージも強いが、オンラインでデートの相手を見つけ、交際や結婚に発展することは、欧米ではそれほど特別視されていないようだ。多くの人が、恋愛の機会の一つとして気軽に利用している。サイトにもさまざまな種類があり、若者が中心の気軽な出会いアプリや、婚活専門のサイトもあれば、最近話題になったアシュレイ・マディソンのような「不倫サイト」もある。

その中でOkキューピッドは、「アルゴリズムによるマッチング機能」「誰でも歓迎」「無料」（有料のプレミアムサービスもある）をモットーに、1000万人以上のユーザーを集めている。アクティブユーザーは月間400万人。著者によれば、毎日300組のカップルが誕生している。

Okキューピッドのユーザーは写真とプロフィールを登録し、相手の条件や恋愛観、人生観などについて1000個以上の質問に答える。それをもとにアルゴリズムが相性度を計算して、「あなたに合いそうな人」をはじき出す。本書は、ユーザーから収集したこれらの大量のデータをもとに、私たちの本音を数学的にあぶり出そうという試みだ。

ここで、出会いサイトのデータの信頼性に疑問を感じる人もいるだろう。確かに、オンラインでは虚偽申告やなりすましは簡単にできる。プロフィールの写真が本物だ（あるいは十数年前のものではない）と確認する方法も限られる。しかし、出会いサイトを利用する人の大多数にとって、目的は「自分の条件に近い相手とオフラインでデートをする」ことだ。経歴や趣味などで多少の「盛《も》り」はあるだろうが、写真や基本的な情報で嘘をついてもあまり意味がない。

さらに、フェイスブックなどのＳＮＳと違って、出会いサイトではパートナー候補以外のユーザーとのつながりがない。自分が出会いサイトに登録していることを周囲は知らないという人も多いから、体裁のために嘘をつく必要はない。恋愛相手に求める条件や、偏見と言われそうな考え方、性的指向など、ソーシャルな場では表現を迷うことや、タブーとされる話題も、出会いサイトでは本音を言いやすいだろう。

もう一つ重要な特徴は、出会いサイトのデータが、アンケートなどで収集する調査データと違って「生のデータ」であることだ。相性度を計算するための質問も、「家族に関する意識調査」「人種問題について」など限定的なテーマではなく、ありとあらゆる領域にわたっているため、無意識のうちに正直な気持ちが出やすい。

そう考えると、「ビッグデータを分析して本当の自分を知る」という試みにとって、出会いサイトは格好の舞台ではないだろうか。著者も指摘しているように、ビッグデータの話題になると「監視社会への不安」や「データはカネになる」というストーリーになりがちだ。しかし本書は、データというレンズを通して私たちの心の中をのぞこうとしている。恋愛のパートナーを探すために提供された生身のデータだからこそ、とても人間くさく、現実的で、私たちの本音があふれているのだろう。

２０１６年７月　　矢羽野薫

ハーバード数学科のデータサイエンティストが明かすビッグデータの残酷な現実◉目次

PART 1

What Brings Us Together

そして、何が私たちを結びつけるのか?

PART 2
What Pulls Us Apart

何が、二人を分けたのか？

PART 3

What Makes Us Who We Are

自分らしさはどこにある？

イントロダクション｜ビッグデータは、あなた自身を語る

ビッグデータにまつわる話は、すでにいろいろ聞いているはずだ。壮大な可能性、不吉な結果、人類と人類が愛してやまないインターネットの未来を語る新しいパラダイム……。得体の知れない胸騒ぎがする人もいるだろう。しかし本書では、データをめぐる現象を大々的に宣伝するつもりも、実態を暴くつもりもない。データそのものについて議論していく。私の手元には現実の社会で収集した大量の情報があり、幸運なことに私はそれらの情報を自由に分析できる立場にいる。

私は出会いサイト「Ｏｋキューピッド」の共同創業者だ。地道にコツコツと10年間。いまや世界最大手の一つに成長した。成功の大きな理由は、私たち共同創業者４人（友人同士でもある）が数学的思考の人間で、その思考を人々の出会いに応用したことだ。恋愛の「エキスパート」や「カウンセラー」の独壇場だった世界に、分析と厳密さを取り入れたのだ。もちろん、すべてが洗練された仕組みで動くわけではない。二人の人間が知り合うプロセスをアルゴリズムに落とし込む数学は、事実に基づく計算にすぎない。ともあれ、私たちのアプローチは共感を呼び、２０１４年だけで約１０００万人がＯｋキューピッドに出会いを求めた。*1

私も十分すぎるほど自覚しているのだが、ウェブサイト（とウェブサイトの創設者）は大きな数字をさりげなく口にしたがり、思慮深い人々はそれを無視することに慣れている。あれが数百万、これが数十億と言うたびに、ゼロが延々と続く自画自賛が始まったと思われる。しかも、本書で繰り返し紹介するデータの源で

あるグーグルやフェイスブック、ツイッターに比べて、Ｏｋキューピッドははるかに知名度が低い。あなたや友人が長年幸せな結婚生活を送っているなら、私たちの名前を聞いたことさえないだろう。

Ｏｋキューピッドを利用したことがなく、どこかのサイトのユーザー・エンゲージメントなる数字に関心がない人（普通は関心がなくて当たり前だ）のために、イメージを思い描きやすい数字で説明してみよう。今夜、約3万組のカップルが、Ｏｋキューピッドがきっかけで初めてのデートをする。[*2] そのうち約３０００組はその後も付き合うことになる。やがて約２００組が結婚し、その多くが子どもを持つだろう。私たちのＨＴＭＬの気まぐれがなければこの世に存在しなかった子どもたちが、今日も元気に走り回り、いまこの瞬間も靴を履きたくないと駄々をこねている。

自分たちは完璧だと、うぬぼれるつもりはない。私は友人と立ち上げたサイトを誇りに思っているが、私を含む共同創業者は全員、生まれてこのかたオンラインデートの経験は一度もない。私自身、テクノロジーの福音を広める役回りは、どちらかと言えば性に合わない。デジタルを武器に、誰かのプライベートに立ち入るつもりもない。私はいまも紙の雑誌を定期購読していて、週末にはタイム誌が自宅に届く。ツイッターでつぶやくのは気恥ずかしい。インターネットやソーシャルメディアをもっと利用するべきだ、敬意を払うべきだ、「信用」するべきだと、誰かを説得する力もない。オンラインの世界に関する考え方は、人それぞれでかまわない。ただ、本書をきっかけにあらためて考えてほしいと思っていることがあるとすれば、それは自分自身についてだ。これは自分自身の心と向き合うための本だ。この本を書くためにＯｋキューピッドを立ち上げたのだと、いまは思える。

出会いサイトのビッグデータの価値はどこにある？

２００９年から、私はＯｋキューピッドのデータ解析チームを率いている。私の仕事は、ユーザーが生んだデータの意味を理解することだ。サイトを実際に運営する大変な仕事は、ほかの３人の共同創業者がほぼすべて引き受けてくれるおかげで、この数年間はひたすら数字をいじっている。それでも私の仕事の一部は、会社の役に立っている。たとえば、セックスと美しさに関する男女の考え方の違いを理解することは、出会いサイトの運営に必要不可欠だ。とはいえ、私の研究成果の多くは、ちょっとした興味をそそるだけで、直接何かの役に立つわけではない。黒人男性が最も関心のないロックバンドはベル・アンド・セバスチャンだとか、フラッシュをたいたスナップ写真は7歳老けて見えるといった統計的な事実を知っても、たいていの人は「へえ」と思うだけで、パーティーの話題にするくらいだろう。実際、私たちがデータから拾い集めた「洞察」は、当初は会社のプレスリリースに載せても注目されなかった。しかし、十分な量の情報を分析できるようになると、小さなパターンから大きなパターンが浮かび上がり、より大きな傾向が明らかになった。さらには、私たちの「直接的な」データを解析して、人種のようなタブーとされるテーマを検証できることもわかった。調査用の質問をしたり、社会科学者のように小規模な実験を用意したりしなくても、10万人の白人男性と10万人の黒人女性が個人的に交流すると「実際に何が起きるか」を、直接観察して分析できるのだ。データは私たちのサーバにある。社会学的にとてつもなく魅力的な機会ではないか。

私はデータの分析に没頭した。さまざまな発見が積み重なるにつれて、私も世の例に漏れず、ブログを始めて自分の考えを披露するようになった。そのブログが本書になったわけだが、ブログから一つ大きく進歩した点は、本書ではＯｋキューピッドの枠をはるかに超えていることだ。本書で考察するデータセットは、現代の主要な出会いサイトの、すべてとは言わないが大多数よりも、多様で奥深い個人のやり取りだ。これらのデータをもとに、一つのサイトの傾向だけでなく、世の中全体の流れも考察していきたい。

データに関する議論と言えば、最近はもっぱら政府による監視と商業的なチャンスの話だ。一つ目については、私はあなたがたと同じ程度の知識しかない。本や雑誌で読むだけだ。私の知るかぎり、国家の治安当局が出会いサイトのアクセス記録に興味を示したことはない。割れた腹筋だけで顔が写っていない写真や、ブルックリン在住の若い女性がスコッチへの愛をとうとうと語ること（そういう女性にかぎってスコッチが好きではない）を犯罪と見なさないかぎり、治安当局が私たちにそれほど関心を持つとは思えない。

二つ目の、データがカネになるという話は、私もよく知っている。本書の執筆を始めた頃、IT業界のメディアはフェイスブックのIPO（新規株式公開）の話題によだれを垂らしていた。フェイスブックはあらゆるユーザーの個人的なデータを収集して、巨額のカネに換え、それを元手に株式市場でさらに大儲けしようとしていた。ニューヨーク・タイムズ紙はIPOの3日前に、「フェイスブックはデータで黄金を紡ぐ」という見出しを掲げた。論説のページにルンペルシュティルツヒェンの挿し絵があっても驚かなかっただろう［訳注　グリム童話に登場する魔法で藁を黄金に変える小人］。

私は広告収入を得ているサイトの創設者として、データが販売促進に役立つことは断言できる。ウェブサイトはユーザーのあらゆるネット経験を吸収する。すべてのクリックや、入力した文字、サイトを閲覧していた時間をデータとして収集する。そこからユーザーの欲求を特定して、それを満たす方法を提供することも難しくない。とてつもない力に思えるかもしれないが、ネットの「透視能力」の話――たとえば、制汗スプレーを使った友人から近況報告が届いた人に、すかさず制汗スプレーを売り込む――をするつもりはない。

ビッグデータの世界で進行中の筋書きが監視とカネの二つなら、私はこの3年間、第三の筋書きを追いかけてきた。すなわち、人間の物語だ。

フェイスブックはあなたがM&Mのチョコレートが大好きだと知っていて、関連する広告や情報を提供する。恋人と別れてテキサスに引っ越したあなたが、元カレの写真に頻繁に登場するようになり、よりを戻したことも知っている。グーグルはあなたが新しい車を探していることを知って、あなたの心理状態に合った車を選び出す。スリルを好むタイプで、社会意識の高いタイプB（マイペースで非攻撃的）、男性、25〜34歳――そんなあなたは、スバルのこのモデルがお気に召すでしょう。グーグルはさらに、あなたが同性愛者であることも、怒っていることも、孤独なことも、人種差別主義者であることも、癌を患う母親を心配していることも知っている。ツイッターやレディット、タンブラー、インスタグラムは、基本はSNSを運営する企業だが、前例のないほど幅広い、包括的な、重要なデータを擁する人口統計学者でもある。

デジタルデータは、私たちがどのように喧嘩をして、どのように愛し、どのように年を取り、どんな人間で、どのように変わってきたかを明確に描き出す。データを見るだけでわかるのだ。人は誰にも見られていないと思うときにどのような振る舞いをするかも、データが明らかにする。

大きな数字から小さな個人を理解するアプローチ

ノンフィクションの本をよく読む人なら、本書の二つの特徴に気がつくだろう。まず、グラフや表に黒色だけでなく赤色を使っている。そして、集合や大きな数字を扱う本にしては、個人の具体的なエピソードがほとんど登場しない。グラフや表はたくさんあるが、個人の名前は数えるほどだ。ポピュラーサイエンスの世界では、些細な出来事を通して大きなものを見るという手法がよく使われる。1個のカブを介して世界の歴史を語り、1匹の魚から戦争の始まりをたどる。プリズムにペンライトをあてると、寝室の壁に大きな美しい虹が映し出されるように。しかし、私は反対の方向からレンズをのぞく。人々が何をして、何を考え、どんなことを言っているのかという数テラバイトの巨大なデータセットから、たくさんの小さなものを抽出するのだ。友人があなたの結婚生活についてどう言っているか。アジア系の人が自分を表現するときにいちばん使わない表現は何か。同性愛者はどのような場合に、どのような理由で性的指向を隠すのか。この10年で書き言葉はどのように変わり、人々の怒りはいかに変わっていないか。私たちは自分をどのように理解しているか。これらのことを、私たちが語る言葉から離れて数字で考えるのだ。いや、むしろ、数字がおのずから語ってくれる。

このアプローチは、根気強く統計の山を掘り続けていくなかから生まれた。出会いサイトは人と人を結び付けるが、より信頼性の高い出会いを提供するためには、人々の欲求や趣味、嫌悪感を理解しなければならない。そこで、詳細なデータを大量に集め、人間の行動の一般論に翻訳する。このような情報にどっぷり浸かって仕事をしていると（新聞の日曜版の結婚報告欄を担当するようなものだ）、サイトで出会う二人の個人に対してというより、揺れ動く人間性に親近感を抱くようになる。そして、科学者が人体の構造を理解するように人間を理解して、試験管の中で分子が渦を巻くように愛が浮かび上がってくる。

インターネット上のすべてのサービスは、そしてすべてのデータサイエンティストは、客観性を大切にする。アルゴリズムに数字で表せない要素を投入しても、うまく機能しない。あるアイデアをコンピュータに理解させるためには、できるだけ多くの部分を数字に置き換える必要がある。したがって、ＳＮＳのサイトやアプリは、人間の経験の連続体を切り刻んで数字に置き換えるという難しい課題に直面する。言葉では表現できない深遠なプロセスを——フェイスブックは友情を、レディットはコミュニティづくりを、出会いサイトは恋愛を——サーバが処理できる大きさに分割するのだ。しかし同時に、言葉にできない要素もできるだけ多く残して、アルゴリズムが吐き出した結果が現実の世界を代弁しているとユーザーに思わせる。これが、インターネットという繊細な幻想だ。ニンジンを手際よくスライスすると、切った片がまな板の上に立って、全体でニンジンの形を保つ。このニンジンが崩れない緊張感——人間の状況の連続体とデータベースのデータの破片の間の緊張感——が、サイトの運営を複雑なものにする。近似値という統計の技術は、まったく新しい機会をもたらした。欲望や友情といった永遠の謎も、数字に置き換えられるようになったのだ。「数量化できない」ものとしてあきらめていた要素を、多少なりとも理解できるようになった。近似値の手法が改良されるにつれて、私たちの生活にも浸透し、数量化できないものへの理解が急速に深まった。その例を紹介する前に、"Making the Ineffable Totally Effable"（言葉に表せないものを、すべて言葉で表す）という言葉がOkキューピッドの標語にふさわしい理由を説明したい。

現実のデータは男女をいかに語るか

インターネットには至る所に評価がある。レディットの投稿に"up"か"down"の票を投じ、アマゾンにカスタマー・レビューを投稿し、フェイスブックで「いいね！」ボタンを押す。サイトが評価や投票を促すのは、流動的で特異なもの——個人の意見——が、理解しやすくて利用しやすい情報に変わるからだ。出会いサイトのユーザーは互いに相手を評価する。第一印象——「目がきれい」「かわいいけど、赤毛は好みじゃないかな」「えーっ、気持ち悪い」――が、たとえば5段階で「5」「3」「1」といった数字に置き換えられるのだ。出会いサイトには、これらの小さな判定が無数に集まる。他人の第一印象を直感的に判定した小さな思考が集まって、人が他人をどのように判断するかという大きな洞察を生む。

　このような個人対個人の評価について、最も基本的な処理は合計することだ。平均で☆一つの評価を得た人は何人か、☆二つは何人か、という具合に集計する。**図0-1**は、非同性愛者の男性が非同性愛者の女性を1から5の5段階で評価した結果をまとめたものだ。

　緩やかなカーブを描くこのグラフは、Okキューピッドで男性が女性の美しさを評価したデータをもとに作成したもので、女性に対する5100万件の好意を長方形のブロックの列に要約している。一目で理解しやすい全体像の中に、小さな物語（ある男性がある女性をどのように思っているかという数千個の物語）とエピソード（本書はそうしたエピソードを紹介する本ではない）が織り込まれている。宇宙から地球を眺めるときのように、詳細は見えないが、よく知っているものをまったく新しい視点で見ることが

|図0-1|　女性に対する男性の評価

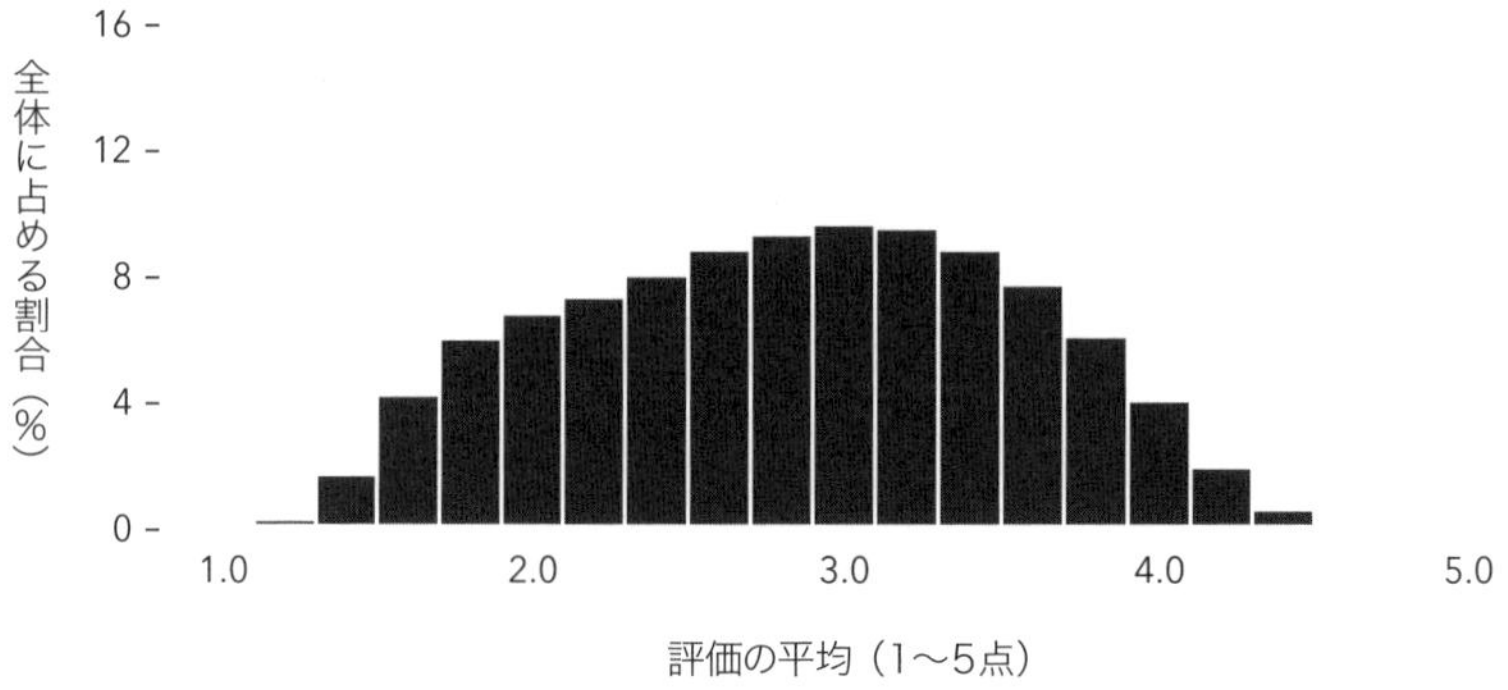

できる。

　グラフがベル曲線と呼ばれる正規分布のカーブを描いている様は、いかにも教科書に掲載されるグラフだ。ただし、現実の世界では、カーブが左右どちらかに偏りやすい。

　とくに、個人の好みが関係すると偏りやすくなる。たとえば、位置情報を利用したSNSのフォースクエアでは、ピザ店の評価は**図0-2**のようになる（フォースクエアの評価はかなり好意的なものが多い）。

　一方で、米議会の支持率は、**図0-3**のように評

|図0-2| ニューヨークのピザ店の評価（フォースクエア、0～10点）

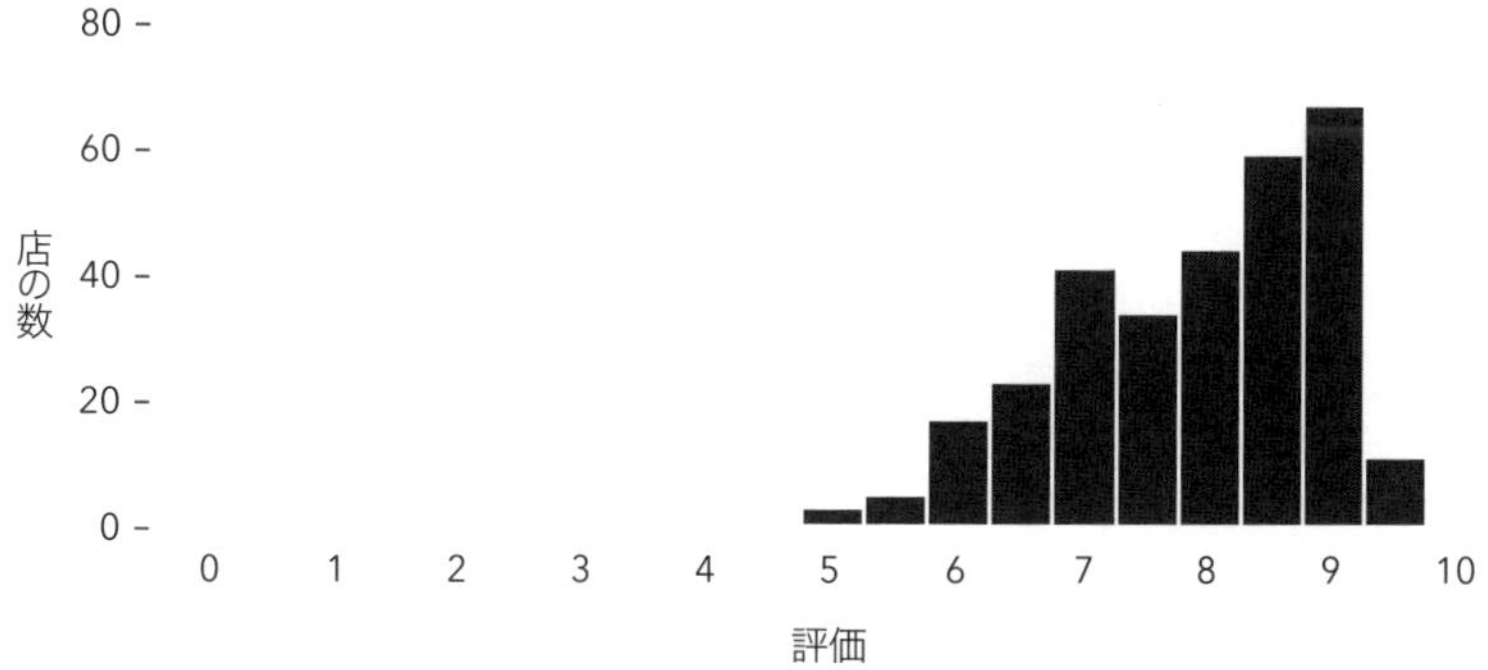

|図0-3| 主要メディアの世論調査における米議会の支持率（2008年11月）

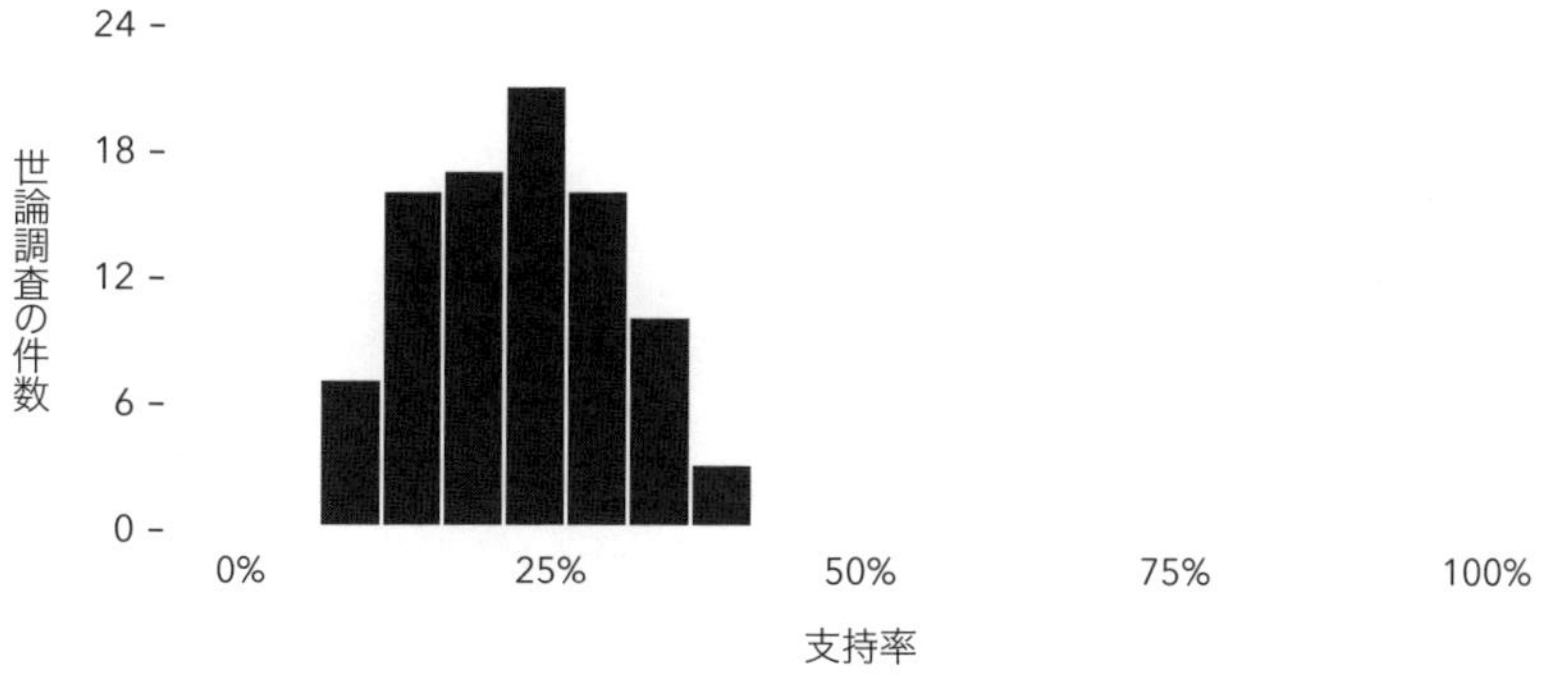

価が低い側に偏る。政治家とピザは、道徳的に正反対の存在なのだろう。

先の男女の評価のグラフは、山が一つの単峰型と呼ばれる分布で、女性に対する評価は一つの値に集中しがちであることを示している。もっとも、現実には評価の分布は、山が複数ある双峰（多峰）型になることが多い。NBA（米プロバスケットボール協会）の選手が2012～13年シーズンに先発メンバーに登録された頻度をグラフに表すと、両端に選手が集まり、真ん中はほとんどいない（図0－4）。

このデータから、コーチはそれぞれの選手が先発にふさわしいかどうかを判断して先発メンバーを決めると言えるだろう。明快な二者択一だ。同じように、男性が女性の美しさを評価する際も、「美しい」か「美しくない」かの二者択一なのだろうか。しかし、実際のグラフは先に見たとおりだ。データの意味を解釈する際は、一つの結論に対し、「そうではない場合」と比較して考察する手法がある。考えられる選択肢が無数にある場合、わかりやすい単純な結論は、わかりやすいからこそ意味がある。先の図0－1は、いわゆる「対称ベータ分布」にきわめて近い。これに

図0-4　NBA選手が先発メンバーに登録された頻度（2012～13年）

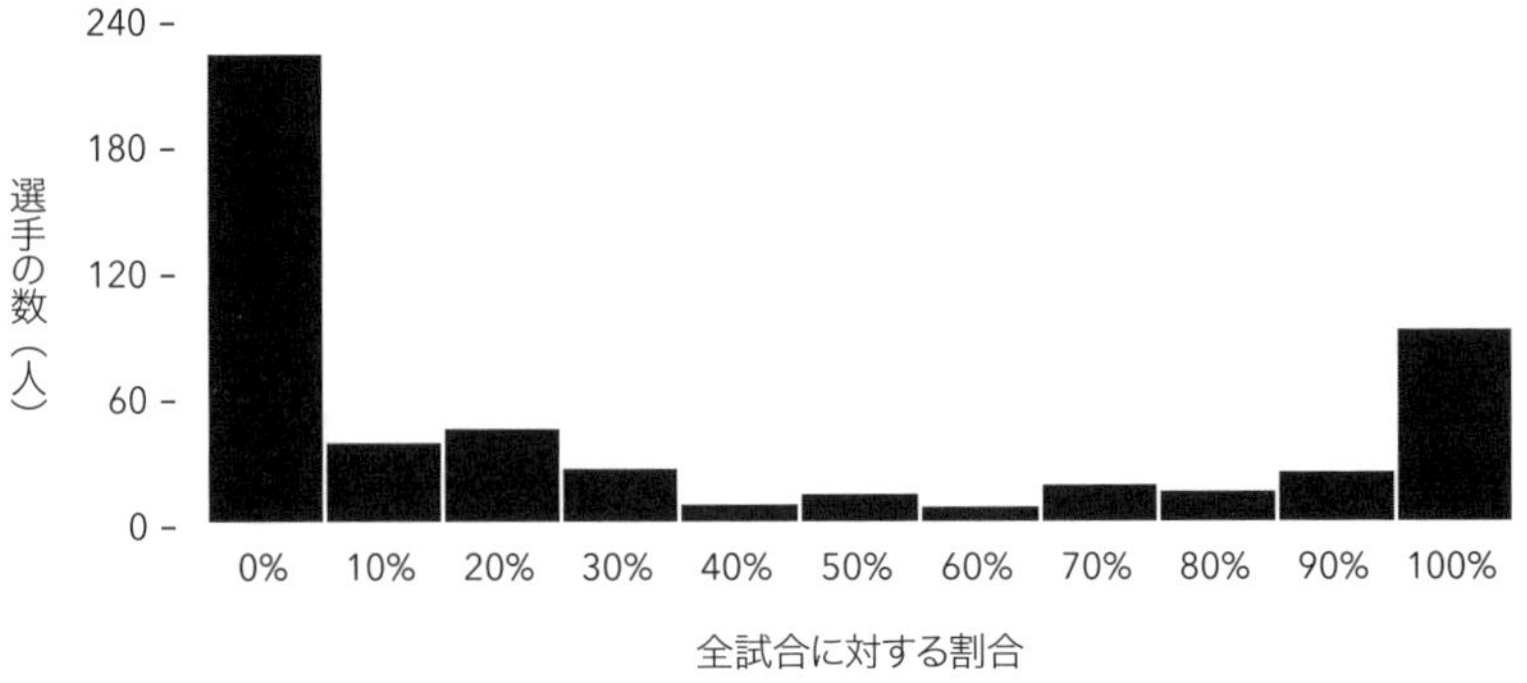

不偏性を表す曲線を重ねると図0-5のようになる。

現実のデータは、この理想的なパターンからわずか（6％）しかずれていない。つまり、男性の欲望は、多かれ少なかれこのグラフにあてはまると考えられる。このように中心から左右に広がる曲線は予想の範囲内で、退屈でさえある。ここで言う「退屈さ」は、男性の女性に対する評価は似たような評価に集中し、不偏性があるという意味だ。スーパーモデルやポルノ女優、グラビアモデル、スタイル抜群の冒険家ララ・クロフト、バドガール、毎日どこかで必ず目にするフォトショップで修正した写真（最も邪道な美しさだ）を考えると、女性の魅力に対する男性の評価がほぼ予想の範囲内であることは、私に言わせれば小さな奇跡だ。男性が女性の外見に非現実的な期待を抱いていることは、いわば共通認識のはずだが、私たちのデータが語る現実は違う。いずれにせよ、男性は女性よりはるかに寛容だ。男性からの評価と女性からの評価を比べると図0-6のようになる。

黒い線のグラフ（女性が男性を評価）は左側、1～5点の前半4分の1に集中しており、絶対値の「平均点以上」は6人に1人しかいない。性的な魅力をこのように数値化することには違和感

|図0-5|

女性の美しさの評価

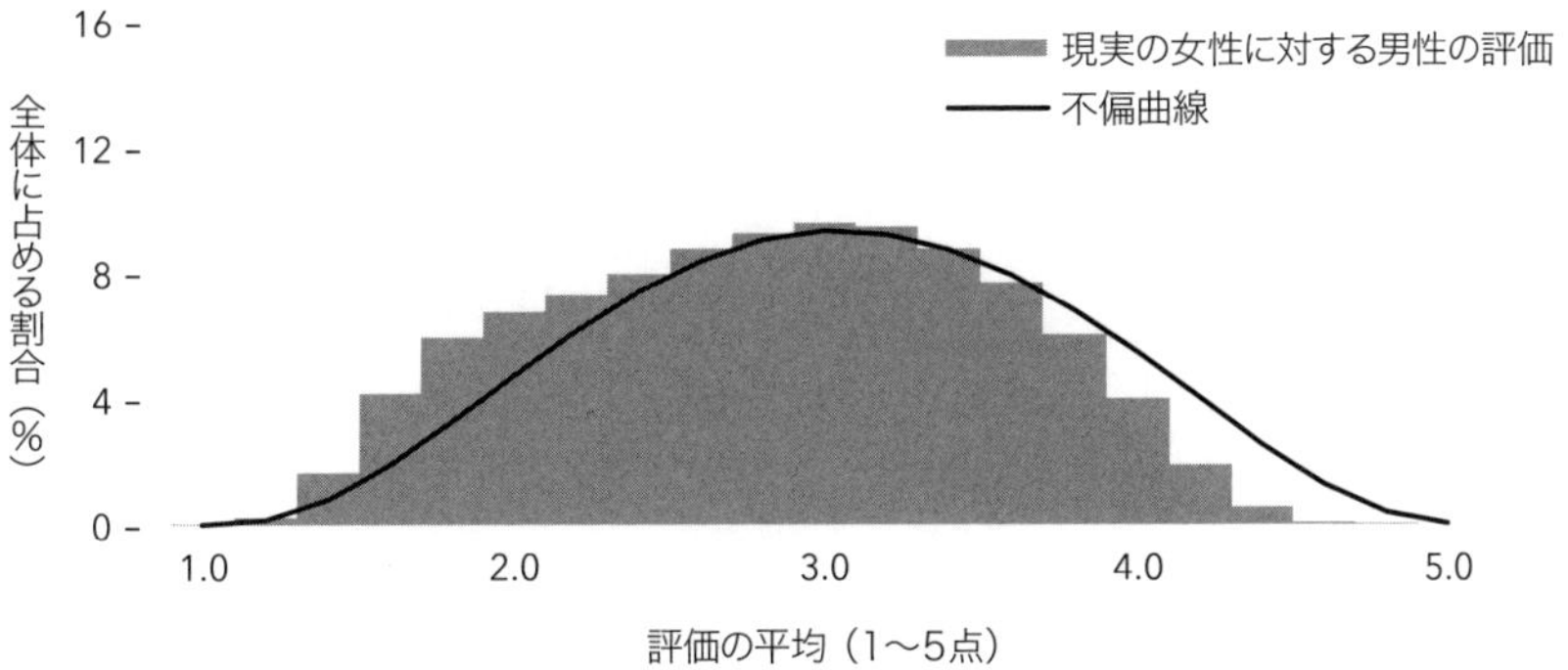

があるかもしれないから、わかりやすいイメージにたとえてみよう。たとえば評価の対象がＩＱだとすると、女性は、男性の58％は頭脳に問題ありと思っていることになる。[*3]

Ｏｋキューピッドの男性の容姿に問題があるわけではない。Ｏｋキューピッドと某ＳＮＳからそれぞれ無作為に抽出した標本で比較したところ、似たような評価になった。主要な出会いサイト――ティンダー、マッチ・ドットコム、デートフックアップ――も同じパターンになる。これらにＯｋキューピッドを加えた四つのサイトで、全米の独身者の約半分を網羅する。[*4]一方で、計算式にセックスが加わると、男女で異なるようだ。ハーパー誌によれば「女性はセックスをしたことを後悔しがち」であり、男性はしなかったことを後悔しがちで、データもまさにこれを証明している。私が付け加えるなら、男性はセックスをしなかったという後悔で胸をかきむしっているに違いない。

ベータ分布は、コイントスを繰り返した結果と考えることもできる。独立した二者択一の出来事が多数起きるときに、結果が重複する確率を表しているのだ。先のデータで、コインの表が出たら「魅力的」、裏が出たら「魅力的ではない」とすると、

|図0-6| 男性からの評価と女性からの評価

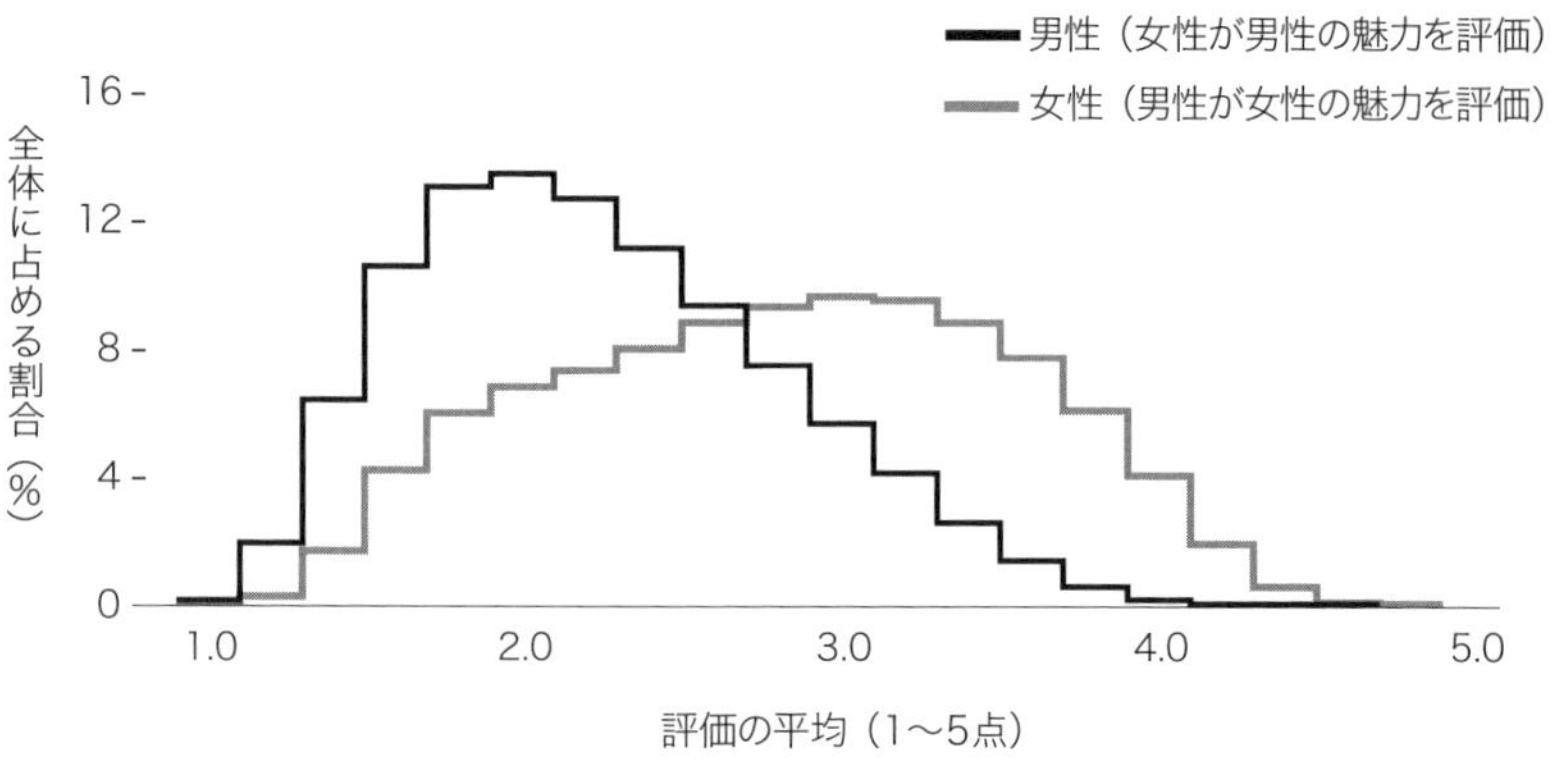

男性が投げるコインは重さのバランスがほぼ取れているが、女性が投げるコインは重さが偏っていて、表は4回に1回しか出ない。また、天候など自然現象の多くはベータ分布のモデルにあてはまる。過去の天候のパターンと男女の魅力の評価を比較すると、たとえば男性の外見に対する評価は、ニューヨーク市の曇りの予報が当たる確率にかなり似たパターンとなる。女性の心理に対する評価は、シアトルの曇りの予報が当たる確率より少し低いカーブをたどる。

本書の構成について

本書では、人を結び付けるデータ、人を区別するデータ、人を交わらせるデータを検証する。パート1は人の結び付きについて。まず、性的魅力はどこから生まれ、どのように変化するのかを考える。女性の性的魅力は、データ的には21歳が最盛期で、目立つタトゥーは影響を及ぼすようだ。続いて、ツイッターを通じて現代のコミュニケーションを探り、フェイスブックでの振る舞いから結婚生活が安定しているかどうかを推測する方法を検証する。また、ネットに掲載されるプロフィール写真は有効な手段となりうるが、破滅をもたらすときもある。写真は、フェイスブックや転職サイト、もちろん出会いサイトなど、ほぼすべてのSNSをビューティーコンテストに変えるのだ。Okキューピッドでプロフィール写真を1日だけ載せないという実験を行ったところ、恋に落ちると何も見えなくなる、というわけでもないようだ。

パート2は人を区別するデータについてだ。人間の最も原始的な区別である人種について個人レベルのデータに注目したのは、おそらく本書が初めてだ。出会いサイトの特殊なデータが、大半の人が公には認めない、人種に関する本心をさらけ出す。人種の偏見は根強いだけでなく、その人がどのサイトを利用しても、すべての言葉が（つまり、数字に置き換えたデータが）同じ偏見を繰り返す。偏見を持つ人がキーボードをたたけば、そこに人種差別が生まれる。さらに、グーグルの検索機能を通してアメリカで最も憎むべき単語について考え、その単語を通してアメリカという国の姿を考える。

次に、外面の美しさという区別に関しては、従来よりはるかに強力なデータセットをもとに分析する。醜さに伴う社会的コストの数量化にも、ついに成功した。そして、ツイッターが私たちの怒りの衝動を暴露する過程も検証する。ツイッターは人々を瞬時につなぐ一方で、同じくらい早く引き裂くこともできる。ツイッターが怒りを協調させると、人間の最も古典的な集まりである暴徒が新しい暴力を手にする。

パート3は、二人の人間が、良い意味でも悪い意味でも影響を与え合うことについてだ。人が自分を表現するときに選ぶ言葉やイメージ、文化的な特徴に注目して、民族や性別、政治的指向を表現するときの傾向について考える。たとえば、典型的な白人女性が最もよく使う言葉は次の五つだ。

私の青い瞳（my blue eyes）
赤い髪と（red hair and）
四輪駆動車に乗って（four wheeling）
カントリーガール（country girl）
出かけるのが好き（love to be outside）

キャリー・アンダーウッド［訳注　2007年にグラミー賞最優秀新人賞を受賞したカントリー歌手］なら、こんな俳句を詠むかもしれない。本書では、人々が公の場で発信した言葉だけでなく、プライベートの言動にも注目する。バイセクシャルの男性が、私たちの考えるアイデンティティの分類を混乱させるように、社会的な分類と実際の振る舞いが異なる場合がある。さらに、ツイッターやフェイスブック、レディット、クレイグスリストなどさまざまな情報源から、物理的にも精神的にも完全にプライベートな空間での言動を検証する。本書のようなデータを扱う本は、自然とある疑問にたどり着くだろう——データをここまで分析できる世界で、真のプライベートを守ることは可能なのだろうか。

本書のデータは、既存のデータとどこが異なるか

インターネットは活気があり、残酷で、愛にあふれ、寛容で、欺瞞的で、官能的で、怒りに満ちた場所になりうる。それもそのはず。インターネットは人間でできているのだから。一方で、すべての人の人生をデータで捉えることはできないことも、私は痛感している。あなたがパソコンやスマートフォンを持っていなければ、本書のデータには登場しない。私には、その問題には触れず、状況が変わるのを待つしかできないのだが。

ツイッターやフェイスブック、そして出会いサイトは、いずれ驚くほど普及するだろう。こうしたサービスの多くを利用していない人は、本当の魅力を理解していないのかもしれない。アメリカ人の約87%がインターネットを利用しており、人口統計学上のほぼすべての層に広がっている。都会でも田舎でも、裕福な人も貧しい人も、黒人もアジア人も白人もラテン系も、みんなつながっているのだ。ただし、高齢者と教育を受けていない人たちはインターネットの普及率が低い（約60％）ため、本書では50歳を「境界年齢」とし、

教育の要素にはいっさい言及していない。

いまやアメリカ人の3人に1人が〝毎日〟フェイスブックにアクセスする。ユーザー数は全世界で13億人。世界の人口の約4分の1は14歳未満なので、地球上のすべての成人の4人に1人がフェイスブックのアカウントを持っている計算になる。本書に登場する大手出会いサイトには、過去3年間で約5500万人のアメリカ人が登録している。先述のとおり、アメリカの独身者の2人に1人がアカウントを持っているのだ。ツイッターは人口統計学上とても興味深い。会社としてはIT業界の華やかなサクセスストーリーを体現し、サンフランシスコに大量の株長者を誕生させた。しかし、そのサービスは基本的に、プラットフォームの開放性という意味でも、ユーザーの内訳という意味でも、大衆的だ。たとえば、ユーザーの性別に顕著な差はない。高卒の人も大卒の人も投稿するツイートの数は変わらない。ラテン系と白人の使用頻度はほぼ同じで、黒人は2倍高い。そして、グーグルの存在を忘れてはならない。アメリカ人の87％がインターネットを使っているということは、アメリカ人の87％がグーグルを使っているということだ。

これらの大きな数字は、私のデータが完璧な絵を描いていることの証拠にはならないが、少なくとも完璧な絵を描ける日は近いだろう。あらゆる場面において、「完璧」でないからというだけで、「これまでより優れている」ことを否定するべきではない。本書で扱うデータセットに含まれる人数は、言うまでもなく、ギャラップやピュー・リサーチセンターの世論調査より数千倍多い。あまり意識されていないかもしれないが、人間行動学の学問的研究の大半よりもはるかに多い人数を対象としているのだ。

あえて議論されることはほとんどないが、人間行動学の基礎となる考えのほぼすべては、実は少数の大学生のデータに基づいている。私も学生時代にマサチューセッツ総合病院で、放射性物質を使ったマーカー用のガスを少量吸引してから知的作業を行い、脳の画像を撮影するという実験に参加したことがある。報酬は25ドル。健康に害はないと説明された。1年間、飛行機に乗り続ける程度の影響で、たいしたことはない。ただし、私が説明を受けなかった（そして、当時は理解していなかった）ことがある。二日酔い気味でCAT（コンピュータ断層撮影）スキャンを受けながら、単語を読んだり足でボタンをクリックしたりしていた私は、「標準的な男性」を代表していたのだ。私の友人も実験に参加した。やはり男子大学生だ。被験者の大半はそうだったに違いない。実際の私たちは、標準的な男性の集団とは程遠かったのだ。

もっとも、事情は理解できる。現実社会の見本となるデータセットを用意することは、実験そのものより難しい場合が多い。それでも実験をしたい教授やポスドク（博士課程を修了した研究者）は「便宜的標本」を使う。それが、自分の大学の学生だ。これには大きな問題がある。とくに、人間の考えや行動に関する調査では好ましくない。いわゆる「WEIRD研究」（白人：white　教育を受けている：educated　先進社会：industrialized　裕福：rich　民主社会：democraticの頭文字）と呼ばれるもので、社会科学の研究論文の大半はWEIRDだ。[*5] WEIRD問題のいくつかは、私のデータも悩ませる。デジタルデータの源から「先進社会」の条件が完全に消えるまでには、もう少し時間がかかるだろう。しかし、IT業界が「エリート社会」と思われがちなことを考えると、ヘッドセットマイクで早口にまくしたてながら手振り身振りでプレゼンテーションをする起業家やベンチャーキャピタリスト（まさにWEIRDな人々）と、彼らが提供するサービスのユーザー（ごく普通の人々）の区別を無視するべきではない。ツイッターやフェイスブック、グーグルを利用するのは、普通の人々なのだ。

データの信ぴょう性に関しては、インターネットがいまや日常生活の大部分に浸透していることを考えると、事実関係の裏付けが重要になる。Ｏｋキューピッドでは、居住地や性別、年齢、相手に関する希望を申告すると、あなたと会ってみたいと思いそうな人を見つける手助けをする。あなたのプロフィールは、あなたそのものだという前提だ。自分より外見のいい他人の写真を載せたり、年齢をかなり低く自己申告したりすれば、デートにこぎつける回数は増えるだろう。ただし、相手はインターネットで見たままのあなたを想像しているから、それとはかけ離れた本物を見た瞬間に、デートは終わったも同然だ。これはほんの一例にすぎない。オンラインとオフラインの世界が融合するにつれて、従来の社会的な圧力が、インターネットで嘘をつきたくなる最悪の衝動を牽制している。

出会いサイトやＳＮＳ、ニュースアグリゲーター（ニュースのまとめサイト）などを利用する人は、手探りで人生を送っているようなものだ。いつの時代も同じことで、現代は携帯電話やパソコンを使って人生を検索する。その結果、意図せずにユニークなアーカイブが構築されている。すなわち、世界中の人々の渇望と意見とカオスのデータベースが、何十年分もたまっているのだ。しかも、きわめて正確なデータが保存されているおかげで、長年の傾向を捉えるだけでなく、ほんの10年前には想像もつかなかった領域を柔軟に分析できるようになった。

私はこの数年間、Ｏｋキューピッドだけでなく主要なサイトのほぼすべてから、一連のデータを収集して分析してきた。それでも、ある疑問を振り払うことができずにいる――私はなぜインターネットを書籍で語ろうとするのだろうか。インターネットに関する本を書くことは、映画の場面を素晴らしい絵に描き起こすような感覚に似ている。私自身がテクノロジーを毛嫌いする人に共感しているからこそ、悩ましい問題だ。

ビッグデータの洪水が、世界を変える

データ社会に不満を感じている人はたくさんいる。内燃機関や鋼鉄のように、データが歴史の流れを変えると言うつもりはない。しかし、歴史のあり方を変えると、私は信じている。データは歴史をより深くする。粘土板やパピルスと違って、紙や新聞、フィルム、プリント写真と違って、ディスクの保管場所は安価でほぼ無限にある。ハードディスクは、歴史に名を残す英雄たちの情報を記録してもまだ余裕がある。英雄だけではない。あなたが友人や家族と過ごす時間を大切にして、ささやかな人生を送っていることも、私から見れば意味のある歴史だ。

未来の歴史学者が2010年代を調べたときに、私とあなたとアメリカ大統領が同じページに載っていてほしい。人は誰でも、多かれ少なかれ無名な存在だ。どんなに優れたデータもその事実を変えることはできないが、私たちの誰もが無名の存在のデータとして記録される。10年後、20年後、あるいは100年後に時代の変化――同性愛者がより広く社会に受け入れられて同性婚が合法化され、同性愛者がさらに広く受け入れられるようになった過程や、アジアの村社会が破壊され、大きな都市部を中心に再構築されたこと――を理解しようとする際に、フェイスブックやツイッターやレディットのデータも使って歴史を語るようになるだろう。それらのデータが歴史を構成するかもしれない。

このような思いを私は本書の題名に込めた。ギリシャ語の"Kataklysmos"は旧約聖書に登場する洪水の神話で、神々が文明を破壊するために洪水を起こしたとされる。"Dataclysm"は、その英語表記の"Cataclysmos"をもとにした私の造語で、二つの意味を込めている。一つは、言うまでもなく、前例のないデータの大洪水だ。今日までに集められたデータは底なしに深く、ノアの大洪水のように40日間、昼夜なくデータの土砂降

りが続いても不思議ではない。もう一つは、世界が変わるという期待だ。昨日の理解不足も今日の近視眼も、データの洪水がすべてを洗い流してくれるかもしれない、と。

本書は小さな窓から私たちの人生をのぞく。私たちがどのように出会い、どのような問題に引き離され、何が私たちを形作るのか。データが増えれば窓はどんどん大きくなるだろう。さっそく最初の窓をのぞいてみよう。

What Brings UsTogether

PART 1

そして、何が私たちを結びつけるのか？

Chapter 1

ビッグデータが語りかける男女の普遍的な傾向

アンデス山脈のような急勾配の土地を移動するときはケーブルカーを使う。滑車の両側にぶら下がった一対の車両は、片方の重みでもう片方を引き上げ、つねにバランスを保っている。親子もケーブルカーのようだ。年を重ねるごとに私が下がり、娘は上っていく。どうかそうあってほしい。私はケーブルカーの定めに喜んでこの身を委ねよう。過ぎていくすべての瞬間は、私が娘と共に生きている証なのだから。とはいえ、私の髪がきれいなブラウンで、肌に染みひとつなかった時代が懐かしくないわけではない。娘は2歳だ。小さな指を折りながら、一つ、二つ、三つと数える。それを教える私の手の甲のしわが、何よりも雄弁に時の流れを物語る。

もっとも、ある男に子どもが生まれ、しわが増えたところで、たいした話ではない。この原稿を書いている週に注目されている肌のニュースは、オレイ［訳注　P&Gのスキンケアブランド］の新製品だ。アルザスの山のふもとで集めた泥だか、牛の糞から抽出したエキスだかを使ったベージュ色のクリームで、肌の「色を補正」するらしい。ギリシャ神話の女神ヘラは最高の美貌を持ちながら、夫の若い愛人たちへの嫉妬に駆られた。世の中に人間と執着と醜さが存在するかぎり、人間は年を取るという現実に執着し、年を取って醜くなるという現実に執着する。死と税金以上に確かなものはないと言われるが、予算をめぐる米議会の混乱で政府機関が閉鎖される昨今は、税金の確実さは薄れるばかりのようだ。というわけで、老いと死の話から始めよう。

私はティーンエイジャーの頃——当時の年齢が、現在38歳の自分より2歳の娘に近いことに、あらためて衝撃を受けている——パンクロックに夢中だった。とくにポップパンクにはまっていた。当時のバンドは基本的に、グリーン・デイ［訳注 1994年にメジャーデビューした人気パンクバンド］ほど横柄ではなく、彼らほど演奏技術もなかった。いまあらためて聴いてみると、あのブームのすべてが別世界に思える。いい大人が3人か4人、見えない力に引き寄せられて集まり、恋人や、他人が食べているものについて愚痴をこぼしているだけだ。しかし、当時の私にとっては最高だった。ポスターなどという軟弱なものはなかったから、アルバムのジャケットやチラシを寝室の壁に張った。実家はずいぶん前に引っ越した（2回、引っ越しをしている）。私の昔の寝室は、いまごろ誰かの物置になっているだろう。あのコレクションがどこにいったのか見当もつかない。実は、どんな写真やレコードを持っていたのかも、ほとんど覚えていないのだ。ただ懐かしい気持ちがよみがえり、思わずたじろいでいる。

現代の18歳も、壁に写真を張っている。彼らの壁は取り壊されることはない。38歳になったときに振り返って1枚ずつ眺めながら、「あの頃、自分は何を考えていたっけ？」と思いを馳せる。さらには、本人以外の人や研究者も、彼が18歳のときの壁を見て、彼の18年間を過去や未来と結び付けることができる。彼の足跡が刻まれたその壁は、実家の寝室から大学の寮の部屋、初めて一人暮らしをした部屋、恋人と暮らした部屋、新婚旅行先、さらには娘の保育所へと、つねに彼のそばにあるからだ。やがてその壁は、離乳食を食べる娘の姿で無数に更新を重ねる。

　新米の親は成長の節目に最も敏感だろう。誰に会ってもその話ばかりで、数カ月おきに検診で具体的な数字を確認する。しかし、ベイビーセンター・ドットコムのように便利なサイトが誕生して、成長の足跡を知らせる役目は医師からコンピュータに変わった。私たちが自分で記録を取ることもなくなり、コンピュータが記録を取り続ける。コンピュータはアルバムをなくしたり、旅をしたり、酔っ払ったり、物忘れがひどくなったりすることはない。まばたきひとつせず、ひたすら記録して保存する。私たちの人生の無数の瞬間は、かつては記憶の中（あるいは写真を放り込む靴箱の中）だけに残っていたが、いまはいつまでも色あせない。酔っ払ったときの自撮り写真やインスタグラムの投稿のように、後で打ちひしがれるときもあるだろうが、扱い方に気をつければ、自分を理解する機会が増えることは言うまでもない。

　私たちの日々を張り付けた壁は人生の記録の蓄積であり、社会学で言う「時系列データ」だ。私はそこから未来をひもとく方法を模索してきた。インターネットは人間の広範な記録としてはまだ若すぎて、時系列で分析するツールとして十分ではない。信じ難いことに、いまや業界の基準となったフェイスブックでさえ、ＳＮＳのビッグプレーヤーになってわずか6年だ。中学校にも上がっていない！　私たちはいまも、１日１日情報の壁を積み上げている。あと10年か20年後には、幼児の頃から人生のあらゆる瞬間をネットに投稿して、誰でも見られるようにしてきたことが、どのくらい悲惨な事態かという問いの答えも見えてくるだろう。だが一方で、友人と疎遠になる過程や、新しいアイデアがどのように社会に浸透するかも、手に取るようにわかるようになる。私のデータベースの行《ロー》と列《カラム》は長期的な可能性を秘めている。あなたのフェイスブックのタイムラインも、時の経過とともに新しい充足感をデータが創造する。

じつは、データの蓄積を待たなくても、未来の可能性を垣間見る方法はある。さまざまな年齢グループの特徴を比較して、人生の大まかな変化をたどることができるのだ。この手法は、たとえば音楽の好みには使えない。音楽そのものが時代とともに変わるため、時系列が意味をなさないからだ。一方で、時系列で比較できる普遍的な分野もあり、Ｏｋキューピッドのデータベースでは、美しさや性別、年齢に関する大量のデータがそれにあてはまる。これらのデータは人生の時系列を示しつつ、虚栄心や傷つきやすさといった真実もむき出しにするだろう。同時に、作家や画家、哲学者、詩人が包み込んできたテーマと向き合うことにもなる。彼らにはデータを扱う技術《アート》はないが（もちろん、彼らの職業にはアートがある）、データ分析とは異なる美しい正確さで、これらのテーマを描く。ともあれ、優れた答えは思考と行動の間にある。さっそく見つけに行こう。

ウッダーソンの法則

以下に挙げるいくつかの図表は、私のデータベースの性別のデータセットについて、特異点を除いてすべてにあてはまる。数字はＯｋキューピッドのデータから使用した。

図1－1は、女性が「最も魅力的」と思う男性の年齢だ。一般的なグラフやチャートと形式が異なる理由は、追って説明する。

上から順に、20～21歳の女性は23歳の男性を、22歳の女性は24歳の男性を好む。女性の年齢が上がるとともに、魅力的だと思う男性の年齢も上がり、50歳の女性は46歳の男性を好む。ただし、これは年齢そのものを質問して得た回答ではなく、[*1] Okキューピッドのサイトで相手を見つける際のさまざまな言動から導き出したデータだ。入会してすぐの投稿だけに注目しても、この表のような傾向は明らかで、女性は自分とほぼ同じ年代の男性を求める。とくに黒字の年齢（女性）が40歳以下の場合、赤字の年齢（男性）とかなり近い。

図1-2のように赤字の左側の空間が数値の大きさを示すように並べると、全体の傾向がよりわかりやすいだろう。点線は、男性と女性の年齢が同じラインを示す（数学的な意味はないが、わかりやすいように私が加えた）。自然の美は幾何学模様を描き、科学的な論証の出発点となる。[*2] 私たちも可能なかぎり、その長所を利用していこう。点線が示す二つの転換点は、どちらも世代の変わり目と重なる。最初は30歳で、赤い数字が点線を交差して下になり、再び上に戻ることはない。つまり、女性は30歳までは少し年上の男性が好み

|図1-1|

女性の年齢：	魅力的だと思う男性の年齢
20	23
21	23
22	24
23	25
24	25
25	26
26	27
27	28
28	29
29	29
30	30
31	31
32	31
33	32
34	32
35	34
36	35
37	36
38	37
39	38
40	38
41	38
42	39
43	39
44	39
45	40
46	38
47	39
48	40
49	45
50	46

で、その後は少し年下を好む。そして40歳になると、赤い数字は点線から解放され、その後は9年間、ほぼ垂直に降下する。

つまり、女性の好みはこれ以上、変わらない。あるいは、男性の魅力が頭打ちになるという見方もできる。男性の性的なアピールが限界に達する年齢を挙げるとしたら、40歳ということだ。

二つの観点（評価する女性と評価される男性）は、いわば半分ずつで合わせて一つになる。また、女性が年を重ねるにつれて、男性の好みも進化する。黒い数字と赤い数字

図1-2

女性の年齢	魅力的だと思う男性の年齢
20	23
21	23
22	24
23	25
24	25
25	26
26	27
27	28
28	29
29	29
30	30
31	31
32	31
33	32
34	32
35	34
36	35
37	36
38	37
39	38
40	38
41	38
42	39
43	39
44	39
45	40
46	38
47	39
48	40
49	45
50	46

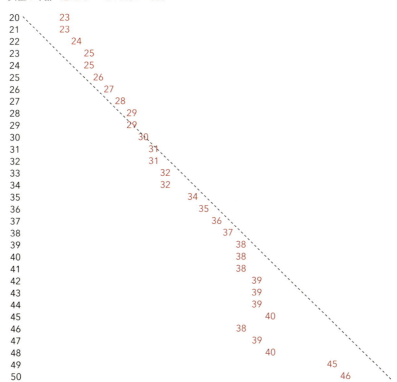

がほぼ1歳ずつのペースで増えているということは、男性が熟するにつれて、女性が男性に求める魅力も1年ごとに熟していくということだ。しわ、鼻毛、半ズボンを再び好んではくようになるなど、年相応の外見の変化も、少なくともほかの長所で相殺される。ところが、男性が女性を評価するという逆方向から見ると、グラフは自由落下を描く。

図1-3を見れば（正確にはグラフというより数字の列にすぎない）、黒い数字と赤い数字の間に空間がない意味は一目瞭然だ。男性から見て女性が最も魅力的なのは20代前

|図1-3|

男性の年齢：魅力的だと思う女性の年齢

男性の年齢	魅力的だと思う女性の年齢
20	20
21	20
22	21
23	21
24	21
25	21
26	22
27	21
28	20
29	20
30	20
31	20
32	20
33	20
34	20
35	20
36	20
37	22
38	20
39	20
40	21
41	21
42	20
43	23
44	21
45	24
46	20
47	20
48	23
49	20
50	22

20 25 30 35 40 45 50

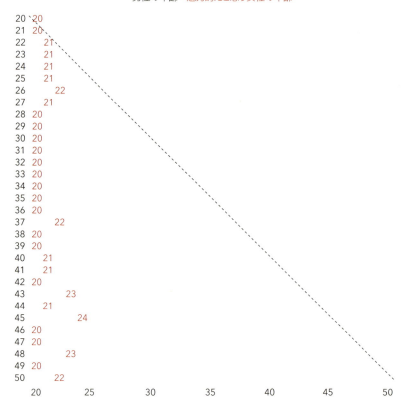

半。その一言に尽きる。45歳を除いたすべての年齢の男性は、最も魅力的だと思う女性の年齢が20歳、21歳、22歳、23歳の4年間に集中している。図1－4は、最も魅力的だと思う女性の年齢の分布に色をつけた（濃い色は各年齢グループのデータの上位4分の1、薄い色はその次の4分の1）。グラフの横軸にはわかりやすいように、女性の年齢を黒字で示した

ここでも幾何学模様が、一つのあるパターンを物語る。すなわち、男性の好みは20歳の女性に集中しており、男性が30歳になると、35歳以上

図1-4

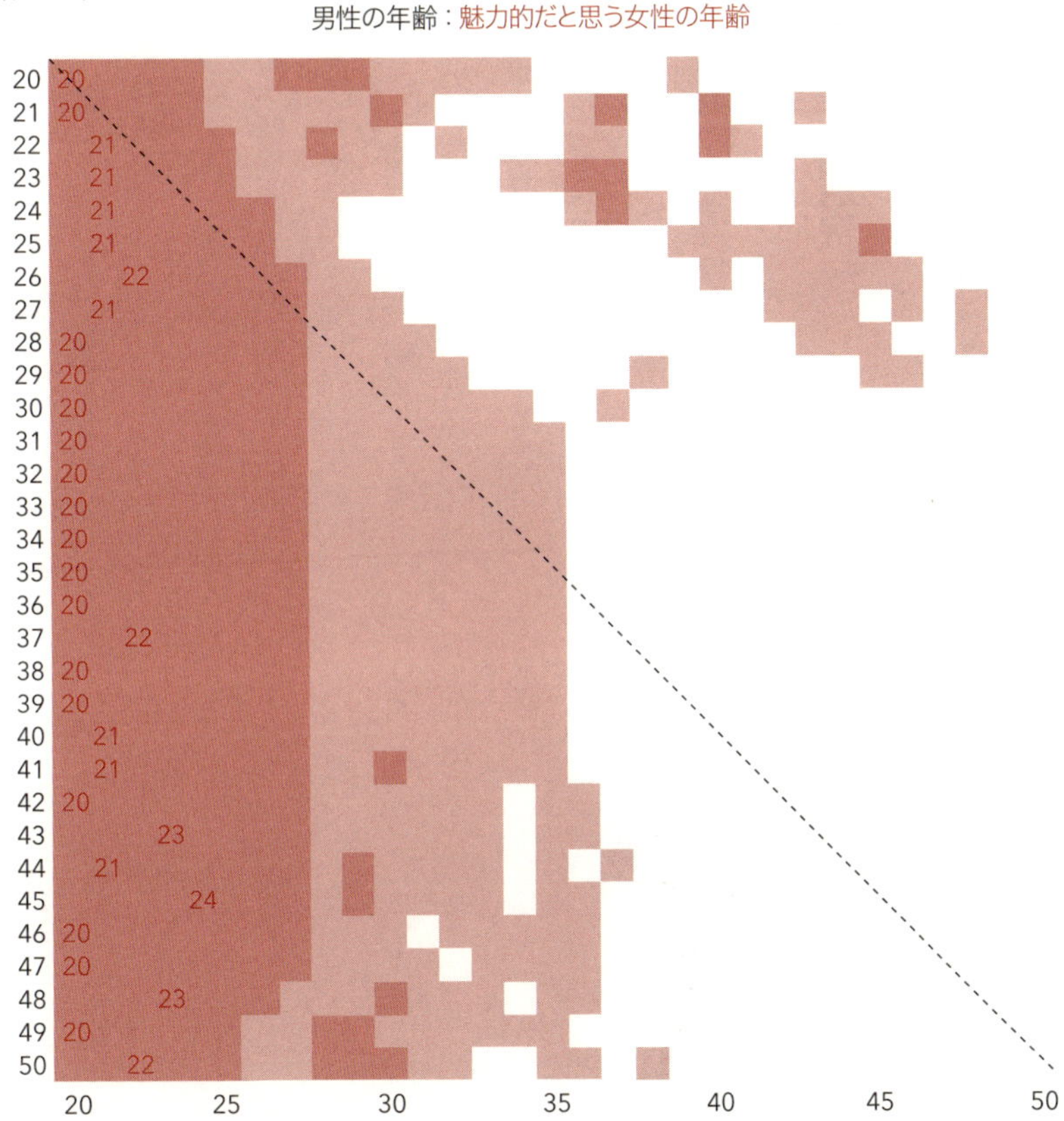

の女性は存在すらしないかのようだ。女性は若ければ若いほどいい。「峠を越えて」人間の魅力が低下するとしたら、女性は酒を飲める年齢になるかならないかのうちに峠を越える。

女性の若さを重視する傾向は、裏を返せば、男性の好みが成長しないという意味でもある。50歳の男性の理想は、男子大学生とほぼ同じ。大学生のほうが年齢という変数に柔軟でさえある（20代の男性は50代の男性より、年上の女性とデートをしたがる）。**図1－4**の右上に散らばっている20代の男性は、「年下好きの女性」向けだ。

数学的な意味で、男性の年齢と性的な目的は独立変数である。前者は値が変わるが、後者は変わらない。これを、青春映画『バッド・チューニング』でマシュー・マコノヒーが演じたウッダーソンの名言にちなんで、「ウッダーソンの法則」と呼ぼう（**図1－5**）。

ウッダーソンの法則 vs. 現実的選択

もっとも、世の男性が女性に求める年齢は、表向きの「申告」と心の声とで大きく異なる。これまで見てきたデータは、「この女性をどう思うか」という判断から引き出したものにすぎない。交際

図1-5

俺が年を取っても、彼女たちはいつも同じ年。そこが女子高生のいいところさ。（『バッド・チューニング』より）

相手として考える女性の年齢を直接質問すると、結果はかなり変わってくる。図1-6のグレーのゾーンは、男性がOkキューピッドで女性を検索する際に入力する年齢を示している。

Okキューピッドのサイトで自分の好みを申告する際に、わざと誤解されるようなことはしないだろう。結果として自分の好みではないとわかっている相手を紹介されるだけだから、そのようなことをする動機はほとんどない。したがって、このグラフは、男性が「自分が望んでいると考えてい

図1-6

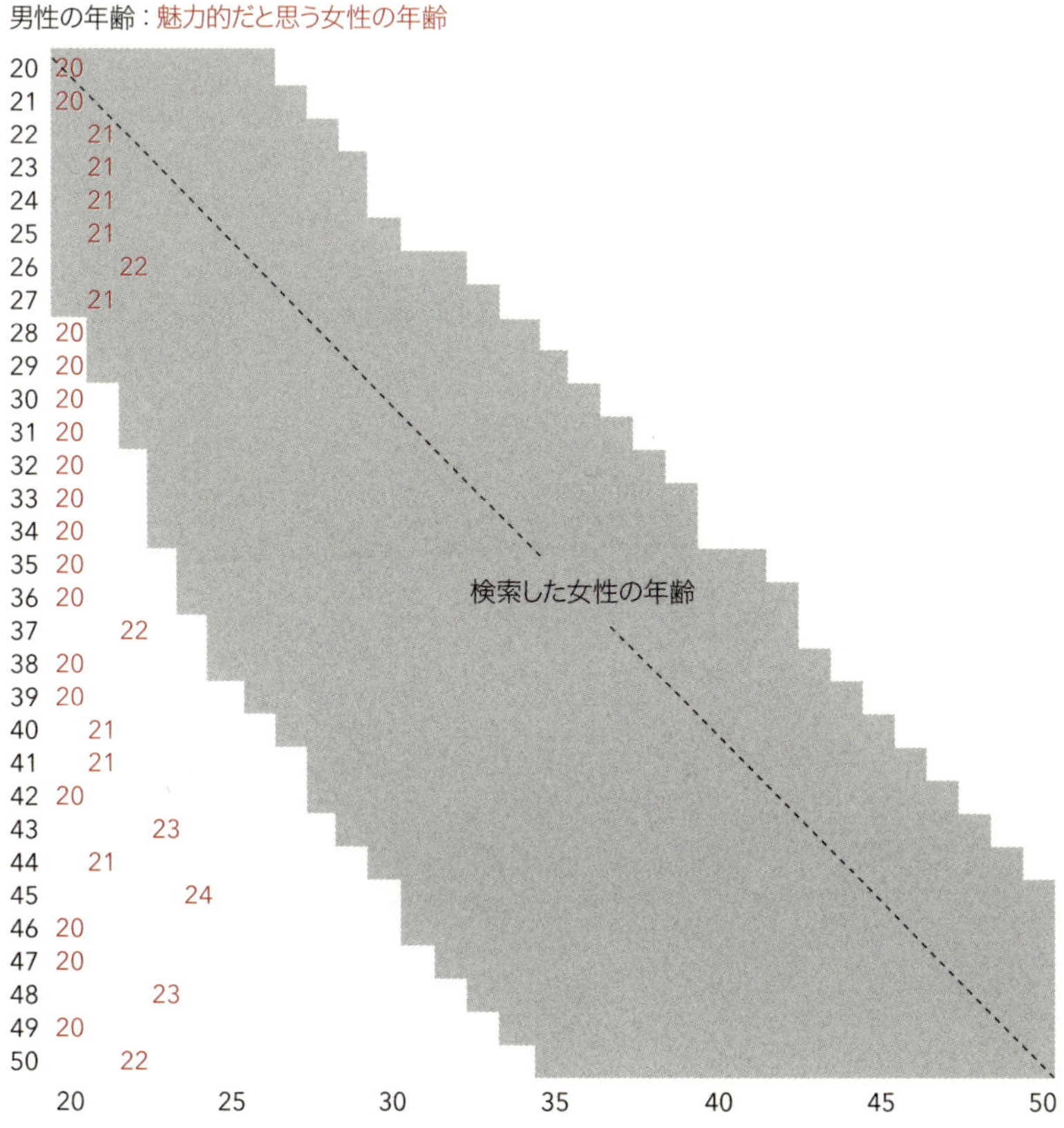

ること」と「実際に望んでいること」を表すと言えるだろう。両者の差は、男性が年を取るにつれて縮まる。理想を唱えるのをやめて現実を見るという、どこか哀しい妥協が、理想と現実の不協和音を解消するのだろうか。

図1-7は、実際に連絡を取ろうとした相手の年齢の分布を表している。濃いグレーの数字は、その年齢グループの男性から最も多くメッセージを受け取った女性の年齢で、全体に左側に集中している。下半分に伸びている3本の柱は、

図1-7

男性の年齢：男性が最も多くメッセージを送った女性の年齢

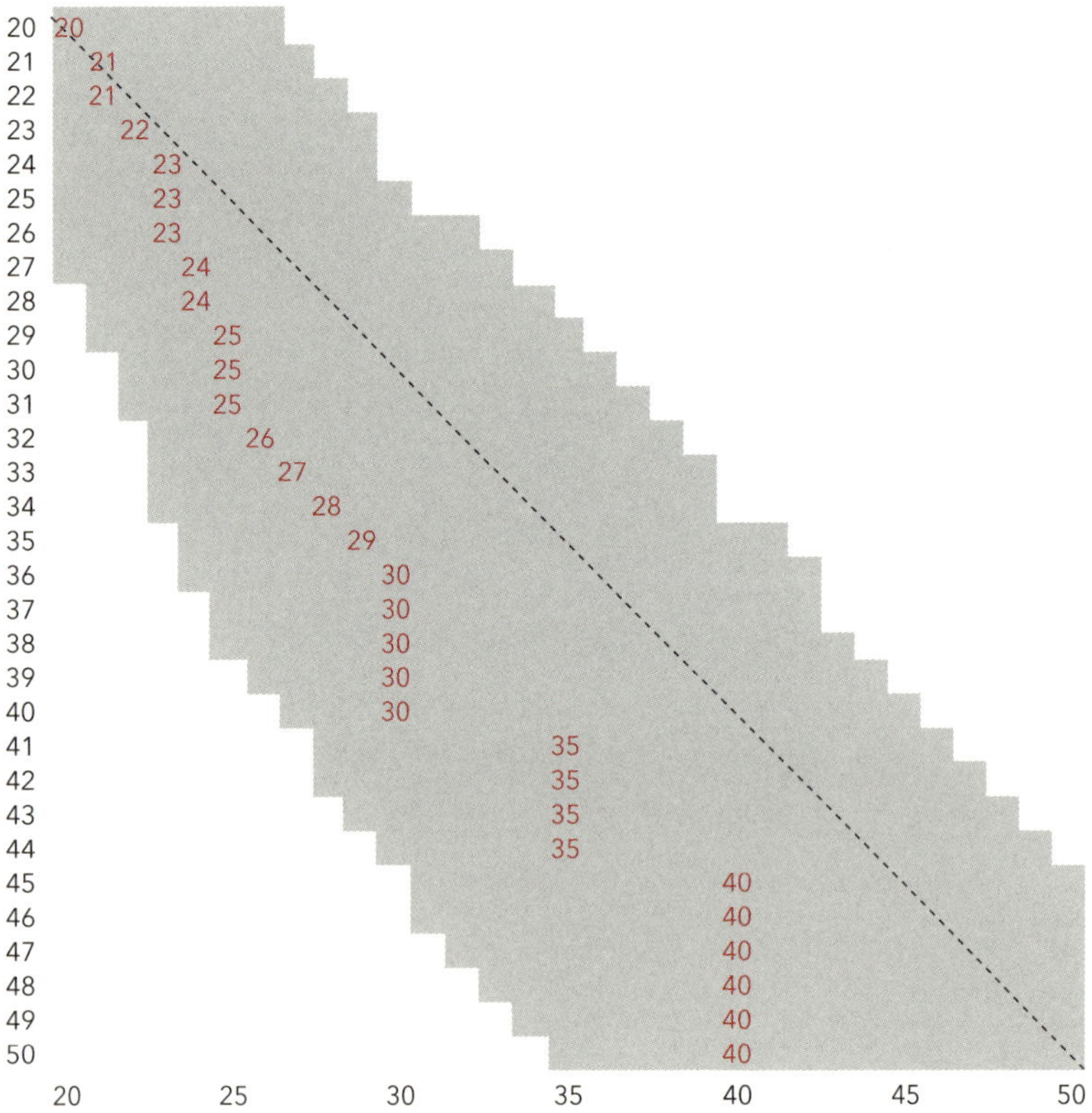

自分が中年に近づいているという男性の自覚をうかがわせる。44歳の男性は35歳の女性に堂々とアプローチするが、1年後にはやめたほうが賢明だと思い、ギアを変えて一気にジャンプする。9歳の差は問題ないが、10歳は大きすぎるようだ。

現実の恋は、この計算された中間地帯——望むことと、口にすることと、行動することのバランスが取れているゾーン——で生まれる。心の中で何を望み、抽象的な理想を思い描いてみても、20歳の女性にアタックして成功する50歳の男性は多くない。一つには、社会的な慣習が邪魔をする。さらに、恋愛には相互関係が必要で、一人が望むことは等式の片側にすぎない。

女性が男性を選ぶ側になると、女性が30代前半までは、むしろ年齢が上の男性のほうが多くのメッセージを受け取る。その理由は先に説明したとおり、女性の年齢が一つ上がると、魅力を感じる男性の年齢も一つ上がるからだ。また、女性は非肉体的な理由——たとえば、経済的理由——で年上の男性に惹かれる。男性が実際に受け取るメッセージの数は30代前半をピークに減るが、そのペースは、恋人や配偶者のいないシングルの女性の数が減るペースより遅い。

ここに、大人の恋愛を始めたばかりの20歳の男性がいて、彼を恋愛対象と見る女性のグループがあるとしよう。男性が年を重ねるにつれて、女性たちはほかの人と恋愛や結婚をしてグループから抜けていく。ただし、彼を「恋愛対象と見る女性」の人数そのものは増える。男性は年を取るにつれて、おそらく成功して裕福になり、そうした資質に惹かれる年下の女性がグループに加わるからだ。いずれにせよ、男性の年齢は彼の魅力を損なわない。男性が大人の恋愛を始めてから20年経てば、彼も女性たちも年を取るが、20年後もシングルの女性は20歳のときと同じように、彼を恋愛対象だと思うだろう。

　ところが、20歳の女性と、彼女を恋愛対象と見る男性たちという話になると、筋書きは変わる。女性が年を重ねるにつれて、結婚などの理由で男性陣の人数が減るだけでなく、女性は恋愛の選択肢そのものも減るだろう。年月が過ぎるにつれて、彼女を魅力的だと思うシングルの男性は減っていく一方だからだ。彼女を恋愛対象と思う男性は、たとえるなら穴が二つ空いている缶に入っていて、中身はひたすら漏れている。

　シングルの男性の人数は、年齢が上がると急激に

|図1-8|

20歳の女性を恋愛対象と見る男性（20～50歳）の数

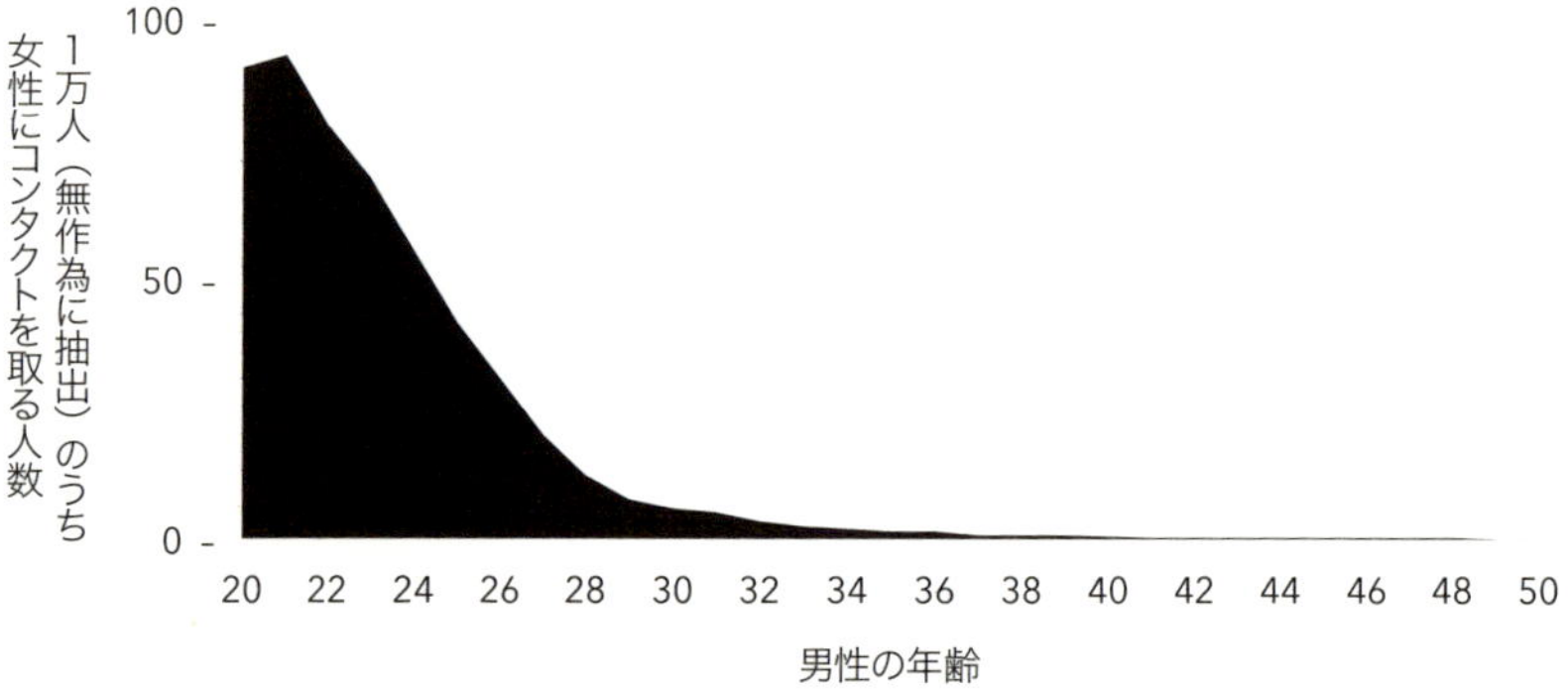

|図1-9|

50歳の女性を恋愛対象と見る男性（20～50歳）の数

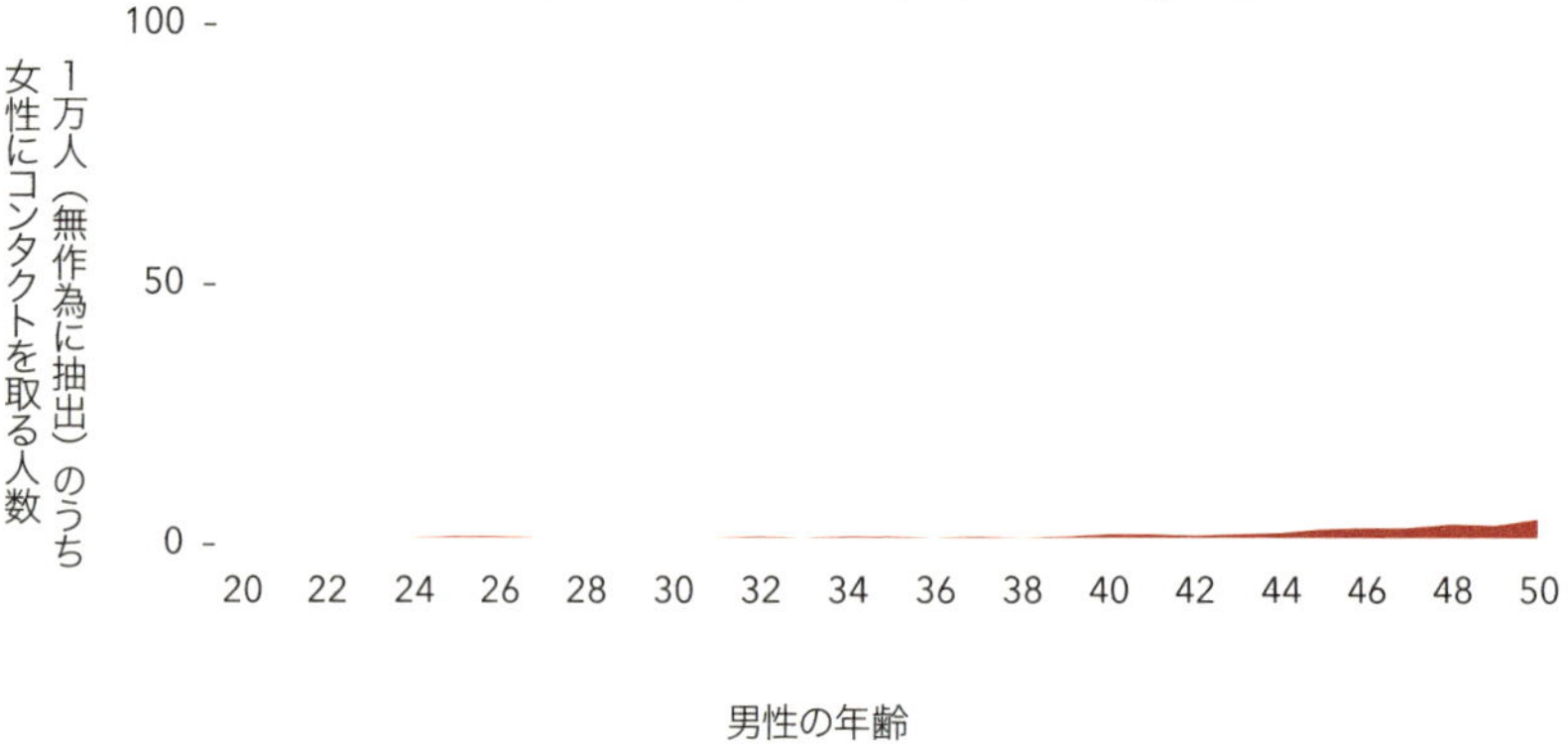

減る。米国勢調査局によると、アメリカの20〜24歳の男性は1000万人がシングルだが、30〜34歳は500万人、40〜44歳は350万人しかいない。この事実と、男性が魅力的だと思う女性の年齢のパターンを重ねると、女性の恋愛の選択肢がどのように変化するかが見えてくる。

まず、20歳の女性の「恋愛対象のプール」は図1-8のようになる。最も多いのは同年代（20代前半）の男性で、その後は急激に減り、30歳の男性が占める割合はかなり少ない。30歳の男性は、心の中では若い女性に興味を持っているが、実際に20歳の女性に連絡を取ろうという人は少ない。しかも、30歳になるとパートナーがいる男性も多い。

女性が50歳になると、残っている男性（まだ彼女を恋愛対象と見る男性）は図1-9のようになる。ブリジット・ジョーンズも赤いエリアの一人だ［訳注　最新作のブリジットは50代で2児の母、夫に先立たれて若い恋人がいる］。

二つのチャートを比較すると、20歳の女性に興味を持つ男性が100人いるとき、50歳の女性に興味を持つ男性は9人しかいない。女性が20〜50歳までの「恋愛対象のプール」

図1-10

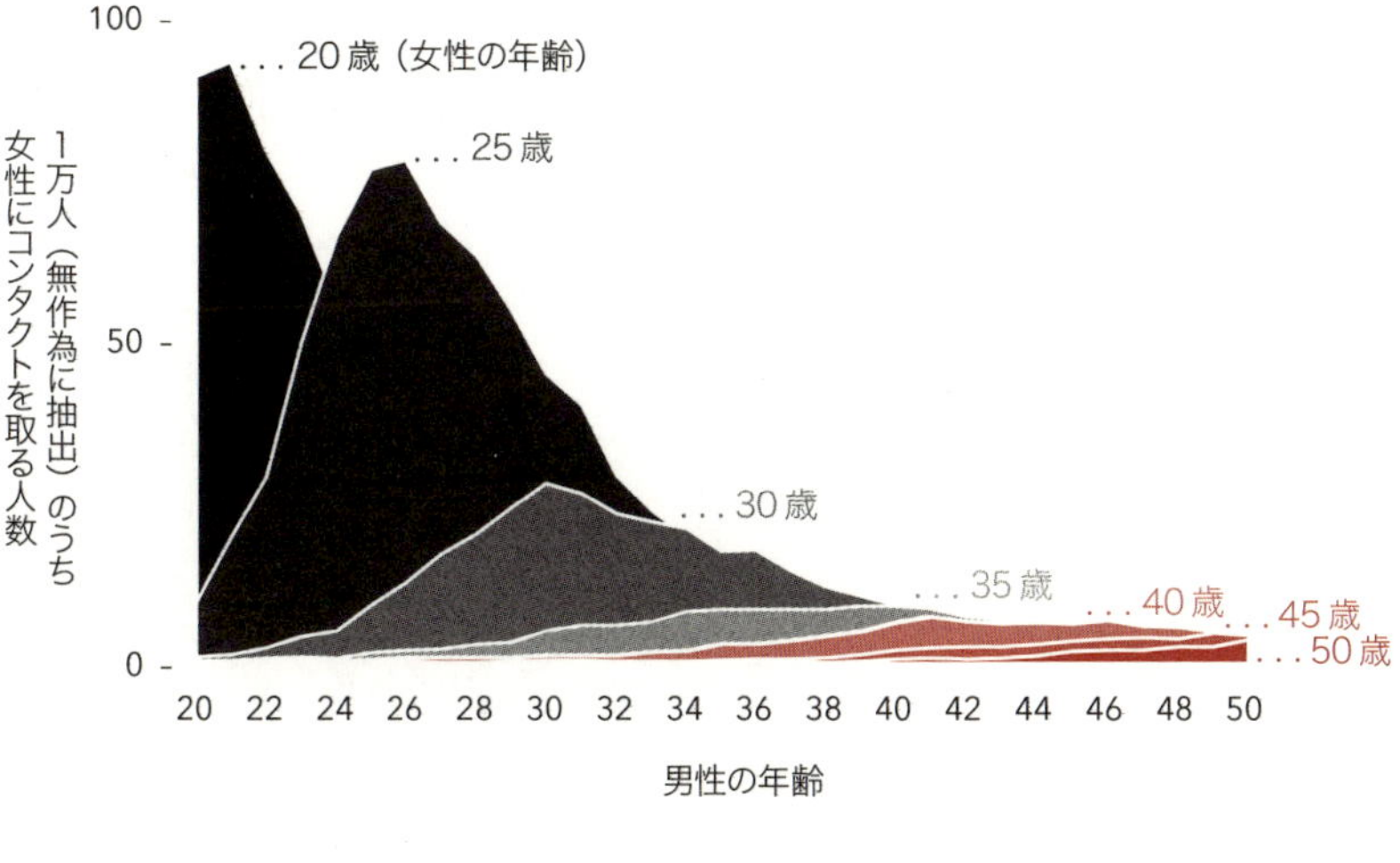

は図1－10のとおりだ。

私のような仕事をしていると、パートナーがいない二人がいても、何らかの理由で結ばれない場合もよく目にする。この章で見てきたように「恋愛対象の年齢」に注目すると、女性は自分と同じ年代の男性を求め、男性はつねに若い女性を目指す。二つのグループが相反する方向で恋愛相手を探しているのだ。22歳の女性がOkキューピッドに登録して、相手の希望年齢を28～35歳に設定する。一方で、35歳の男性は相手の年齢を24～40歳に設定するが、29歳以上の女性にはめったにアプローチしない。この場合、二人とも求める相手は見つからないだろう。暗がりですれ違う2隻の船のようだ。男性は大海原を見つめ、遠のく水平線に手を伸ばそうとする。女性は岸に上がり、男性の影が消えていくのを見つめている。

Chapter 2

1000人の「まあまあ」よりも、たった1人の◯◯が欲しい

2002年のアカデミー賞授賞式に合わせて、ドキュメンタリー映画監督のエロール・モリスは、映画芸術科学アカデミーの依頼で映画の素晴らしさを伝える短編を制作した。セレブ（とセレブではない人）が代わる代わる、お気に入りの映画について語るという趣向だった。私の友人のジャスティンがモリスのキャスティング・ディレクターを務めており、私を出演者のリストに入れた。完成作品に私が登場する保証はなかったが、撮影に参加して現場を見学することができた。

コネのおかげで、私は超有名なセレブと同じ日の撮影になった。ドナルド・トランプ、ウォルター・クロンカイト、イギー・ポップ、アル・シャープトン、ミハイル・ゴルバチョフ。トランプの次がゴルバチョフの撮影で、二人の間に私が「偶然」映り込んだ写真がどこかにあるはずだ。どこかに、と言うのは、フラッシュが光った直後にトランプが指を鳴らし、彼のボディーガードがジャスティンからカメラを取り上げたからだ。トランプのお気に入りの映画は『キングコング』。巨大なゴリラが「ニューヨークを征服しようとする」ところが好きだという。ゴルバチョフは、重さ4キロはありそうな口ひげをたくわえた通訳を介して『グラ

ディエーター』を挙げた。そして、モリスの短編が始まって2分1秒、目を見開いて『オーメン』と言っているのが私だ。

私は反キリスト教的な映画を人より好むところはあるが、『オーメン』を選んだのは思いつきに近かった。素晴らしい映画はたくさんあって、いちばん好きな作品と聞かれても断言できない。だが、いちばん嫌いな作品は即答できる――ジョン・ウォーターズ監督の『I love ペッカー』だ。私は映画の上映中に席を立った。それも2回。1回目は友人たちと観に行ったが、行き当たりばったりのノリについていけず、大げさな訛りも気になって、我慢できずに映画館を出た。その次の週末に、別の友人たちが観に行くと言った。ジョン・ウォーターズは評判の高い監督だし、センスのある若者は彼の作品を理解できるはずだと思った。ほかに約束もなく、私は再び映画館に足を運んだ。

1回で懲りなかったのは、22歳という若さの気まぐれだろう。ジョン・ウォーターズの作品が客観的に見て悪いというわけではけっしてない。私には合わないだけだ。実際、そう思う人は少なくないだろう。ウォーターズも自分の作品が否定されることを喜んでいる。悪評は、彼の監督としての名刺代わりなのだ。『ペッカー』を観て「まあまあかな」と思う人はいないだろう。気に入るか、最初の20分で私のように（2回続けて）映画館を出るか。それがウォーターズの狙いでもある。[*1]

ウォーターズのファンは、ファンの数が減るほど忠誠を誓うようだ。Okキューピッドのユーザーのプロフィールでウォーターズの名前を検索すると、グーグルで「ジョージ・ルーカス」と「スティーブン・スピルバーグ」の名前を検索した結果より多くヒットする。ソーシャルニュースサイトのレディットにはウォーターズのファンが集まるページ（/r/JohnWaters）[*2]があり、最もアクセス数が多いとは言わないが、彼に関するニュースや昔の映像、質問、コメントなどが投稿されている。ルーカスのページ（/r/GeorgeLucas）もあるが、いまのところ1件しか投稿がない。スピルバーグの場合、レディット内で /r/StevenSpielberg と検索しても、「該当するものはありません」と表示される。スピルバーグの作品はもちろん素晴らしいが、専用ページを立ち上げるほど熱狂的なファンはいないようだ。J・J・エイブラムスのようにネット世代にかなり親しみのある監督の中にも、レディットにページがない人はいる。ファンがサイトを作る動機は特別なもので、敵だらけの状況で自分たちが守るのだという意気込みが、彼らをさらに熱くする。献身的な愛は、ピストンが発する蒸気のように、圧力を受けると激しさを増す。

古今東西の多くのアーティストと同じように、ウォーターズはファンの心理を理解している。一部の人の嫌悪感を駆り立てることによって、ファンの熱がいっそう高まるのだ。ここで彼の話を持ち出したのは、私が個人的に『ペッカー』に複雑な思いを抱いているせいだけではない。芸術だけではなく普遍的にあてはまる原則でもあるからだ。彼は私にこんなことを言った――「美しさは、一度見れば忘れない。顔というものは、人を和ませるのではなく衝撃を与えなければならない」。まさに彼の言うとおりだ。音楽でも映画でも、人間に関するさまざまな出来事において、欠点は強力な要素となる。人間関係でも、みんなに好かれる人は心に残りにくい。誰かに嫌われることは、ほかの人からいっそう愛されることでもある。とくに女性の性的な魅力は、彼女を醜いと思う人がいるほど際立つものだ。

中間の人は関心を持たれにくい

この傾向は、Ｏｋキューピッドのプロフィールの評価にも見られる。評価は1～5の5段階で、イエスかノーかの二択より本心に迫っている。人が自分の意見につける点数は、さまざまな分析の対象になる。分析の結果を見る前に少々数学の勉強をしよう。このような訓練がデータサイエンスの基礎となる。パズルを組み立てるときは、すべてのピースを広げてから試していく。慎重な選別と単純化と仮説がなければ、数テラバイトの未処理のデータの中から答えが「目に飛び込んでくる」ことはない。

まず、ほぼ同じ魅力を持つ女性のグループを考えてみよう。**図2-1**のグラフで中間の評価がついた★印のグループだ。

このグループに属する女性は、実際は男性からさまざまな評価がつけられている。「平均」が3点になる組み合わせは無数にあり、たとえば**図2-2**のようなパターンが考えられる。

表を見て気がついた人もいるだろうが、パターンAからEへと、より両極に評価が分かれる組み合わせを挙げている。どのパター

図2-1

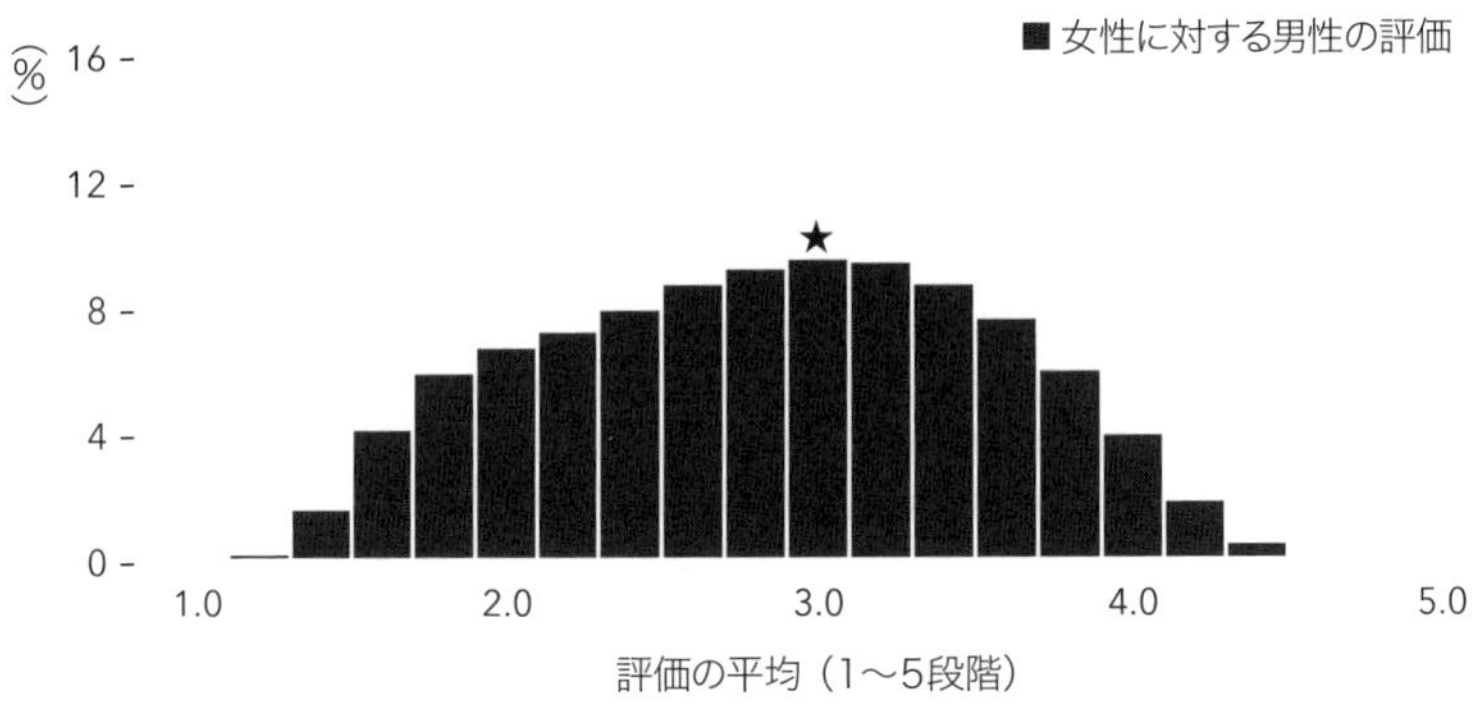

ンも平均は3点だが、その内訳は異なる。パターンAは男性100人が全員、「この女性は中間の魅力だ」という意見で一致している。しかしパターンDとEでは、中間と評価する人は一人もいない。パターンEは最も二極化している。理論上は1点をつける男性と5点をつける男性の人数が同じなら、平均は3点になる。これこそジョン・ウォーターズ流だ。

　これらのパターンは、数学の「分散」[*3]という概念を表している。分散は、中央値の周りにデータが散らばっている程度を示し、分散の値が大きいほどデータ点は平均から遠ざかる。**図2-2**では、パターンEの分散が最も大きい。分散の例としてよく使われるのは、株式市場の乱高下（つまり、リスク）の検証だ。

　たとえば、**図2-3**の2社の株価はどちらも1年間で10%上昇しているが、投資先としてはかなり異なる。アソシエイテッド・ウィジェット社は年間を通して株価が大きく変化したが、ウィジェット社は毎月ほぼコンスタントに少しずつ上昇した。二つの違いは、分散の値の差という一つの数値で理解することができる。ほかのすべての条件が同じ場合、投資家は右側の分散が小さいパターンを好むはずだ。運用益《リターン》は同じだが、心臓へ

|図2-2|

それぞれの評価をつけた男性の人数（計100人）

	“1”	“2”	“3”	“4”	“5”	評価の平均
パターンA			100			3.0
パターンB		10	80	10		3.0
パターンC	10	20	40	20	10	3.0
パターンD	25	25		25	25	3.0
パターンE	50				50	3.0

の負担は少ない。もちろん、恋愛に関しては、鼓動の高鳴りこそ最高のリターンとなる。

外見の魅力のレベルが同じ女性のグループがあるとき、男性からのアプローチの数は、ばらつきと強い関係がある。美人コンテストで優勝しそうな華やかな女性、家庭的な女性、その中間の女性などグループの種類を問わず、最もモテるのは、グループの中で両極にいる女性たちだ。その影響はけっして小さくない。彼女たちが男性から受け取るメッセージの数は、グループ内のほかの女性より約70%多いのだ。つまり、ばらつきがあれば、恋愛の序列で「同類」を飛び越えることもできる。評価がかなり低い（下から20%）女性も、評価のばらつきが大きければ、上から30%の女性と同じくらいメッセージを受け取るだろう。

その理由の一つは、ばらつきがある女性は、彼女を大好きな人も大嫌いな人も多いからだ。彼女が受け取るメッセージの大半は、熱心なファン――あえて「マニアック」と呼ぼう――からだ。したがって、評価の平均は同じでも、5点をつけた人が多いほどアプローチも増えるだろう。

一方で、否定的な評価も重要な要素になる。否定的な評価が、ほ

|図2-3|

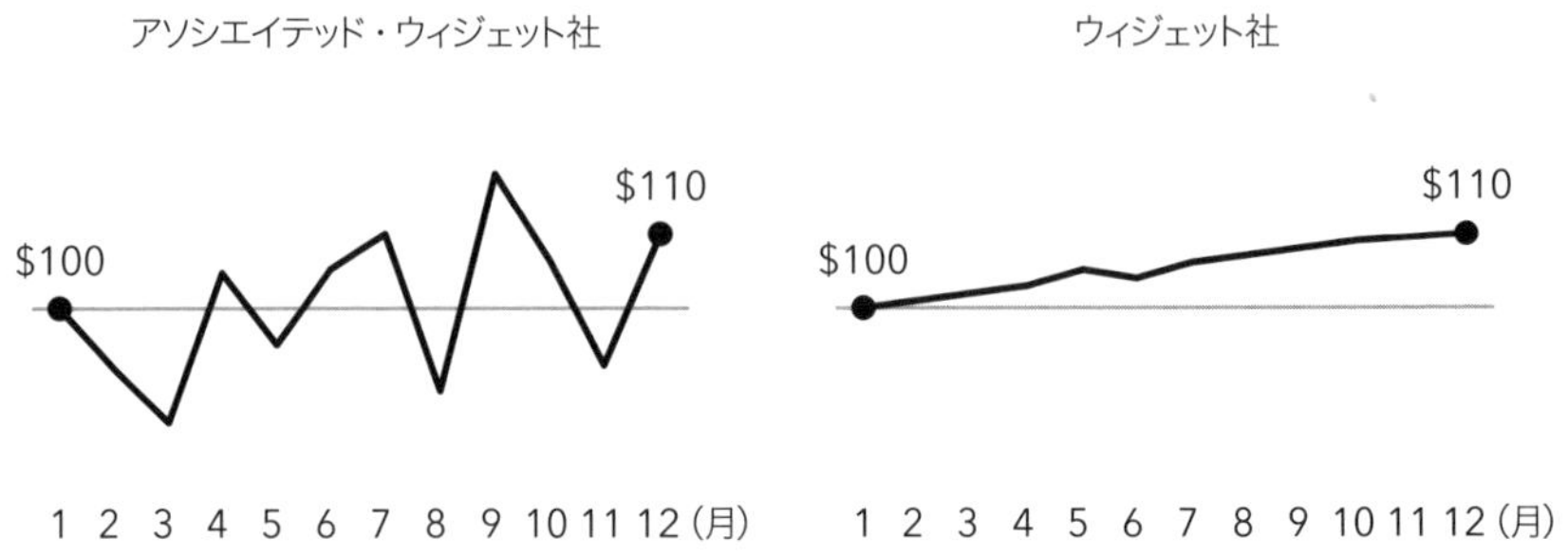

かの人からの関心を引き寄せる傾向が見られる。たとえば、図2－4の女性CとDは、AとBより全体として評価は低いが、男性から受け取るメッセージは約10％多い。

先ほどからメッセージを受け取ること自体が目的のような言い方をしているが、出会いサイトでは、メッセージがすべての始まりになる。それをきっかけに突っ込んだ会話になり、連絡先を交換して、実際に対面する。ばらつきのある人ほど、これらの段階まで進む場合が多い。図2－4の女性Dは女性Aに比べて、絶対的な評価では魅力ははるかに劣るが、男性と会話を交わし、デートをして、おそらくセックスをする機会は、女性Aより約10％多いだろう。

さらに、男性は1か2の評価をつけた女性を口説くことはない。低い評価をつけた相手とコンタクトを取ろうとする人はまずいないだろう。*4 しかし、この「あなたを好きではない人」の存在が、それ以外の人にとってあなたの魅力を高めるのだ。カール・ローブ［訳注　共和党の選挙参謀として知られる大物政治コンサルタント］は、とっくに知っていたさとほくそ笑んでいるだろう。

|図2-4|

それぞれの評価をつけた男性の人数（計100人）

	"1"	"2"	"3"	"4"	"5"	評価の平均
女性A	2	22	27	29	20	3.4
女性B	10	13	31	28	18	3.3
女性C	32	22	12	16	18	2.7
女性D	47	13	6	19	15	2.4

欠点を大切にできる人の強さ

重要なのは、Ｏｋキューピッドが、個人の評価のデータも、ばらつきに関するデータも、公表していないことだ。つまり、ここで説明したようなデータを実際に意識して、メッセージを送ったりアプローチをしたりする人はいないのだ。それでも人々は、データの裏に潜む数学を何らかのかたちで感じ取っている。

ある男性が、外見が普通とは違う女性に惹かれているとしよう。一般的ではないその外見ゆえに、敬遠する男性もいるだろう。ライバルが少なければ、興味を持った男性にとっては成功する確率が高くなる。彼はその女性のプロフィール欄を見て、マウスをいじりながら考える。彼女を素敵だと思う男は多くないはずだ。でも僕は、彼女が「変わっているにもかかわらず」興味を持ったんじゃなくて、「変わっているから」気に入った。磨けば光るダイヤモンドの原石だ……。ある意味で、彼女の人気の低さが、男性にとっては魅力的に映る。彼が実際にアプローチをするかどうか迷っているとしても、女性の評価が低いことが、すでに違いを生んでいると言えるだろう。

この現象を反対側から——ばらつきが小さい側から——見ると、比較的、魅力があって男性から一定の評価を得る女性を、男性たちは「普通に」かわいいと思う。周囲からは、実際より人気があるように見えるかもしれない。彼女に興味を持っていても、優柔不断な男性はあきらめるだろう。広く受け入れられる魅力は、ほかの男性も彼女を狙っているという印象を与え、実際の人気は徐々に減っていく。

もちろん、これは私の理論にすぎない。それでも、ばらつきが効果的なものだという考え方は、さまざまな分野で実証されている。社会心理学者の言う「しくじり効果」もその一つで、たとえば基本的に有能な人がときどき些細なミスをすると、この人はやはり有能なのだと思われる。欠点が長所を際立たせるのだ。このように不完全さを求める心理は、私たちの脳の構造の裏返しかもしれない。嗅覚は、脳の感情中枢と最も密接に関係していて、不調和を好む。このことは不快なにおいと好ましいにおいを混ぜた実験でも証明されており、自然界では進化の知恵と見なされている。オレンジの花やジャスミンなど、多くの花が放つ好ましいにおいには、インドールと呼ばれるタンパク質が約3％含まれている。インドールは大腸にたまる物質で、単独だとそれなりのにおいがする。しかし、インドールがなければ、花はいいにおいがしない。ほんの少しの悪臭がミツバチを引き寄せるのだ。インドールは合成香料にも使われている。

図2-5

一流モデルの世界でも、Ｏｋキューピッドのデータを実証できる。彼女たちは職業柄そろってゴージャスで、もちろん全員に5点満点で5の評価がつく。しかし、このハイレベルな集団の中でも、不完全さを武器に自分を際立たせることができる。シンディ・クロフォードは、口元のほくろを隠すのをやめてからブレイクした。リンダ・エバンジェリスタは髪質に難があったが、印象的な髪型が人気を集めた。ケイト・アップトンは、モデル業界の基準では少々体重が多いだろう。

水着姿のモデルより身近な例で考えてみよう。図2-5の6人の女性は、男性からの評価は全体として中間レベルだが、極端な反応も多く、「好み」か「好みではない」が多くて「まあまあ」はほとんどなかった。まず、写真を掲載して議論の対象にすることに同意してくれた6人に感謝を述べたい。さて、Ｏｋキューピッドのサイトで女性会員の写真を見ていると、彼女たちが登場する。どちらかと言えば普通の女性たちが、普通ではない特徴をアピールしている。マイナスになりうる特徴を前面に出しているのだ。下の列の真ん中の女性は、白黒写真ではわからないが、髪を青く染めている。少々太めでも、タトゥーが嫌いな人がいても、興味を抱いた人から3・3点の評価を引き出すことができれば大きな武器になる。

結局は、誰もが何かしら欠点を持っている。欠点に物怖じせず、自分らしさを大切にすること。それが真の教訓だ。周りに合わせようとするのは逆効果だ。パワーポイントのプレゼンテーションが流行り始めた頃のように、何枚もチャートを重ねているうちに本題が見えなくなる。あるいは、鼻が大きくて歯の矯正器具が目立つ14歳の息子が、どうして女の子にモテないのだろうと悩んでいるときに、母親は彼の頭をポンポンとたたきながら、あなたらしさが大切よと慰めるだろう。いずれにせよ、すべては数字が物語る。人々は事実の裏にある数学の原理を感じ取るのだ。母さん、あのとき慰めてくれてありがとう。でもね、できることなら、中学3年生でクマのTシャツはイケてないと言ってほしかったよ（図2-6）。

|図2-6|

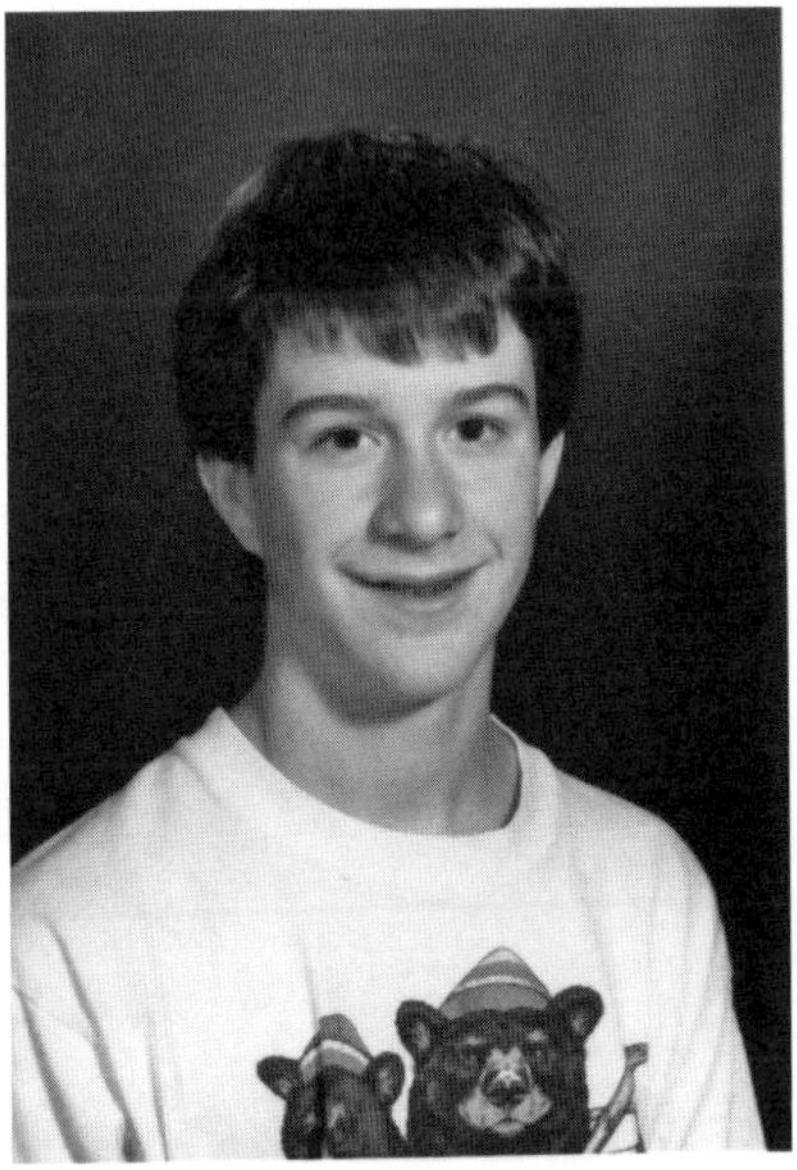

Chapter 3

私たちは、かつてなく文字を書いている

ノスタルジアは、かつては「スイス病」と呼ばれ、精神的な病と考えられていた。ヨーロッパ各地の戦場で戦うスイス人の傭兵は、祖国に帰りたがって士気が低いことで知られ、めそめそと羊飼いのバラードを口ずさんでいたという。ユグノー戦争でプロテスタント勢力と戦っていたフランス国王にすれば、歌など役に立たない。国王はバラードを禁止したという。アメリカの南北戦争でもノスタルジアは頭の痛い問題で、約5000人の兵士が戦線を離脱し、軍の医療記録によると74人の命を奪った。当時の社会を考えれば、二度と故郷に戻れないかもしれないという寂しさのあまり死ぬことも理解できる。一方で、当時は故郷を離れる理由の多くが、戦地に赴くことだったというのは興味深い。実際、ノスタルジアに関する初期の文献は、大半が兵士に言及している。私は過去に思いを馳せるとき、決まってセピア色の写真を想像する。南北戦争を終結させる最終兵器は、高校の卒業アルバムだったのかもしれない。

高校の卒業アルバムはいまも存在するのだろうか。フェイスブックがこれだけ普及している時代に必要なのだろうか。もっとも、フェイスブックが四半期決算で発表する数字を見るかぎり、18歳未満の利用者は以

前ほど多くない。若者は再びプリント写真を求めているのかもしれないが、私には知るよしもない。いずれにせよ、ティーンエイジャーがつねに「つながっている」のは、言葉でつながっているということだ。スナップチャットやワッツアップ、ツイッターなどのサービスは、いずれも画像が大きな魅力だが、キーボードがなければ伝えられることは少ない。インスタグラムもコメントやキャプションが不可欠だ。画像は数センチ四方のスペースにすぎないが、言葉でしか伝わらないこともある。感情を伝えるのも、人と人を結ぶのも、やはり言葉なのだ。

テクノロジーが現代の文化に落とす影は悩ましいかぎりだが、2014年のティーンエイジャーが生まれてから書いてきた言葉の量は、いちばん面倒くさがりの若者でも、90年代前半の私や友人たちよりはるかに多いはずだ。当時の私たちは、誰かと連絡を取りたければ電話をかけた。ちょっとしたお礼の言葉を書くのは年に数回、手紙は年に1通。現代の典型的な高校生は、毎朝それ以上のメッセージを交わしている。インターネットには残念な面もあるが、私がつねに素晴らしいと思うのは、ものを書く人が主役になる世界であることだ。オンラインの生活は言葉を介して成り立つ。仕事をするときも、人と交流するときも、浮気をするときも、つねに文字を入力する。どのような言葉を使おうと、メッセージをどのように締めくくろうと、私たちはかつてないほど言葉を交わしている。「女々しいヤツ」という捨て台詞だけだとしても。

ビッグデータの中に記憶される「現代の手紙」

南北戦争で北軍のポトマック軍に所属していたサリバン・バロー少佐は、妻子を残してきた故郷に思いを馳せていた。ケン・バーンズ監督のＴＶドキュメンタリー"The Civil War"（南北戦争）は、バローが妻に書いた手紙が朗読される場面が感動を呼ぶ。手紙を書いたのは出陣の前夜で、数日後に彼は重傷を負って戦死する。「心から愛するサラへ」で始まる手紙は家族に宛てた最期の言葉となり、バローの死後に妻の元へ届けられた。ドキュメンタリーで紹介されたことで一躍有名になり、私がグーグルで「有名な手紙」と検索したときは検索結果の2番目に表示された。もちろん素晴らしい手紙だが、その陰で無数の手紙が朗読されることもなく、燃やされ、どこかに紛れ込み、風に飛ばされ、あるいは紙が朽ちて消えていく。

現代では、手紙などが運よく残されていなくても、人々がどのようなことを考え、どんなことを話したかを振り返ることができる。誰かの言葉を頼りに当時を推測する必要もない。一人の男性が戦闘の前に妻へ宛てた手紙だけでなく、個人的なやり取りの前後や最中に交わされた言葉のすべてが保存されているのだ。バローの手紙はユーチューブにも朗読が投稿されており、「現代の男たちにこんな手紙は書けない」などと、数多くのコメントがついている。そのとおりだ。しかし私たちは、感情を吐露する詩は書けなくても、違う意味で言葉の豊かさと美しさを知っている。人間のコミュニケーションと、それが育むコミュニティと人間のつながりに関する研究の手法は、いままさに変わりつつある。

人がどのように言葉を書くかを研究するためには、洗練されていない無防備な言葉が最適だ。現代では、そのような言葉は大量にある。今後2年間にツイッター上でつぶやかれる言葉の数は、有史以来の書籍に印刷されたすべての言葉より多いだろう。[*1] リアルタイムの短いやり取りは、新しい時代のコミュニケーションの縮図でもある。ツイッターは言葉を扱うサービスとして初めて、簡潔さと即時性を促すだけでなく、二つの要素を不可欠なものにした。ユーザーは「いま起きていること」を１４０文字で世界に発信する［訳注

2016年、ツイッターは文字数制限を一部緩和した]。ツイッターが急激に普及したことは、言葉を書くという行為が再定義されただけでなく、インターネットが「文化を破壊する」という不安を裏付けしたようだ。限られたスペースで十分に書ける（そして、十分に考えられる）はずがない。思考が140字に制限されるなんて。その思いを俳優のレイフ・ファインズが代弁している。「ツイッターを見れば、シェイクスピアの演劇やP・G・ウッドハウス［訳注 イギリスのユーモア小説の大家］の小説で使われる英単語の多くが……ほとんど使われなくなったことは一目瞭然だ。最近の人には意味もわからないだろう」

ツイッターで使われる言葉ランキング

ところが、ツイッターで使われている言葉の初歩的な分析[*2]を見るだけで、言語の堕落とは程遠いことがわかる。図3-1は、ツイッターとオックスフォード・イングリッシュ・コーパス（OEC）で、それぞれ最も頻繁に出てくる単語の一覧表だ。OECはジャーナリズムや小説、ブログ、論文など、現代のあらゆる書き言葉から約25億個の英単語を集めたデータベースで、時代を反映した語彙集として知られている。今回は上位100語を抜き出しただけなので、部分的なサンプルに思えるかもしれないが、実際に書かれる文章の約半分は、ツイッターでもOECでもこの100語だけで成り立っている。

ツイッターの一覧表で最も重要なのは、英語の砦の番人たちの嘆きに反して、ネットでよく見る省略語は上位100語のうち二つ――"rt"（retweet／リツイート）と"u"（you／あなた、あなたたち）――しかないことだ。このような言葉の短縮は、文法は抜きにして、140字の狭いスペースに不可欠だと思うだろう。しかしツイッターのユーザーは、単語を縮めて枠に詰め込もうとするより、制限を巧みに回避しているようだ。さらに、一覧表の単語の文字数を計算すると、OECは平均3・4字に対し、ツイッターのほうが4・3字と長い。

続いて、単語の長さではなく内容に注目する。図3－1で強調した単語は、ツイッターのリストだけに登場する。OECのリストはやや味気なく、名詞や動詞を導く補足的な単語も多いが、ツイッターに無駄な言葉を使う余地はない。すべての言葉が「主役」なのだ。上位100語にも、"love"(愛)"happy"(幸せ)"life"(人生)"today"(今日)"best"(最高)"never"(絶

	OEC	ツイッター
	when	back
	make	an
	can	see
	like	more
	time	by
	no	today
	just	twitter
	him	or
	know	as
60	take	make
	people	who
	into	got
	year	here
	your	want
	good	need
	some	happy
	could	too
	them	u
	see	best
70	other	people
	than	some
	then	they
	now	life
	look	there
	only	think

	OEC	ツイッター
	come	going
	its	why
	over	he
	think	really
80	also	way
	back	come
	after	much
	use	only
	two	off
	how	still
	our	right
	work	night
	first	home
	well	say
90	way	great
	even	never
	new	work
	want	would
	because	last
	any	first
	these	over
	give	take
	day	its
	most	better
100	us	them

対にない）"home"（家）など鮮明な言葉が並んでいる。

　ツイッターは少ない文字数で意味をひねり出さなければならず、結果として文章力を高めるのかもしれない。英文学者ウィリアム・ストランク教授が提唱した文章論の基本原則「不要な単語を削除する」を、デジタルのツールで体現しているのだ。

　ツイートの文章は簡潔にならざるをえず、おかしな話だが、文字数の制限が単語の長さをわずかに伸ばしている。スペースが限られていると、単語が長くなれば単語のつなぎは短くなり、無駄が減る。ツイッターで表現される思考は縮められているかもしれないが、

図3-1

	OEC	ツイッター		OEC	ツイッター
1	the	to		they	up
	be	a		we	love
	to	i		say	do
	of	the		her	what
	and	and	30	she	like
	a	in		or	not
	in	you		an	get
	that	my		will	no
	have	for		my	good
10	I	on		one	but
	it	of		all	new
	for	it		would	can
	not	me		there	if
	on	this		their	day
	with	with	40	what	now
	he	at		so	time
	as	just		up	from
	you	so		out	go
	do	be		if	how
20	at	rt		about	we
	this	out		who	will
	but	that		get	one
	his	have		which	about
	by	your		go	know
	from	all	50	me	when

このように見るかぎり、劣化はしていない。

ペンシルベニア大学のマーク・リバーマン教授も、ほぼ同じ結論に達している。リバーマンはレイフ・ファインズの言葉を受けて、『ハムレット』(3・99字)とP・G・ウッドハウスの作品集(4・05字)の標準的な単語の文字数を計算したが、どちらもツイッターのサンプル(4・80字)より短かった。[*3] リバーマンのほかにも多くの比較言語学者が、ツイッターのデータ解析に挑んでいる。アリゾナ州のある研究チームは単語の数や長さだけでなく、文体や書き手の感情にも踏み込み、いくつか意外なことに気がついた。まず、ツイッターは文章の書き方を変えていない。電子メールやショートメールで二人称に u を使う人は、ツイッターでも使う。同じように普段から you と綴る人は、ツイッターでもメールでも、どこでも you を使うのだ。一人称に i と I のどちらを使うかも同様だ。つまり、ある人の文章の書き方は媒体によって変わるわけではなく、ツイッターだからといって「レベルが低下する」こともない。どこに書くときも、自分のスタイルで書く。

言語学者は動詞や名詞など、意味を伝える単語が占める語彙密度も計算した。その結果、ツイッターの語彙密度は電子メールほど高くないが、スレート誌の記事とほぼ同じだった。つまり、雑誌に掲載されるレベルの計算された構文なのだ。ツイッターは狭いスペースに収まっているだけで、文章の書き方は普段とほとんど変わらない。言葉の切り株が散らばる荒地ではなく、手入れの行き届いた盆栽の庭だ。

ツイッターが言語にもたらした変化は、言語の研究にもたらした変化に比べれば些細なものだ。ツイッターにおいて、言葉は思考を構築するブロックというだけでなく、社会的なつながりを感じさせる。人類の祖先がアフリカの大地を猫背気味に歩いていた時代から、言葉は「つながる」ためにあった。さらに、旧来のメディアと違って、ツイッターでは個人レベルでつながりを追跡できる。ある人が何を言ったかだけでなく、誰に向けて、いつ、どのような頻度で言っているのかもわかる。

比較言語学では、言語を通じて集団の特徴を探る。基本的な単語は言語が異なっても似たような発音が多く（トゥレス、トロワ、ドライ、スリー、スランは、順にスペイン語、フランス語、ドイツ語、英語、インドのグジャラート語で「3」を表す）、遺伝子や文化が時を経て移動したことを思わせる。さらに、ツイッターで使われる言葉によって集団を定義する研究も進んでいる。図3－2は、18万9000人が交わした7500万件のツイートから収集した語彙をもとに、グループの特徴や方言の抽出を試みた研究から抜粋した。

これはユーザーがツイッターで使う単語だけでグループ分けしたもので、何らかの優先順位を示すものではない。いちばん上のグループは最も人数が多く、最も雄弁で（一人当たりのツイート数が最も多い）、最も視野が狭い。彼らのツイートの約90％はグループ内のやり取りで、言語の特徴が最も顕著に表れている（このグループで最も多く使われる上位100語のうち、半分は末尾が省

図3-2

ツイッターのメッセージのパターンによるグループ分け

使われる単語（例）	特徴	全体に占める割合（%）
nigga, poppin, chillin	末尾を省略する（例：-er → -a、-ing → -in）	14
tweetup, metrics, innovation	ITの流行語	12
inspiring, webinar, affiliate, tips	マーケティングや自己啓発	11
etsy, adorable, hubby	独自の専門用語	5
pelosi, obamacare, beck, libs	党派政治の話題	4
bieber, pleasee, youu, <33	末尾を伸ばす（最後の文字を繰り返す）	2
anipals, pawesome, furever	動物にちなんだ語呂合わせ	1
kstew, robsessed, twilighters	言葉の混合や映画『トワイライト』の語呂合わせ	1

略されている)。

一方で図3－2のグループはそれぞれ、スラングやポップカルチャーの話題、隠語、間の抜けた語呂合わせなど、いずれも特別な言葉遣いでつながっている。言葉や情報が持つこのような機能は、最近まで忘れられていた。男から妻への最期の手紙と同じように、仲間内での話し方によって、人となりをより深く感じることもできるだろう。官僚、政治オタク、マーケティングの達人、ロバート・パティンソン〔訳注：映画『トワイライト』シリーズで人気の俳優〕の追っかけ。数年後には新たなグループ分けが生まれ、違う仲間とつながっているかもしれない。その興味深い軌跡も、彼らのメッセージの編成が教えてくれるだろう。

ピザよ永遠に

言語とデータが結び付くと、時間という強力な次元が生まれる。ツイッターのようなサービスは、いずれ不可欠なツールになるだろう。グーグル・ブックスは歴史の死角を補うプロジェクトで、世界各地の図書館と協力して3000万タイトルの書籍をデジタル化している。グーグルの名のとおり、すべてのコンテンツが検索可能だ。この大規模なデータ分析が、「カルチャロミクス」と呼ばれる新しい研究分野を生んだ。カルチャロミクスは定量的な文化研究で、デジタル化された歴史の記録をもとに、言葉の使われ方の変化を分析する。1800年までさかのぼる長期間のデータがあるおかげで、人々にとって何が重要かを、変わった視点から見ることができる。**図3－3**のグラフは、名づけて「ピザよ永遠に」。1800～2008年に、食べ物に関する単語が書籍で使われた頻度を表している。

グラフからは料理以外の歴史も垣間見ることができる。「アイスクリーム」が急増している1910年代に、ゼネラル・エレクトリック（GE）は初めて家庭用の電気冷蔵庫を売り出した。「パスタ」が90年代後半から急減していることは、2000年代の初めにアトキンス・ダイエット〔訳注 低炭水化物・低糖質ダイエット〕が流行したこととと重なる。世界的な戦争が起きると人は赤い肉を食べたくなるようだ。このような分析は、集団心理の奥底に迫る簡単なアプローチでもある。[*4] 単語が使われる頻度は、時の経過のように直接、調べることがきわめて難しい抽象的な概念を、私たちがどのように感じるかも示唆する。「10年」の意味を質問するのは、「赤色」はどんな色かと説明させるようなもので、答えは自分がいま見ている事実に基づく印象にすぎ

図3-3 食べ物の言葉が文章に登場する頻度（1800～2008年）

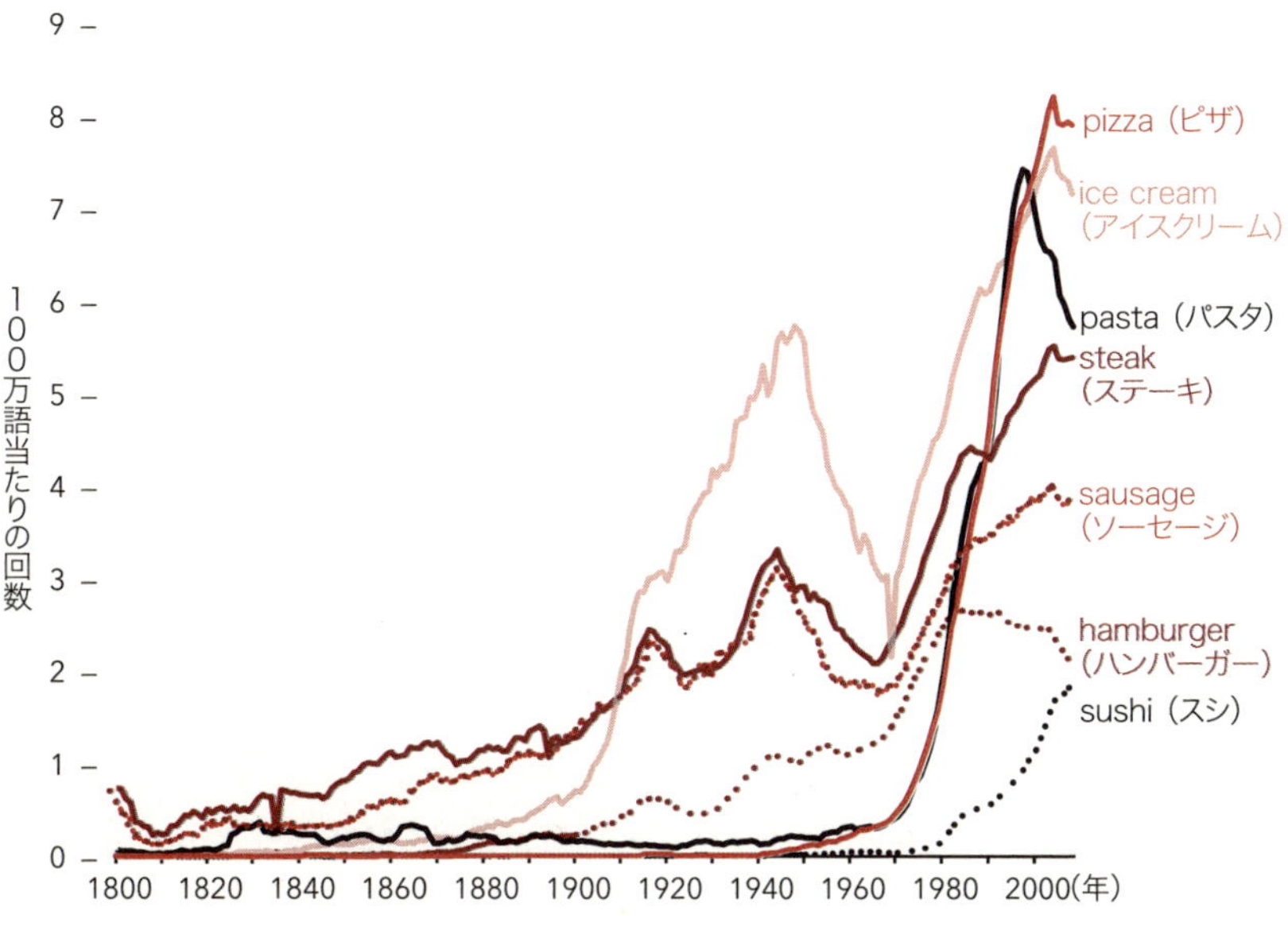

ない。しかし、書き言葉の変化からは、客観的なものが見えてくる。

続いて図3-4は、年代に言及する頻度を50年ごとに表している。このグラフを見ると、時代の流れとともに、私たちは現在に意識が集中するようになった。たとえば、「1850年」に言及する回数は1851年が最も多く、100万語につき約35回だ。「1900年」は、1900年とその直後に約58回だった。それが「1950年」には3倍近くに達し、「2000年」はさらに増えている。

これらのデータと分析は印刷された言葉に基づいており、より広範な文化を理解するのに役立つ。一方でツイッターからは、ツイートを交わす仲間内の変化がわかる。ただし、書籍もツイートも一対多数のコミュニケーションだが、最も重要な言葉

図3-4

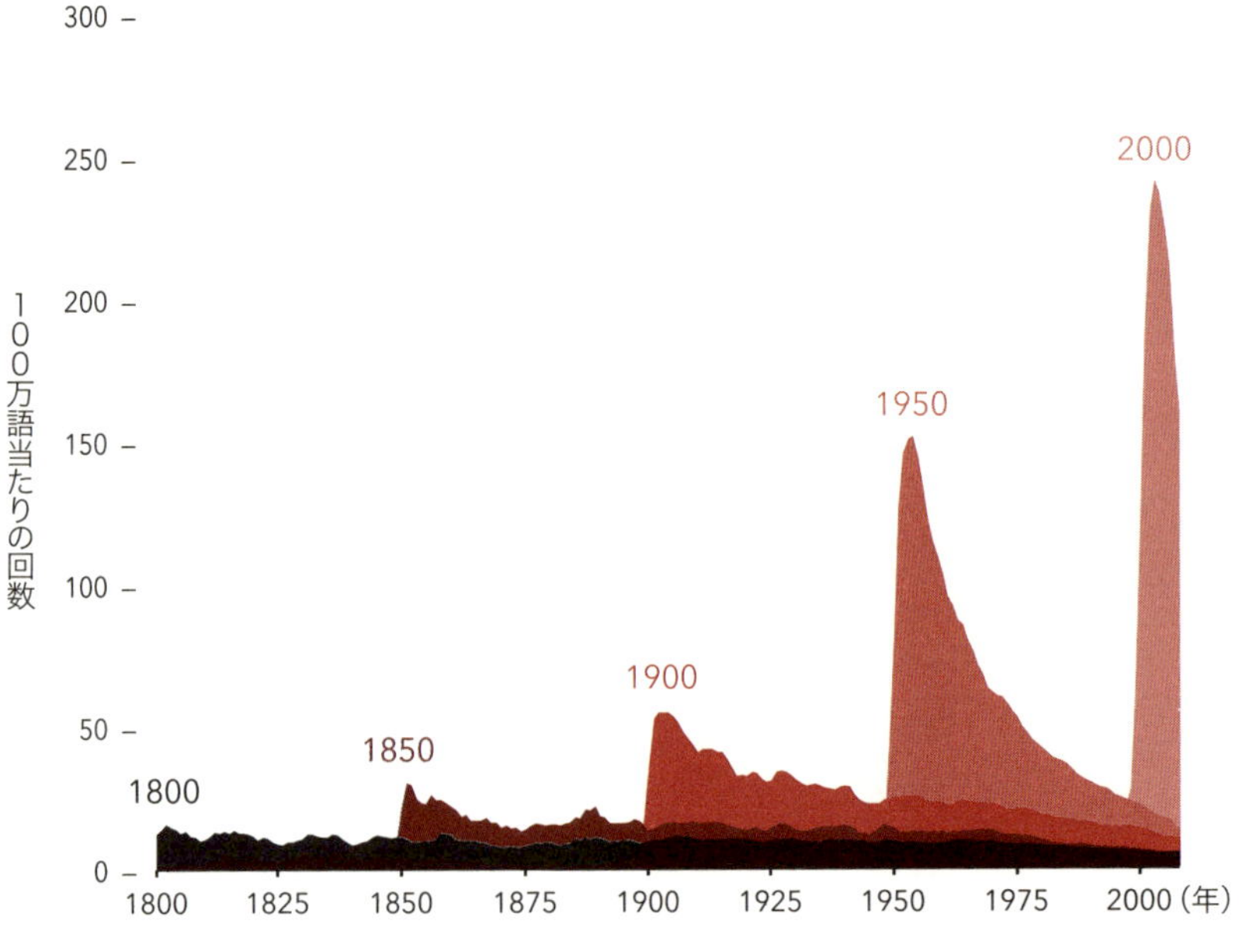

はバロー少佐の手紙のように、一対一で表現されることが多い。Ｏｋキューピッドでは1日に約４００万件のメッセージが交わされる。恋愛相手を見つけるという特定の目的のためのメッセージだが、サイトでは見本やひな型を提供しておらず、何をどのように書くかという制限はない。見知らぬ人とメッセージを交換する、それだけだ。サイト内のコミュニケーションは相手を少しずつ知るプロセスで、恋が始まるのはもっと後、オフラインで実際に会ってからだ。これらの個人的なメッセージは最も繊細なコンテンツであり、匿名のデータとして集約していても、基本的に門外不出のデータベースの聖域だ。幸い、私はＯｋキューピッドで特別な立場にいるおかげで、特別にアクセスできる。

メッセージを書く労力を分析すると

まず、Ｏｋキューピッドの10年間の軌跡から、テクノロジーが私たちのコミュニケーションをどのように変えてきたかを見ていこう。Ｏｋキューピッドは、スマートフォンやツイッター、インスタグラムがなかった時代からデータを蓄積している。この10年間のメッセージの全体像から、文章を書く文化が大きく変わったことがわかる。その原動力は携帯電話だ。２００８年半ばにアップルがアプリストアを開設し、Ｏｋキューピッドも大手ネットサービスの例に漏れず、アプリの提供を始めた。文章を書くことへの影響はすぐに表れた。ユーザーが文章を入力するキーボードは手のひらより小さくなり、メッセージの長さは3分の1になった（図3-5）。

現在では、メッセージ1件当たりの文字数は１００字強。まさにツイッター・サイズだ。もっとも、ユーザーはこの変化に順応しているようだ。最も優秀なメッセージ、つまり最もレスポンス率が高いメッセージは、いまや40～60字しかない（**図3-6**）。

同じ長さのメッセージについて、書き上げるまでの所要時間（秒）の違いに注目すると、推敲の効果がうかがえる。**図3-7**は、150～300字のメッセージを書く所要時間とレスポンス率の関係を示す。ご覧のとおり、努力はある程度まで報われるが、赤い傾向線はやがて右下がりになる。あれこれ考えすぎないことだ。

図3-7の左端は10秒足らずで書き上げたメッセージで、その数は突出している。150～300字のメッセージをこんなに早く書き上げる人が、これほど多くいるのだろうか（私も驚いている。出会いサイトで10年も働いていると、意外な発見ばかりだ）。答えは、ノー。その理由を説明しよう。

図3-8は10万件のメッセージ[*5]について、キーボードのキーをたたいた回数と、実際に送信した文字数

|図3-5|　メッセージの長さの平均（2005～14年）

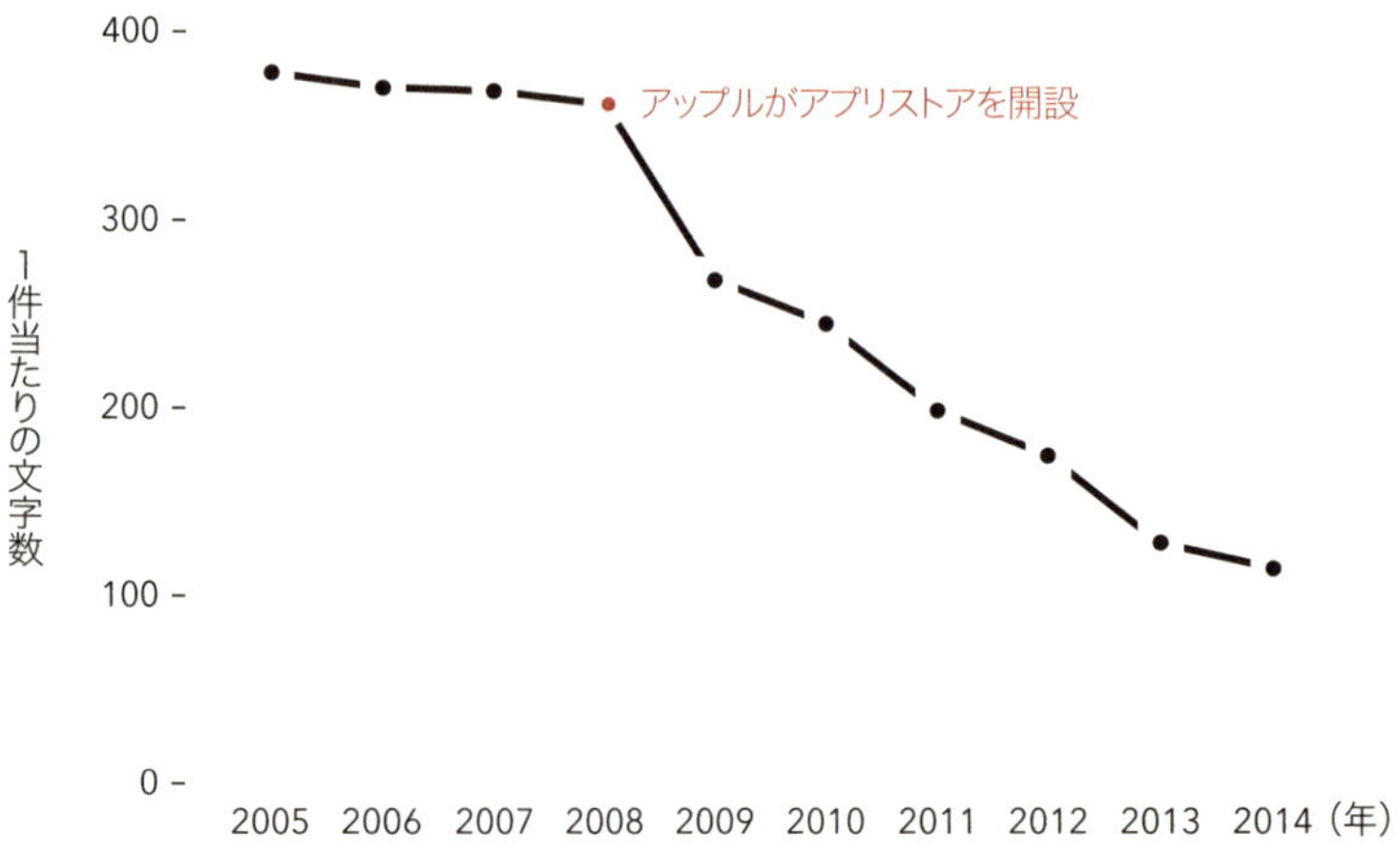

図3-6

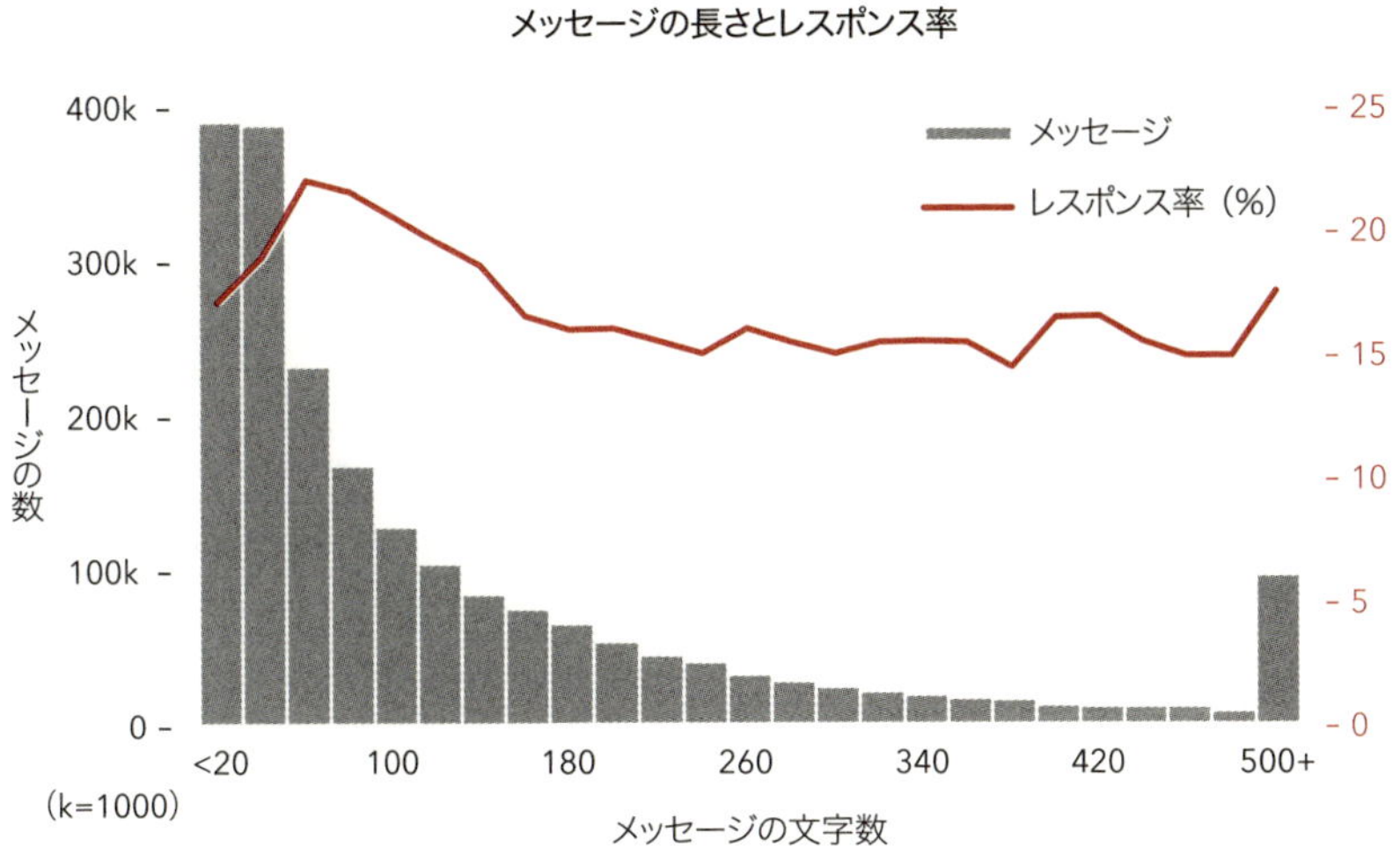
メッセージの長さとレスポンス率
400k
300k
200k
100k
0
メッセージの数
25
20
15
10
5
0
メッセージ
レスポンス率（%）
<20
100
180
260
340
420
500+
（k=1000）
メッセージの文字数

図3-7

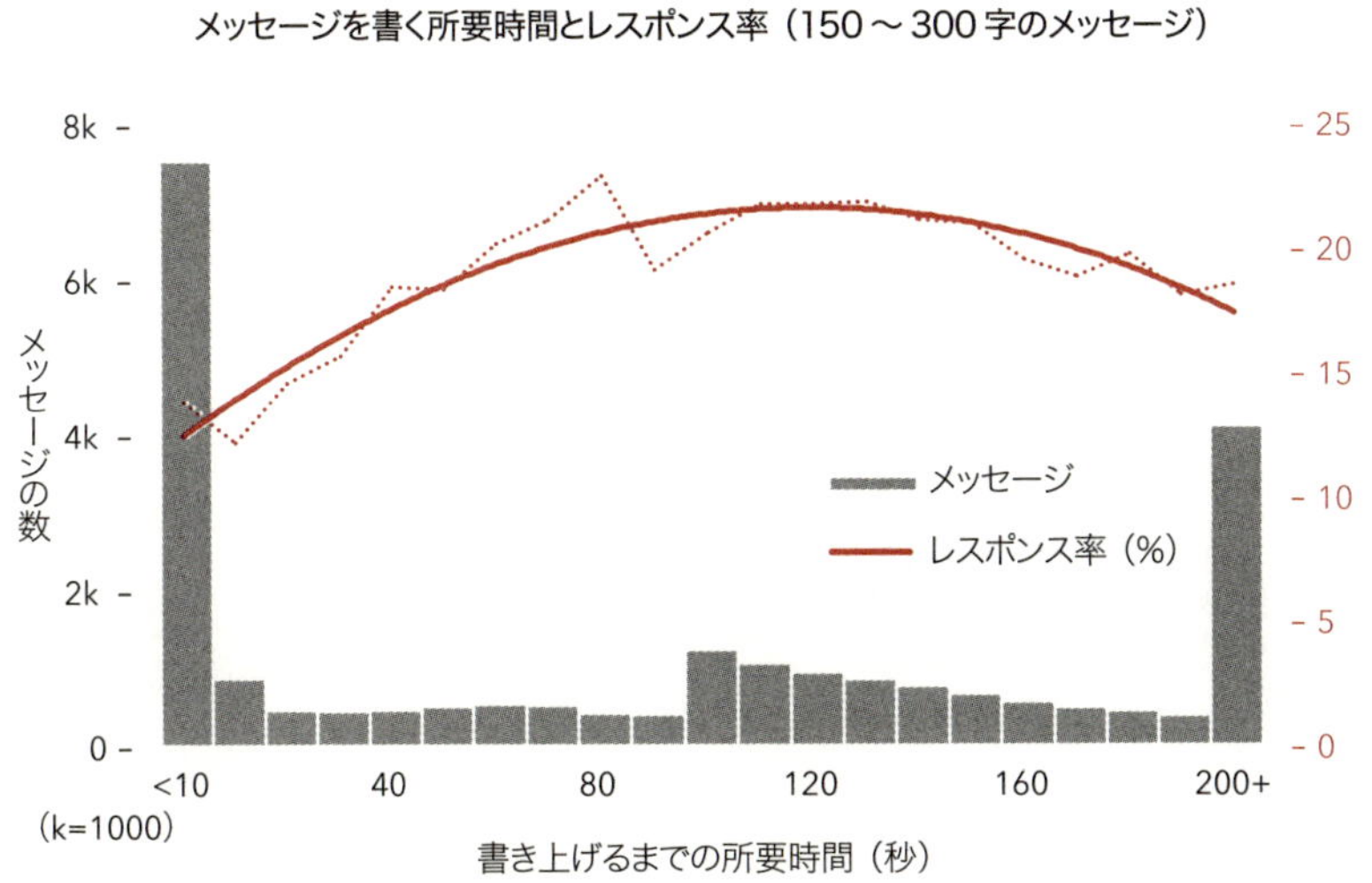
メッセージを書く所要時間とレスポンス率（150～300字のメッセージ）
8k
6k
4k
2k
0
メッセージの数
25
20
15
10
5
0
メッセージ
レスポンス率（%）
<10
40
80
120
160
200+
（k=1000）
書き上げるまでの所要時間（秒）

の関係を表している。[*6] 値の幅が1から1万近くまでと広いため、対数グラフを用いた。

斜めの点線上は、先のグラフのように、縦横の軸の値が同じになる。線上の赤い点が表すメッセージは、キーをたたいた回数と送信した文字数が同じという意味だ。この場合、頭の中で考えたことをタイプして、基本的に削除や編集をせずに「送信」ボタンを押している。右上のメッセージAはほとんど推敲せず、勢いにまかせて書いているように思える。しかしメッセージAのログをたどると、5979文字の挨拶を仕上げるのに73分41秒かけている。最終的に送信したメッセージは、この本の

|図3-8|

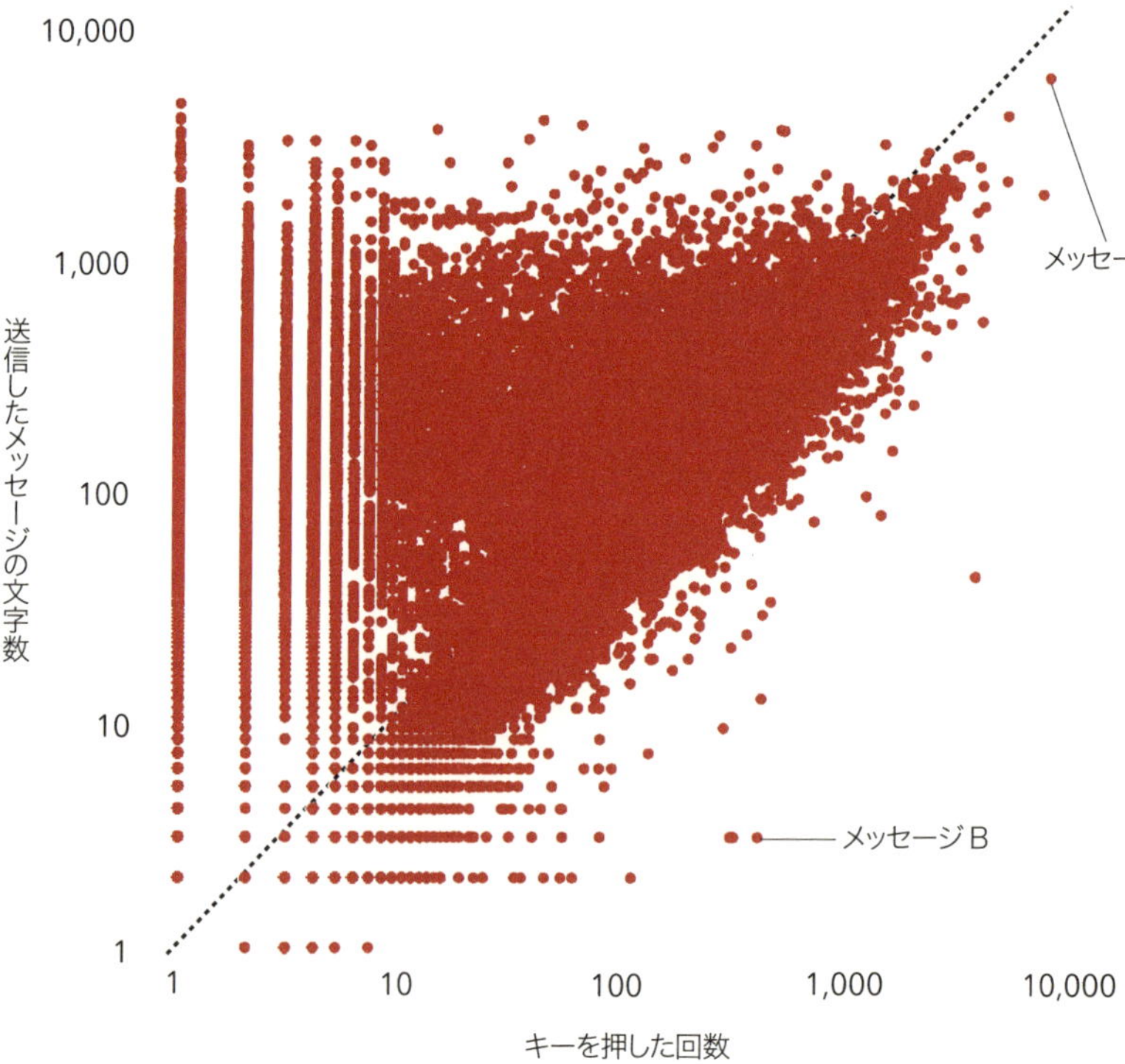

4ページ分の長さになった。返信はなかった。メッセージBの紳士（レイモンド・カーバーなみの労働集約型だ）は387字を入力して“Hey”（こんにちは）というメッセージを仕上げ、やはり返信はなかった。

　言うまでもなく、これらは両極端な例だ。図3－8は基本的に、点線に近いメッセージは推敲にかけた労力が少ないことを意味している。グラフの右下に行くほど手間をかけているのだが、左上に行くほど……物理的にありえない話になってくる。点線から上のエ

図3-9

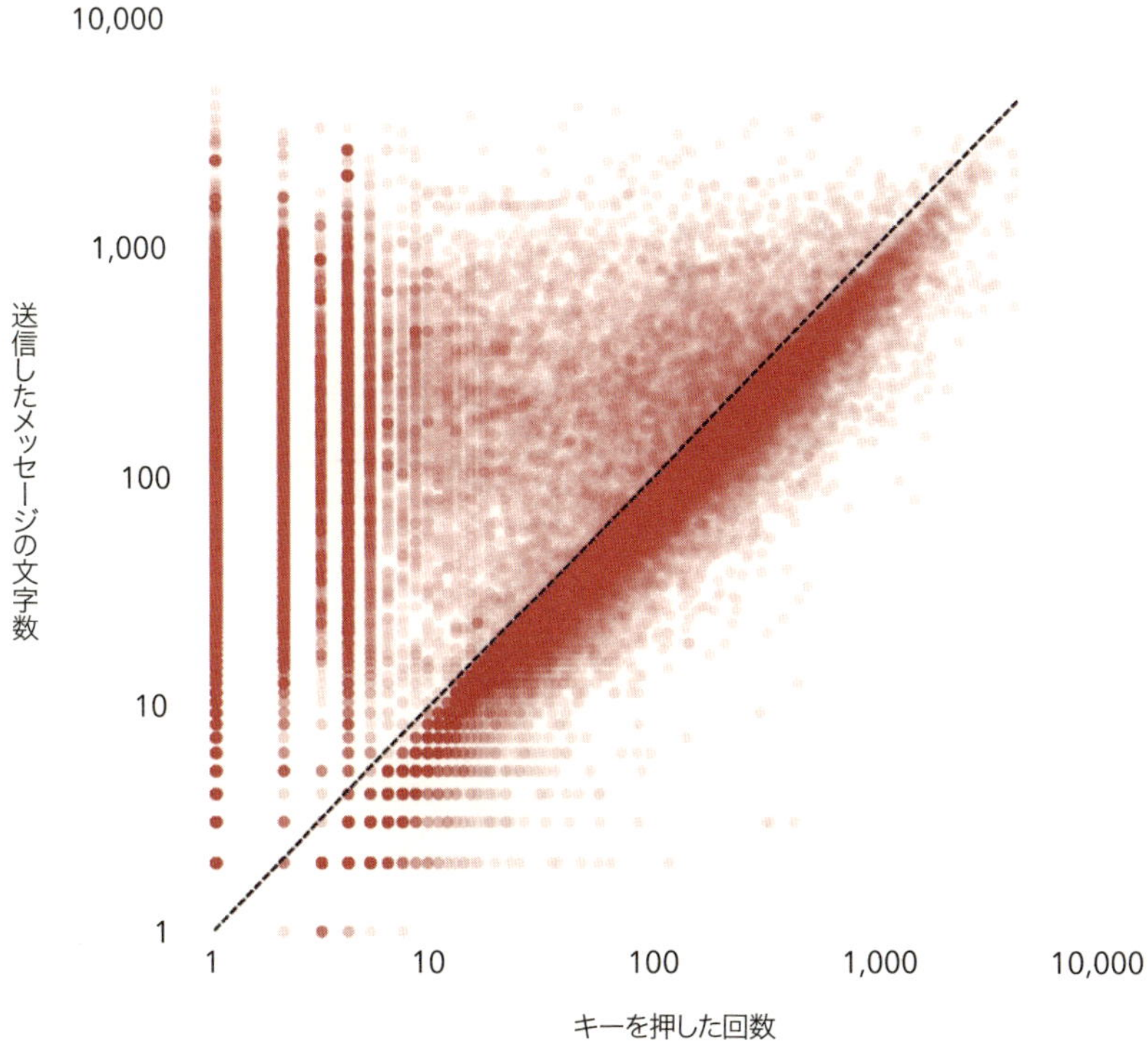

リアは、最終的に送信したメッセージより少ない文字数しか入力していないのだ。考えるだけでキーボードに触れなくても、メッセージを紡ぎ出す境地に達したのだろうか。じつは、これがコピー・アンド・ペーストという神技だ。

図3-9は10万個の赤い点の色を9割薄くして、グラフの傾向をわかりやすくした。いわばデータのレントゲン写真で、グラフを埋め尽くしていた赤色の骨組みが浮かび上がる。

点線のすぐ下にある色の濃いエリアは、すべての文字をキーボードから入力した人たちだ。かなり狭い範囲に集中している。コピー・アンド・ペーストを使うか使わないかを分ける点線を挟んで、下側のほうがメッセージは簡潔で明瞭なはずだ。もっとも、文章を仕上げるまでに費やす努力にはおのずと限界があるようで、簡単に計算すると、最終的に送信するメッセージ1文字につき3文字分のキーをたたく。

コピー・アンド・ペーストのリスクと効果

点線の上側の人々は、そのような努力は無駄だと考えた。左寄りの色が薄いエリアのメッセージは、定番の文章をコピーして貼り付け、ほとんど編集していない。ただし、対数グラフは誤解を招きやすい。点線からほんの少し上に離れているだけの赤い点も、メッセージの内容の大半はストックされたものを貼り付けているのだ。さらに左を見ると、濃い赤色の柱が何本か伸びている。これらのメッセージは、キーをわずか数回たたいただけで文章ができあがった。メッセージのサンプル全体の20%が、キーをたたいた回数は5回以下だった。そのようなメッセージを送信する人は、自分が好きな話や、相手を誘いやすいと知っている内容に終始する。ただし、いわゆるスパムメールではない。Ｏｋキューピッドでは、偽装のアカウントや自動応答プログラムを使っているアカウントは速やかに排除しているからだ。数えるほどしかキーをたたかない人々も、出会いを求める生身の人間に変わりはなく、デジタルの口説き文句を暗唱しているにすぎない。「カワイイね」「話してみない？」というフレーズは、「この店にはよく来るの？」という決まり文句のデジタル版なのだ。とはいえ、なかには凝った「定型文」もあり、複数の人に同じものを送信しているとは信じられない。たとえば、こんなメッセージがあった。

僕もタバコを吸うよ。5月にバックパックを背負って歩いたときに覚えたんだ。昔は酒飲みだったけど、いまは朝起きた瞬間からタバコが欲しくなる。マッドメンのオフィスで働きたいよ。ＭｏＭＡのル・コルビュジェの展覧会には行った？　とてもおもしろいらしいね。僕は先週、モントリオールでフランク・ゲーリー（sp.?）の展示を見て、彼がオハイオでものすごい家を設計したときに、コンピュータ・モデリングをどんなふうに使ったのかがわかった。

［訳注　「マッドメン」は60年代のニューヨークの広告業界を描いたテレビドラマ。ＭｏＭＡはニューヨーク近代美術館。ル・コルビュジェとフランク・ゲーリーは建築家］

送信者は、タバコを吸ってアートに興味がある女性を求めていた。さりげない（sp.?）［訳注　ＳＰは透視図法のこと］のアピールが、私は気に入っている。42人の女性がこのメッセージを受け取った。

Ｏｋキューピッドのサイト全体では、コピー・アンド・ペーストを使ったメールの「実績」は、使わないメールより25%低い。ただし、費やした労力の「効率」は前者がつねに勝る。メッセージを書く労力の大きさに対する返信の数を計算すると、一人ひとりに個別のメッセージを書くより、全員にほぼ同じ内容のメールを送るほうが効率は何倍もいいのだ。

もっとも、効率の話にはたいていの人が眉をひそめる。出会いサイトで送信するメッセージに定型文を使うと、返信が来る確率は使わない場合の75%になるという数字にも懐疑的だ。もちろん、ほとんどの人がコピー・アンド・ペーストを見抜くだろう。しかし一方で、先ほどの喫煙とアートのメッセージは、コピーで量産された文章かどうかを識別する難しさを物語る。彼がメッセージの作成に費やした時間はほんのわずかだが、理想のタイプの女性から5件の返信があったのだ。話は脱線するが、私の持ち物やデスクにある小物、自宅にあるものはほぼすべてが工場で製造されたもので、数多くの複製品の一つにすぎない。私は今日の昼休みに、人込みをかき分けてサンドイッチを買った。壁際のケースに並んだサンドイッチから一つ選んだ。つまり、テンプレートは社会で機能しているのだ。タバコを吸うことを隠さない、建築が大好きなバックパッカーも、誰もがやっていることをしたにすぎない——テクノロジーを使いこなしているだけだ。キーボードのショートカットの操作で、ささやかな時間を節約したというだけだ。

携帯電話やツイッターのようなサービスには、それぞれ独自のルールや手法がある。それに対し、文章を書くという要素は普遍的だ。文章のスタイルは変わり、ときには切り貼りされ、予想外の役割を見つけるかもしれないし、生きているものの宿命として嫌われることもあるだろう。しかし文章を書く行為は、大量絶滅の危機に直面しているのではなく、新たな可能性を次々に発見している最中なのだ。言語は、コピー・アンド・ペーストされたものも含めて、かつてないほど多様になっている。多様性は、芸術を脅かすのではなく盾となる。文学作品の大げさな表現も、簡潔でスペルミスがある近況報告も、あらゆる書き言葉には共通点がある。友人へ、まだ会ったことがない人へ、恋人へ、あるいは作家と読者のやり取りでも、私たちはつながるために言葉を使うのだ。退屈したとき、興奮したとき、激怒したとき、移動したとき、恋に落ちたとき、好奇心をくすぐられたとき、故郷を懐かしんで将来が不安になったとき。そこに言葉があるかぎり、人はその思いを書き綴る。

Chapter

4

あなたは、人と人をつなげる接着剤になれる

出会いサイトのデータの大きな欠点は、実際にデートをするようになった人については何もわからないことだ。交際が始まれば、サイトでメッセージを送ったり評価をつけたりする必要はない。この現実は、データセットにとってもサイトの運営にとっても皮肉なことだ。いい仕事をすれば、顧客は去っていく。しかも二人同時に！

彼らはオンラインから現実の世界に移り、バーに行って、太陽の下で会い、体を寄せ合う。ビットやピクセルで数量化された世界を離れ、お互いの人生に足を踏み入れるのだ。ある若いカップルの恋愛をたどってみよう。二人は初めて顔を合わせる。話をして、酒を飲み、相手のことを少しずつ知る。次は——次があれば——彼女の部屋だ。知らない部屋番号、真鍮のドアノブ。他人のシーツの慣れないけれど心地よい香り。バスルームの使いかけのシャンプーは、ローガンベリーの香りらしい。まあ、悪くない。その次はあなたの部屋だ。彼女が冷蔵庫を開けると……マスタードの瓶が一つだけ。それはともかく、すべてのカップルが経験することがある。相手の寝室や書斎にある記念の品々や写真が、最初はさっぱり意味がわからないのだが、

いつのまにか「自分の」思い出になっていることだ。ポンデローサ招待水泳大会（と1985年の3位のカップ）の話は彼女から聞いただけなのに——あるいは、彼女から聞いたからなのか——まるで自分のことのように懐かしくなる。

二人は友人を紹介し合う。あなたの親友。彼女の親友。まるでずっと前から知り合いだったかのようだ。たっぷりのお酒と波長の合う人々がそろえば、彼女の友人もあなたの友人になる。知り合いや同僚もその輪に加わり、二人の関係が本物になると、ついに親との対面だ。あなたは自分の生い立ちを（いつもよりきれいに）語り、途中から彼女と二人で話す場面も出てくる。すっかり打ち解けたところでトイレに行き、戻ってきたときには、彼女の両親はさっきよりあなたのことを詳しく知っている。あなたは自分の席に座り、「○○さんから聞いたんですが……」と、二人のとっておきのエピソードを披露する。こうして二つの人生が結び付き、やがて小さな新しい人生が始まる。

この二人は、いわば一目惚れのように惹かれ合った。彼らが結ばれるまでの道のりをコンピュータが把握できるかどうかはわからないが、二人の人生の関係図を描くことはできる。最近よく見るようになった、人間関係を点と線の結び付きで表すソーシャルグラフもその一つだ。

ネットワーク理論が教えてくれる新しい真実

私はフェイスブックに384人の友達がいる。図4-1の中央の赤い点が私、右横の黒い点は妻のレシュマだ。関係がある人同士はグレーの線で結ばれている。

仲良さそうにまとまっているが、手で描いたものではない。私の有能なリサーチアシスタントのジェームズ・ダウデルが、自作のソフトウエアで作成した。共通の知り合いが多い人（点）は固まっている。たとえるなら、点の一つひとつが小さな鉄片で、「友情の粉」の磁力で引き合っており、まとめてテーブルの上に落とすと、私を中心に円状に広がる。私は友達申請を承認するためぐらいしかフェイスブックを利用しないが、このソーシャルグラフには私の人生のあらゆ

図4-1

る面が描かれている。Aはとても仲の良い義理の家族で、ソフトウエアが許すかぎりくっついている。Bは高校時代の友人、Cは同僚、Dはゲーム仲間だ。私が生涯で一度だけ、ミュージシャンをやっていたこともわかる。左端で私としかつながっていない点の多くは、バンドのツアーで知り合った人々だ。彼らを結び付けるものは私たちのバンドの音楽だが、アルゴリズムには表れない。

続いて図4-2は、レシュマの人間関係を追加して、夫婦としてのネットワークの広がりを表している。濃い赤色の点が共通の友人だ。

夫婦の人生を合わせただけの味気ない抽象的なグラフに見えるかもしれないが、二人の周りに築かれた人間関係について雄弁に語る関係図だ。グラフを見た印象だけ

図4-2

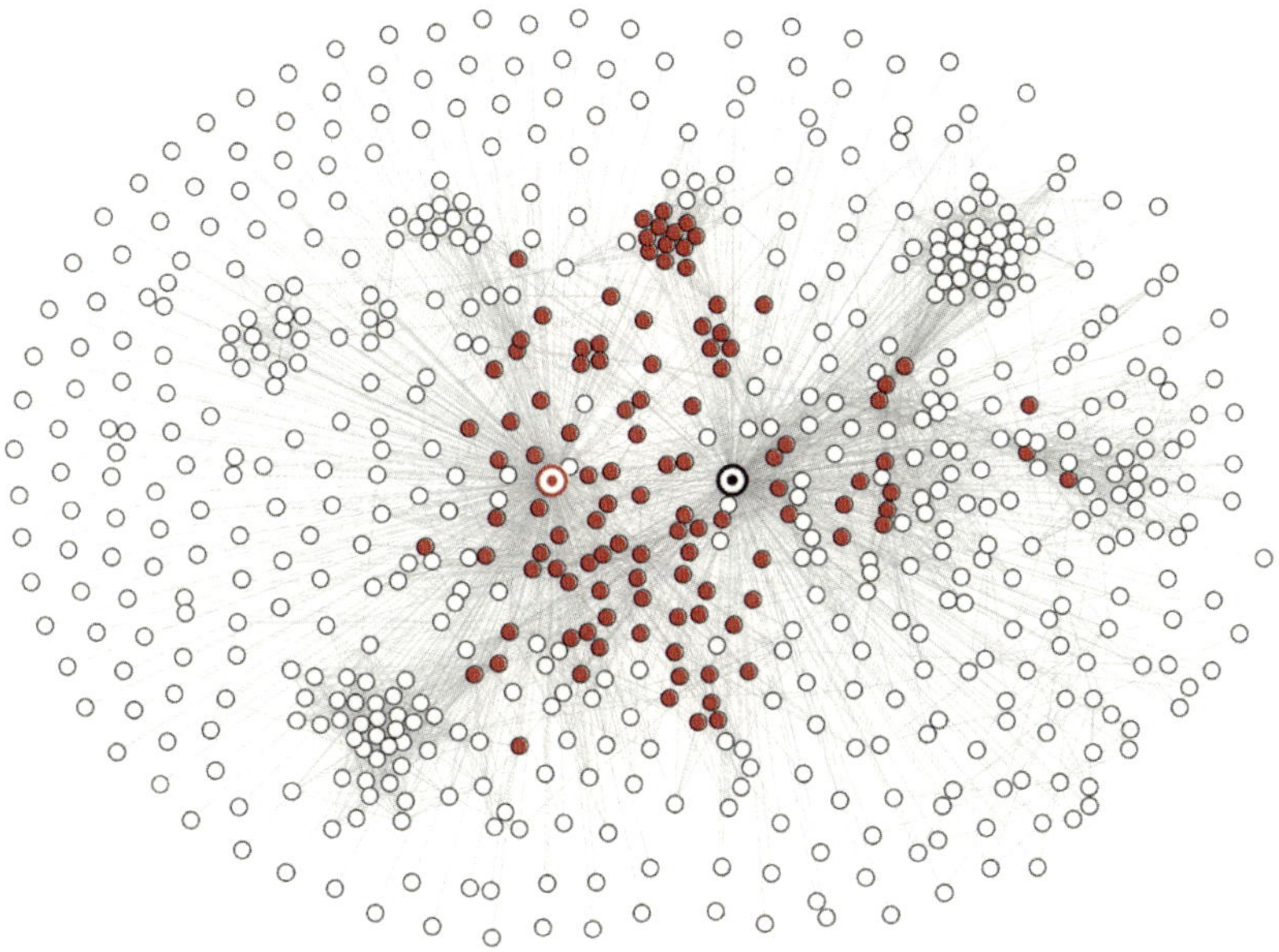

でも、レシュマと私がまず別れそうにないカップルだと予想できる。

グラフの点と線を研究するネットワーク分析は300年近く前から行われてきたが、時代とともに進化して、近年はデータが爆発的に増えている（水滴が大洪水になったようなものだ）。ネットワーク論の歴史は、田舎の謎かけから始まった。プロイセン王国の首都ケーニヒスベルクの町で、大きな川に架けられた7本の橋をすべて1回ずつ通って元の所に戻ってくることは、不可能ではないかと言われていた。1735年に数学者のレオンハルト・オイラーは、地元で語り継がれてきた命題を点（ノード）と線（エッジ）で抽象化し（天才らしい発想だ）、不可能であることを証明した。彼は町をネットワークにたとえ、一筆書きの法則を検証した（図4-3）。

すべての橋を1回ずつ通るためには、一つの経由地点につき、そこへ渡る橋と出ていく橋が必要になる。つまり、出発点と終点を除くすべての経由地点に、橋が偶数（2本ずつ）あるかどうかを確認すればいい。ケーニヒスベルクの町はそうなっていなかったので、命題は不可能であることが証明されて解決した。*1 このように素朴な謎かけから恒久的な科学が花開き、完全な証明が成立することは、人間の精神の大きな可能性を物語るだろう。オイラーの点（ノード）と線（エッジ）の概念は、日

図4-3

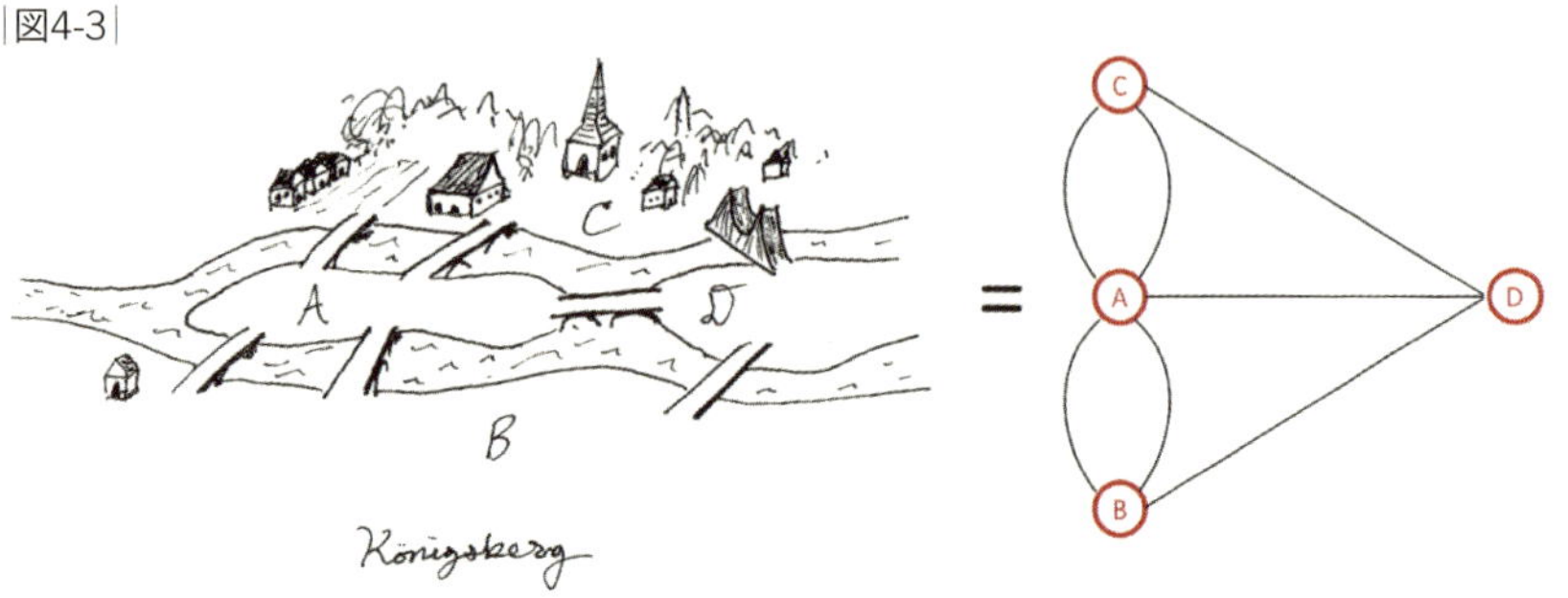

常の散歩の謎を解明したにすぎなかったが、科学の発達に伴い、病気と媒介動物、トラックと輸送経路、遺伝子とその結合、そして、人とその人間関係を理解するのに役立っている。ここ20年ほどの間にネットワーク理論が爆発的に進化しているのは、何よりもネットワークが爆発的に成長しているからだ。

40年前に心理学者のスタンレー・ミルグラムは、ネブラスカ州オマハで無作為に選んだ100人に手紙を送り、「6次の隔たり」［訳注　世界中の人は、「友達の友達」をたどると6人目で間接的につながるという仮説］を検証した。独創的な手法が話題になったが、完全に証明することはできなかった。そして2011年、フェイスブックの圧倒的な規模を利用して、ミルグラムの主張は正しかったことが証明された。フェイスブックのユーザー7億2100万人のうち99・6％が、6人以下の仲介で「つながっていた」のだ。

現代のネットワーク理論は、テクノロジーが可能にしたデータセットをもとに、転職先の見つけ方や、意味のないデータから情報を抽出する方法を説明する。より素晴らしい映画の作り方も、ネットワーク理論で語ることができる。ピクサーは本社を建設する際、建物内のトイレを1カ所だけにして中央の吹き抜け部分に設置し、違う部署の人と雑談する機会を強制的に作ろうと考えた。イノベーションは、アイデアとアイデアが偶然ぶつかったところから生まれやすいからだ。これは「弱い結び付きの力」を応用したもので、その概念は1970年代に提唱されて実例もたくさんあるが、現代の膨大な量のネットワークデータを使って詳しく説明できるようになった。*2 よく知らない人との関係が、新しいアイデアを育むのに役立つのだ。

ネットワーク理論では「埋め込み」の概念も古くから議論されている。二つのソーシャルグラフが重なる度合いはその一例で、レシュマと私の埋め込みは、濃い赤色の部分がグラフ全体に占める割合を指す。メールやインスタントメッセージ、電話などさまざまなツールを使った研究から、共通の友人が多いほど、二人の関係は強まることがわかっている。重なる人間関係が多いということは、一緒に過ごす時間や共通の関心が多く、関係がより安定していると考えられる。ただし、通話記録やメールと違って、SNSはソーシャルグラフの点と線に豊富な情報を付加する。言うまでもなく、フェイスブックは最も情報が豊富なソーシャルグラフだ。その広範なネットワークの効果は、あなたも肌で感じているとおりだ。

カップルの人間関係の融合が意味すること

ソーシャルグラフの分析は、「誰と誰が知り合いか」を明確にすることから始まった。いまもそれが基本的な目的だ。しかし、フェイスブックのデータの圧倒的な範囲が――ほとんど何もしなくても、人間関係を次々にたどれる――それを覆しつつある。人間関係、とくに恋愛関係において、二人の結び付きの強さを明確に計測できるようになったのだ。あなたとパートナーの人生はただ絡み合っているだけでなく、特別な形で絡み合っている。もちろん、ネットワーク分析を持ち出すまでもなく、自分のネットワークで誰が最も重要かは自分がいちばん知っている。問題は、どのように絡み合っているかだ。

２０１３年に、フェイスブック上の人間関係からパートナーとの関係の強さを推測できるという研究が発表された。フェイスブックのエンジニア、ラース・バックストロームとコーネル大学教授のジョン・クラインバーグは１３０組のカップルを分析。二人の関係の強さを測る基準として、二人のネットワークがつながっていない部分を、カップルとして橋渡ししている数を数えた。図４-４は、彼らの研究を私がソーシャルグラフで表したもので、左側は一見すると最高のカップルだ。ここではネットワーク内のほぼすべての人が知り合いで、カップルであるAとBのネットワークはかなり「埋め込まれている」。ただし、二人の関係がより強固なのは右側だ。AとBはそれぞれ個別に、自分たちの周りにいるグループ同士を結び付けている。

少し不思議に思えるだろう。右側の場合、あなたとパートナーがいなければ、あなたたちのネットワークはスムーズに動きそうにない。しかし、優れたアイデアが正しいことはおのずと証明されるように、現実の世界ではこのような人間関係がうまく機能するのだ。私たち夫婦を例に説明しよう。レシュマの従兄のシールは、彼女の人生にかなり埋め込まれている。小さい頃からいつも一緒で、シールもレシュマもそれぞれが、親族のほぼすべてのメンバーと直接つながっている。その多くは私が知らない人たちだ。シールとレシュマを中心とする人間関係は、図４－４の左側にかなり似ている。二人は生まれたときから知り合いだが、レシュマと私は結婚してまだ7年だ。ただし、シールはレシュマの同僚を知らない。彼女のダンスチームの仲間も大学時代の友人も知らない。私は彼らを知っている。職場、ダンスチーム、大学の三つのグループすべての人間関係を共有しているのは、彼女の人生で私だけだ。図４－４の右側は、これらのグループを含めた理想のネットワークだ。レシュマと私が同じ職場で働いていたり、彼女がダンスをしていなかったり、あるいは私たちが同じ大学で学んでいたら、私たちは相手のネットワ

図4-4

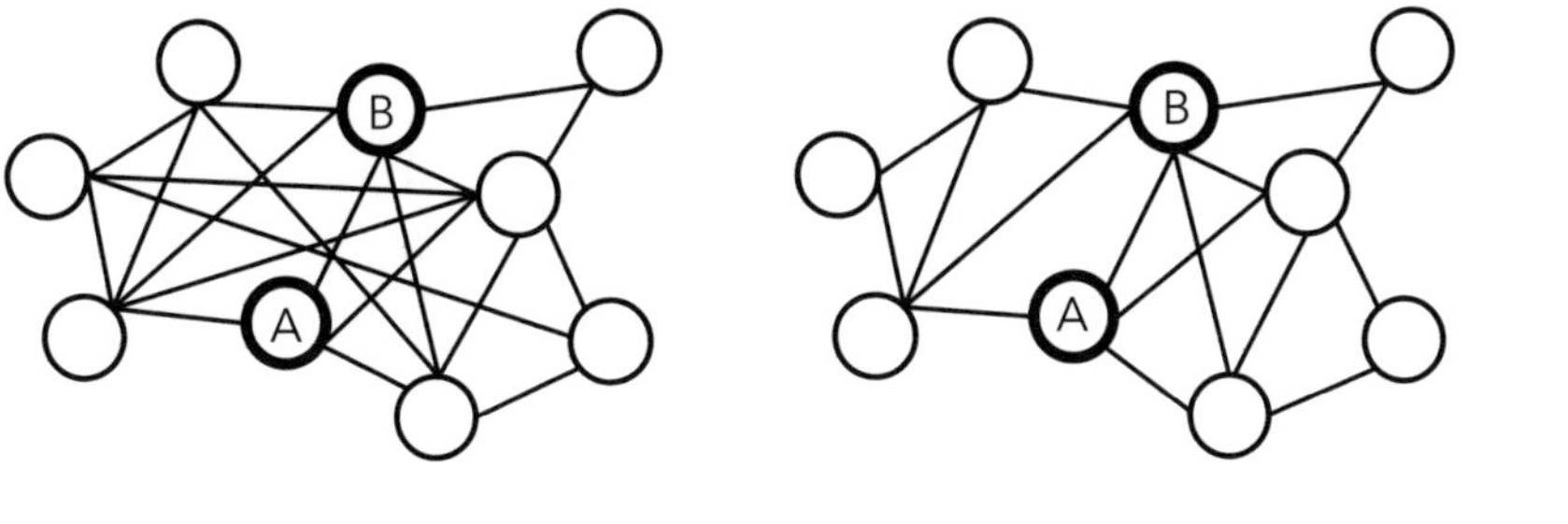

ークを結び付ける役割は果たせなかっただろう。

バックストロームとクラインバーグは、二人の関係がこの理想を実現しているレベルを、「分散」という尺度で捉えている。あなたとパートナーのグラフは、あなたがいなければどのくらいバラバラになるのだろうか。二人以外の共通の友人同士が直接つながっていれば分散は低く、相互にあまりつながっていなければ高くなる。あなたとパートナーをグラフの中心から引き抜いたとき（二人目の子供が生まれたら、周囲と一時的に疎遠になるかもしれない）、残された人間関係はどこまでほどけてしまうのだろうか。ここで私としては、「分散」より「融合」を使いたい。人間関係が融合している二人は、共通のネットワークの中でカップルとして役割を果たす。融合のレベルが強い（分散が高い）カップルは、二人一緒に、相互につながっていないグループを結び付ける。二人はグラフの中に散らばった点をくっつける糊であり、強力な接着剤だ。

融合が大きな力を持つのは、あなたが自分の人生の片隅を見せる数少ない人の一人が、パートナーであるからだ。あなたの仕事関係のパーティーや同窓会、ゲーマーが集う年に一度のイベントにパートナーが同行する。一方で、あなたの同僚や同窓生、ゲーム仲間は、それぞれのグループ内には濃密な人間関係があるが、あなたとパートナーがいなければ、グループ同士が結び付くことはない。

フェイスブックに登録している既婚者の75％にとって、自分のネットワークの中で最も融合している相手は配偶者だ。融合を人間関係の基準とする場合、さらに注目すべきなのは、融合が弱い若いカップルは、強いカップルより破局する可能性が50％高いことだ。最も安定した人間関係の大半は、それぞれが相手の人生で融合の橋渡しをしている。融合していないカップルのソーシャルグラフを想像すればわかりやすいだろう。図４－４の左側のように埋め込みが深すぎると、あなたとパートナーは、二人で過ごす時間や関心をほかの友人と奪い合うことになる。二人の関係は「人間関係の一つ」になり、特別なものではなくなる。女子会が多すぎてデートが犠牲になるように。あるいは、融合がない排他的なネットワークは、「それぞれの生活を送る」ことがあっという間に「相手の知らない生活を送る」ことになり、図4-5の状態になるかもしれない。

バックストロームとクラインバーグは、カップルの人間関係を評価するために、分散のほかにもさまざまな手法を試している。論文ではその一つを詳しく解説しているが、どういうわけか付け足しのエピソードの扱いになっている。それによると、交際を始めて日が浅いカップルの関係を予測する場合、二人を中心とするソーシャルグラフはあまり役に立たない。交際1年目は、フェイスブックでお互いのプロフィールを見る頻度が、最適の目安になるだろう。フェイスブックの閲覧回数が次第に減って、二人のネットワークの隙間が埋まり始めると、分散（融合）が主な目安になる。好奇心と発見と（視覚的な）刺激から恋が生まれ、やがて、ネットワークの埋め込みをソーシャルグラフの理論で表せるようになる。

図4-5

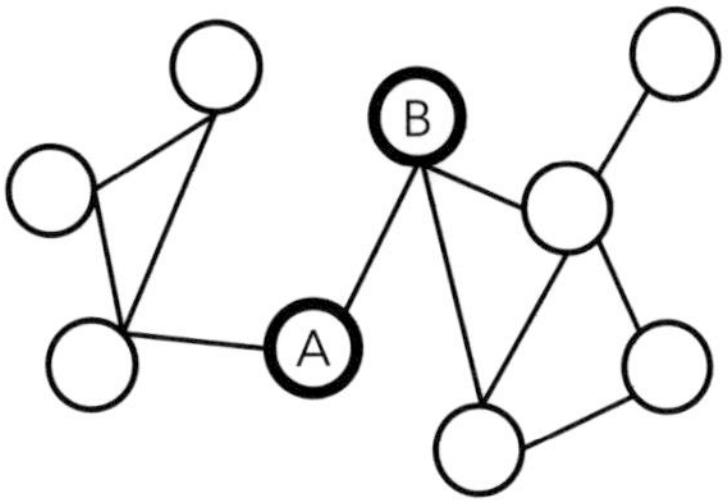

自分が自分の顧客になる

コンピュータサイエンスには、自分が自分の顧客になるという考え方がある。自分が世の中に売り込むウェブサイトやソフトウエアについて、少なくとも自分で使いたいと思える自信が必要なのだ。ポリオ（小児まひ）のワクチンを開発したジョナス・ソークがまず自分に注射をしたように、自分がやっていることは正しいと証明したい。プログラマーはこれを「ドッグフーディング」と呼ぶ。「自分のドッグフードを食べる」という表現は、食事中はロクなことを思いつかないという意味から来ている。ドッグフーディングが義務付けられている会社もある。マイクロソフトの社員と打ち合わせをすれば、いそいそとウインドウズ・フォンやサーフェイスのタブレットを取り出すだろう。*3 忠実な猟犬は、固いビーフジャーキーも文句を言わずに噛み続ける。

この章であえて私自身のデータを使った理由は、第一に、明快な例から抽象的な概念を引き出す必要があったからだ。しかし同時に、他人のきわめて個人的なデータをほじくり返す本だからこそ、同じ分析を自分にも実行したい。

いまは自分のデータを自分である程度分析できる時代だ。フェイスブックやツイッターが私たちのデータを学問的な探求に提供するように、私たちも自分のデータを自分で探求できる。肉体の運動を記録して分析する初歩的なツールはすでに実用化されている。会社のエレベーターでフィットビット［訳注 ワイヤレスの活動量計］のカウントを稼ごうとしている中間管理職を見れば、クオンティファイド・セルフ［訳注 コンピュータやデバイスで自分の行動や状態を記録してデータ化し、より良い人生につなげる取り組み」のブームを実感するだろう。気軽に利用できるアプリで、人生の定量化の可能性を体験してみよう。

Chapter 5

ばかばかしいアイデアを実行してみたら

SNSのタンブラーには「地獄から来た顧客」というサイトがあり、サービス業界の恐怖の経験談を自由に投稿できる。あらゆる種類の愚痴や無知を嘆き、2、3時間おきに新しい投稿がある。写真のレイアウトを請け負うデザイナーは、こんな経験をした。

客：写真に見出しも付けられるかな？
デザイナー：キャプションは付いていますよ。
客：読者がキャプションを見落としても、見出しがあればわかりやすいじゃないか。
デザイナー：1枚の写真で見出しのほかにキャプションもあると、かなり違和感がありますが。
客：なるほど。じゃあ、キャプションの隣に見出しを付けてくれ。

私の現在のお気に入りは、「この図の恐竜が気に入らない。いかにも偽物だ。本物の恐竜の写真を使ってほしい」という注文だ。投稿者の大半はグラフィックデザイナーだが、サイトの人気が高いことは普遍の真理を語っている――誰でも自分の顧客が嫌いなのだ。

ただし、個人レベルの嫌悪感ではない。顧客という集団に対し、たとえば暴徒と化した群集を想像して、不安を覚えるのだ。街角のカップケーキ店のオーナーや役員室にいるＣＥＯは「そんなことはありません」とうそぶくかもしれないが、それは建前だ。一つには、こうあるべきだという正論を振りかざす人は敬遠されるからだろう。しかし、そのような不安を招く最大の理由は、人々が本当は何を求めているのか、理解することも予測することもできないからだ。スティーブ・ジョブズは、「人は形にして見せてもらうまで、自分が何を欲しいのかわからない」と言った。もっとも、欲しいものを見せることは、とくにテクノロジーの世界では、７００万人が右だ左だと叫ぶなかで「ピン・ザ・テイル・オン・ザ・ドンキー」〔訳注　福笑いのように、目隠しをしてロバの絵に尻尾を貼り付けるゲーム〕をするようなものだ。

ある自動車メーカーの車が気に入らなければ、たいていの人は「買わない」という間接的な意思表示をする。フォードには昔から、車内のカップホルダーは緑色がいい、ハンドルは四角いほうがいいかもしれない（ほとんどの曲がり角は90度だ）という消費者の声を直接吸い上げる仕組みが存在しない。多くの企業は市場リサーチに大金を投じ、消費者の希望を先取りしてきた。フォードのような企業の経営陣に、売れ行き不振に悩む現場から消費者の声が自然と届く頃には、もう手遅れなのだ。

しかし、ウェブサイトは違う。ばかばかしいアイデアを思いついたら、サイトを運営する企業の担当者にメールを送信すればいい。サイト上のある機能が利用されていなければ、企業はすぐに気づく。至る所で測定値がリアルタイムで追跡され、とことん細かく分析される。グーグルやフェイスブック、リンクトイン、ユーチューブなど、お気に入りのサイトで新しいボタンを見つけてクリックすると、誰か（おそらくヘッドホンを着けてドリトスを頬張っているだろう）が見つめているモニターで小さなカウンターが一つ上がる。なかには、この膨大なデータに耐えきれない人もいる。グーグルの視覚デザインチームを育て上げたダグラス・ボウマンは、細かいデータや数値に振り回されることに反発して退社した。ツールバーのボタンの色を決めるために、41種類の青色をテストするような仕事はできない、と。古代ギリシャのデルフォイのアポロン神殿には、入り口の石に「汝を知れ」と刻まれていた。しかし、古代の最高の格言も、その続きは知らなかったようだ。パソコンを立ち上げれば、画面に汝のすべてが暴かれる。

自動車やサイトのインターフェイスに顧客が何を求めているのかを知ることは、ビジネススクールやデザインのワークショップに任せよう。私が興味をそそられるのは、人は自分の本当の心を理解していないということだ。人間の言葉と行動が一致しないことは社会科学の大きな課題だが、私は人々が相反する行動を取る過程を目の当たりにするという貴重な機会に恵まれた。彼らが何を求めているのかを私が知らなかったからこそ、そのような機会に遭遇したのだ。

「恋は盲目」実験のはじまり

2013年1月15日、Okキューピッドは「恋は盲目の日」と題し、すべてのプロフィールから一時的に写真を削除する実験を行った。新しく開発したアプリの話題作りだった。午前9時に「スイッチを入れて」から午後4時までの7時間、ユーザーは相手の顔が見えなかった。

はたして、あまりに見事な落とし穴ができた（図5-1）。写真が消えると、新しい相手と会話を始める（つまり、顔を見ずにアプローチをする）ユーザーの数は一気に減り、写真が復活した午後4時に急増したのだ。私たちが開発したのは、「クレイジー・ブラインドデート（CBD）」というモバイルアプリだった。画面を数回タップするだけでペアが成立し、二人で会う場所と時間を決める。お互いの承認が必要だが、実際にデートをするまでは、相手と直接連絡を取ることはできない仕組みになっていた。相手に関する情報はファーストネームと、パズルのようにかき混ぜたサムネイルの画像だけ（図5-2）。どんな相手が待っているのかは、会ってからのお楽しみだった。

お気づきのとおり、私はCBDについて過去形で話している。アプリストアのダウンロードは25万件に達したが、前もって顔を見たいという要望が高まり、失敗に終わったのだ。ホワイトボード上では素晴らしいと思えたアイデアが、実物大で完成してみると最悪だったとい

図5-1

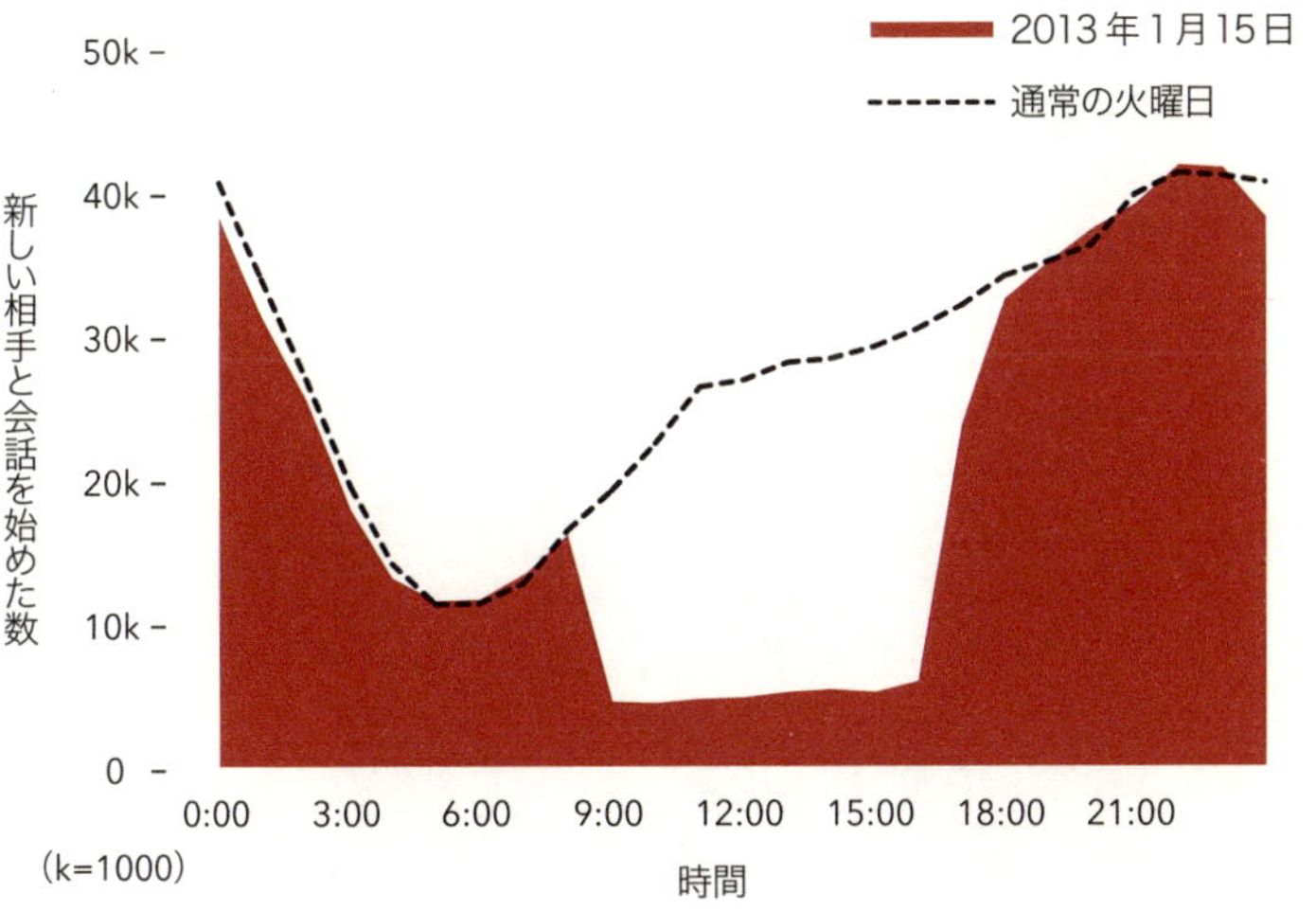

う一つの例だ。写真表示のスイッチを戻す時間が待ち遠しい、長すぎる「恋は盲目の日」になった。サービス開始から数カ月で中止したが、CBDのアプリが天に召されるまでに（あまり知られていない事実だが、バグはいっさいなかった）約1万人が利用して、顔を見たことも話したこともない相手とビールやコーヒーを飲んだ。

そして、この勇敢な1万人のおかげで、貴重なデータセットを世に残すことができた。CBDは二人が実際にデートをしたという事実だけでなく、お互いの感想も直接、記録していたのだ。デートが終わると、興味津々のルームメイトのようにアプリが質問した。利用者の大半はOkキューピッドのアカウントも持っていたから、人口統計上のあらゆるデータを相互参照することができ、個人から直接収集したデータと、サイト上のやり取りという膨大なデータを結び付けられるようになった。CBDとOkキューピッドのデータを合わせると、驚くようなことがわかる。お互いの外見は、実際のデートを楽しんだかどうかにほとんど影響しないのだ。二人の外見にどれだけ差があっても

図5-2

（一人が美形で、もう一人は不器量という場合でさえ）、デートに肯定的な評価をつける人の割合は変わらない。外見の魅力は関係なかったのだ。実際のデートから得たデータは、私が10年に及ぶ出会いサイトの運営で経験してきたすべてをひっくり返したのだった。

図5-3は男性、**図5-4**は女性の満足度に関するグラフだ。横軸は外見の魅力について、絶対評価ではなく二人の相対的差異で表している。その理由は、初めて会った相手を見て満足するかどうかは、自分の外見に大きな影響を受けるからだ。自分の外見が10段階の「1」なら、デートが実現しただけで喜んでいるかもしれない。自分の外見が「10」なら感じ方は変わるだろう。縦軸を回答数（すなわちデートの数）としたのは、アプリが無作為に組み合わせた男女がデートをしたという前提を示している。ばらばらに並んだサムネイルを「解読」したり、待ち合わせ場所で物陰から相手を確認して、合格と思

図5-3

外見の魅力が男性の満足度に与える影響

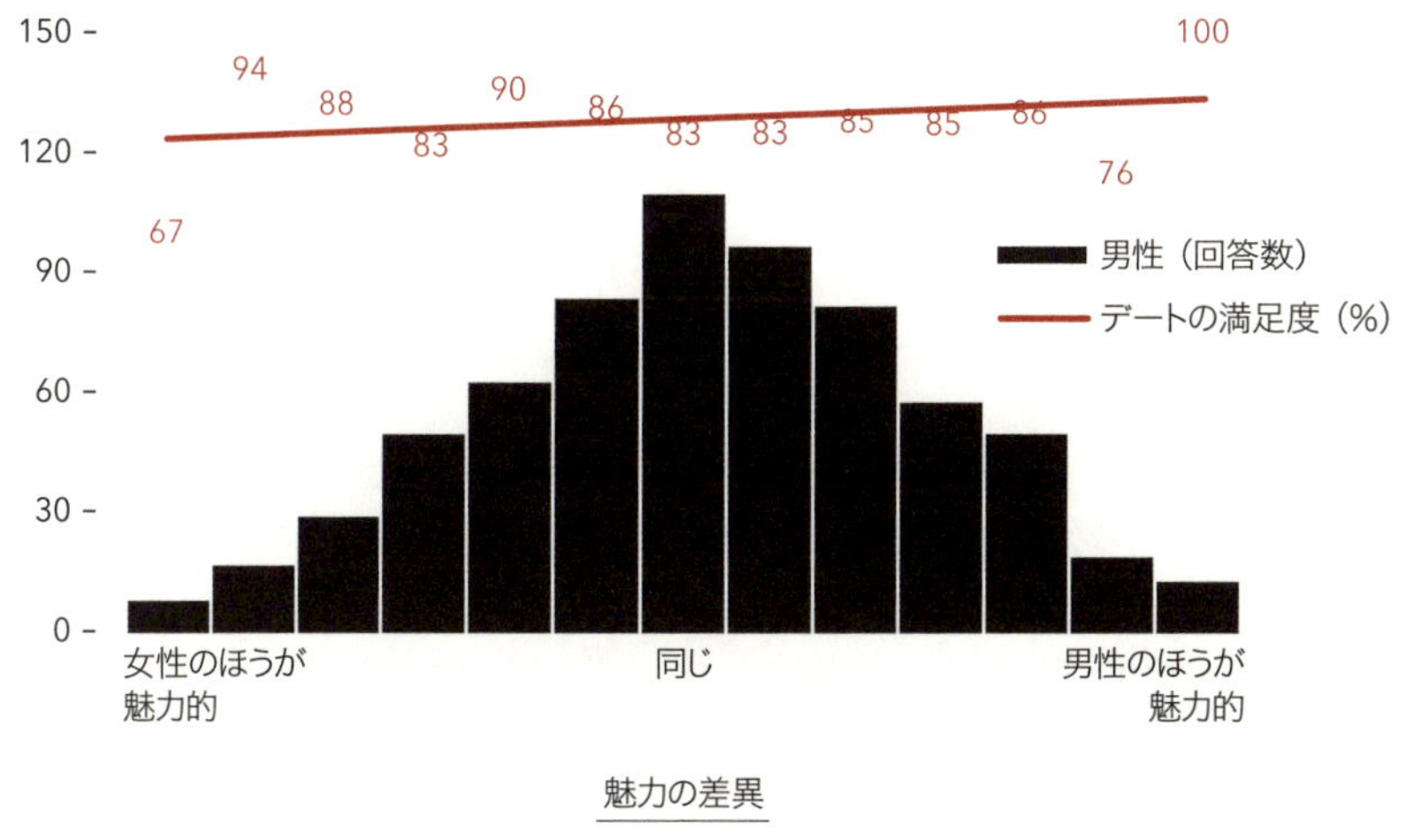

|図5-4|

外見の魅力が女性の満足度に与える影響

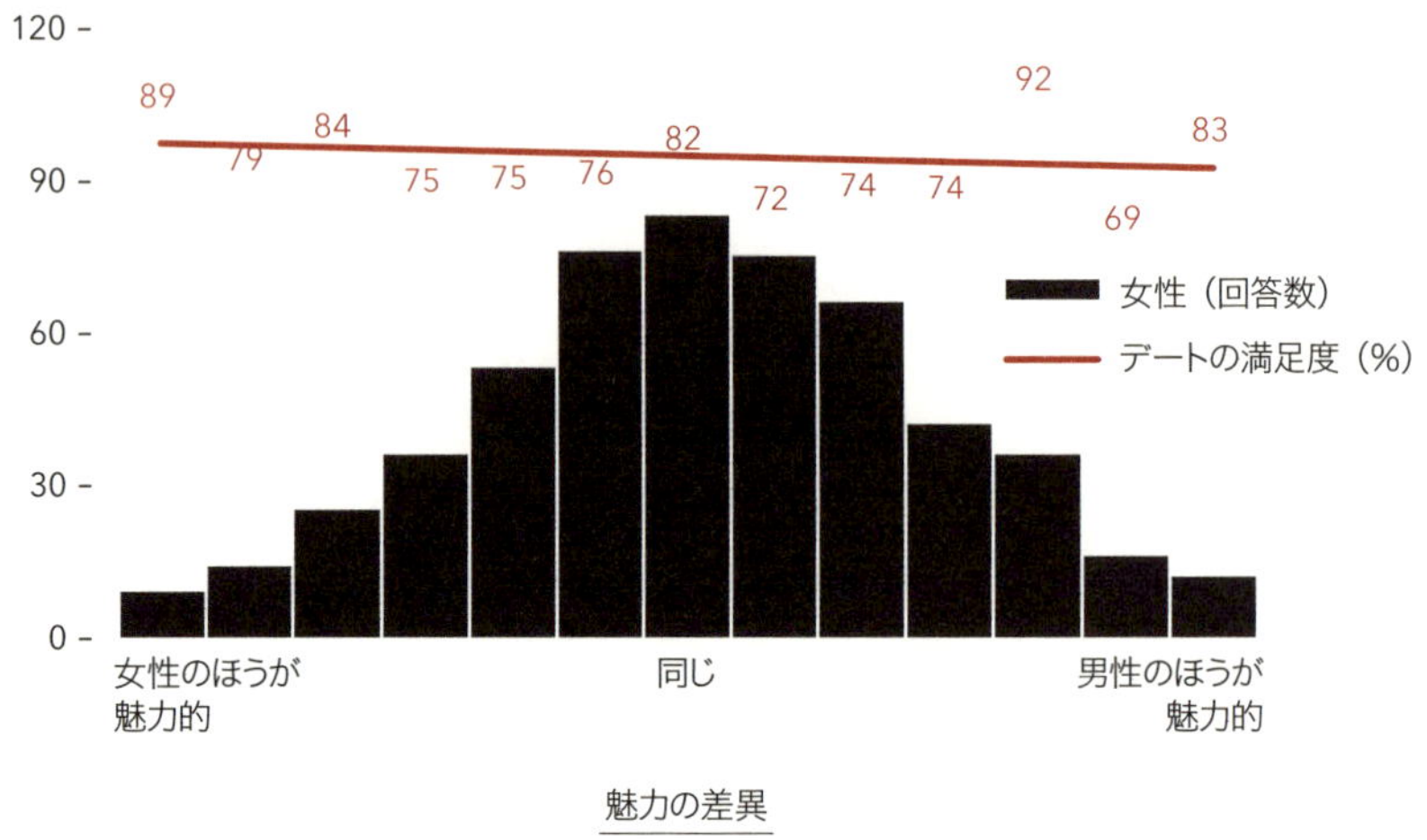

|図5-5|

男性の魅力に対する女性の反応

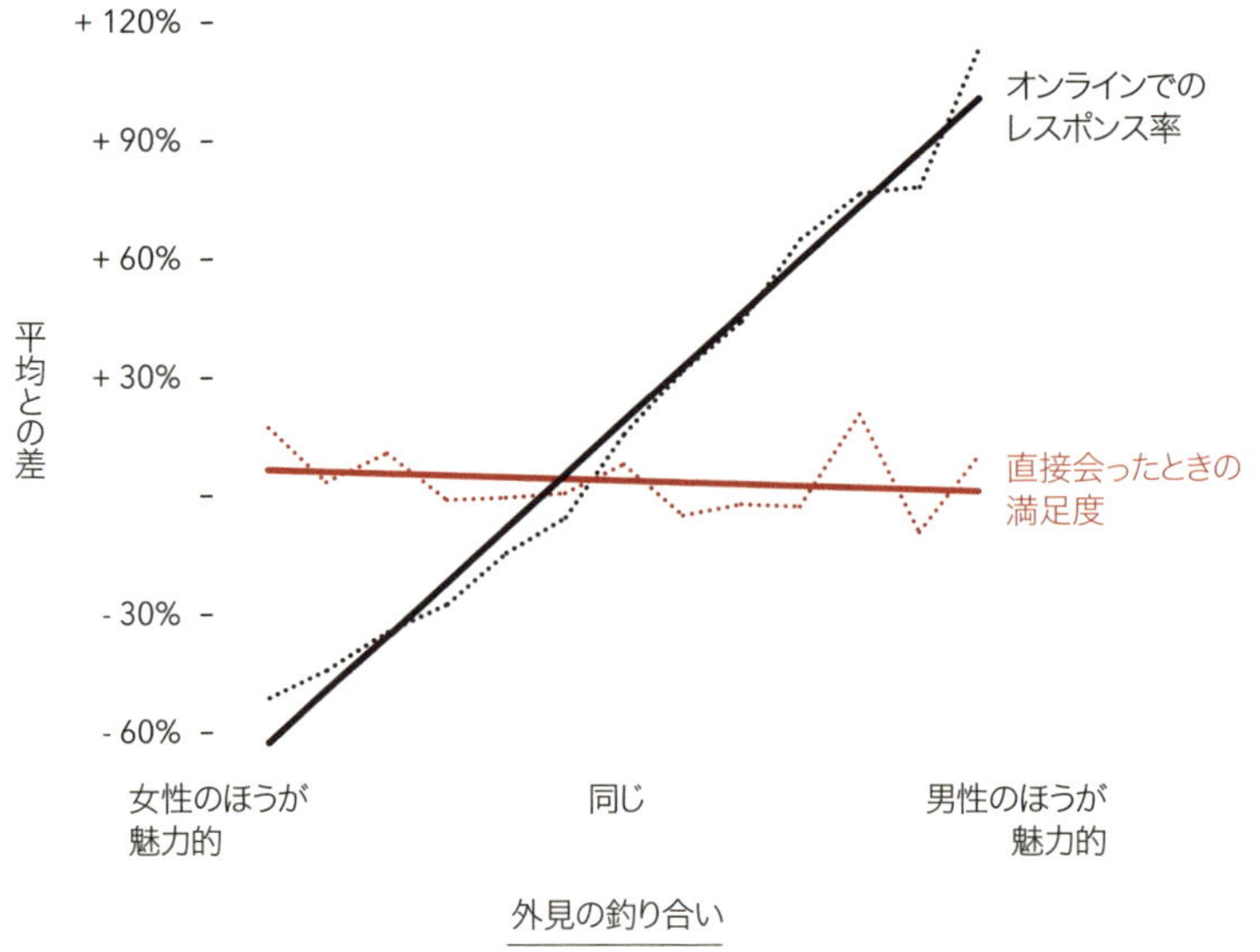

えなかったら黙って帰るなど、CBDのシステムを悪用したという証拠はなかった。[*1]

CBDのデータセットをさらに詳しく検証すると、外見の魅力はそれほど気にならなかったようだ。女性はデートで過ごした時間の75%、男性は85%を楽しんでいた。外見への無関心は、Okキューピッドのデータの傾向とは対照的だ。図5-3、図5-4の赤い数字は、直接会ったときの満足度を表す。図5-5ではこれを、同じ女性がOkキューピッドのサイトで男性からのメッセージを返すレスポンス率と並べている。比較しやすいように、それぞれの平均との差異を縦軸とした。

男性の満足度とレスポンス率の比較も、かなり似たようなグラフになる。黒い線はOkキューピッドのサイト、赤い線はクレイジー・ブラインドデートでの振る舞いで、2本の傾向線は同じデータセットの女性たちを表している。要するに、オンラインではあらかじめ相手を慎重に選別するが、実際に顔を合わせると、選別の条件はあまり影響しないようだ。

何気ない質問が予知能力を発揮する

このような外見上の選別は、至る所で行われている。ビジネスの世界では外見のために大金を投じる。タイレノールの鎮痛剤と、大手スーパー、クローガーのプライベートブランドの鎮痛剤の違いは箱だけだ。ヘビを駆除するか［訳注　鎮痛剤の主成分であるアセトアミノフェンがヘビの駆除実験に使われた］、箱ごと飲み込むのでもなければ、ラベルに2倍のカネを払う理由はない。薬の成分は化学の法則で決まっているのだ。ちなみに、わが家の戸棚にはタイレノールの大きな赤い瓶があるのだが。

言うまでもなく、私たちは人間に付けられたラベルに最大の注意を払う。Ｏｋキューピッドでも、たとえば民主党支持と共和党支持をそれぞれ自己申告している人は、主要なグループ内で最も折り合いが悪い。キリスト教徒と無神論者より相性が悪いのだ。Ｏｋキューピッドでは、相性の参考になりそうな質問を大量に用意している。ほぼあらゆる分野を網羅しており、一人が平均で約３００の質問に答える。それぞれの質問が自分にとってどのくらい重要かというレベルを設定できるので、相手に関して受け入れられる（受け入れられない）回答を一つひとつ確認できる。ただし、相性が良さそうな相手を見逃さないためには幅広い視点が必要だが、政治問題には通用しない。ユーザーが実際にメッセージを送信する相手や、返信する（その後、実際にデートをする）相手を見ると、政治の信条は譲れないようだ。実際、特定の宗教よりも、相性に関して重要な条件になっている。

相性に関する詳細な質問は、ユーザーを暴走させがちだ。すべての項目を「必須条件」に指定して、パートナー探しのチェックリストを作りたくなるのだ。犬好きで、不可知論者で、タバコを吸わないリベラルで、子供がいなくて、セックスも上手じゃないと困る――。しかし現実には、「怖い映画は好きか？」「一人で外国を旅したことがあるか？」といった何気ない質問に、相性を見極める「予知能力」がある。最初のデートで話題がなくなったら、これらの質問をしてみるといい。Ｏｋキューピッドで出会って長年、交際しているカップルの４分の３は、二人とも「イエス」あるいは「ノー」で答えが一致している。信仰や政治、外見など、目を引く大きな条件を過度に重視しがちだが、そうした要素は思われているほど影響はない。相性にまったく関係ないときさえある。

ネットが変えた恋愛事情の一部とは

「恋は盲目の日」の実験は失敗に終わったが、情報がないときに人はどのように振る舞うかという直感的な例がわかった。ユーザーは7時間のあいだ、Ｏｋキューピッドが相手について提供できる最も重要な条件だと従来のデータからわかっているもの――外見――がないまま、いつものようにサイトを利用した。

いくつかの結果は予想どおりだった。ユーザーは典型的な先入観や、人種や外見に関する偏見を交えずにメッセージを送った。見えないことは想像するしかない。そして、相手の顔を見ずに送信した3万3333件のメッセージに対し、最終的に8912件の返信があった。普段のレスポンス率より40％高い。さらに、暗闇の中で驚くようなことが起きていた。初めてメッセージを交わしたペアの24％が、写真が復活する前に連絡先を交換したのだ。これは当初の予想の2倍近い数字だった。7時間の暗闇という窓がなければ生まれなかった出会いだ。返信が来る可能性が低いメッセージを送るだけでなく、一度も顔を見たことがない相手と電話番号やメールアドレスを交換したのだ。

ただし、暗闇で会話を始めたが連絡先を交換せず、午後4時に写真が復活して相手を確認した人々には、7時間の経験は逆効果だった。データから想像するかぎり、暗闇で出会った二人は突然、灯りがつき、仰天したようだ。午後4時をまたいだ後に交わされたメッセージの数は、平均4・4件。対照群のデータと比較すると、計算では5・6件になるはずだった。最終的に連絡先を交換するところまで進んだケースも、やはり予想より少なかった。

出会いサイトは、自分が求める相手を見つけるためのツールや情報を提供する場所だ。気軽なセックスやデートを楽しみたいだけかもしれないし、パートナーや結婚相手を探す人もいる。身長や政治信条、写真、エッセーなどあらゆる情報をそろえ、簡単に分類や検索ができる。ユーザーが判断を下して希望をかなえる手助けをしているのだ。あれこれと考える過程は楽しいかもしれないが、愛は残酷な仕打ちもする。私たちが提供する情報をもとに人々が選択や判断を下すのは、そうしなければならないからではなく、それができるからなのだ。

「相性が良くないだろう」と感じる条件の一部は、インターネットが恋愛のあり方をここまで変えなければ、誰も気にしなかっただろう。しかし、それを相手が感じ取ったために、門前払いを食った人もたくさんいるはずだ。「欲しいものがいつも手に入るとはかぎらない」と歌うミック・ジャガーが、私はどうも好きになれない。オンラインでは、欲しいものをいつでも手に入れられる。ただし、必要なものはなかなか見つけられないけれど。

What Pulls Us Apart

PART 2

何が、二人を分けたのか？

Chapter 6

人種――けっして語られることのない重要因子

マンハッタンで5番街と58丁目が交差する南西の角に立って人間観察をすれば、ニューヨーカーの大半は美しく、若く、何よりもリッチなのだと一目でわかる。着ている服の生地やボタンや糸まで、カネで光り輝いている。もちろん、ニューヨーカーの多くは実際にリッチだが、それは一面にすぎない。あなたが高級百貨店のバーグドーフ・グッドマンの外に立てば、それは「交絡因子」だ。

交絡因子とは、簡単に言えば、ある分析をする際に考慮しないが、結果に影響を与える要因のことだ。デジタルデータを扱う仕事で最も時間と頭を使うのは、デジタル世界のアッパー・イーストサイドの住人よろしく、すべてを手にしたかのような優越感に陥らないことだ。自分には分析と推測に必要なあらゆる変数と選択肢があると思うと、好奇心に導かれるままに分析の対象を広げたくなるが、昔から言われるように、自由には警戒心が必要なのだ。

ここで、一つ確認しておかなければならないことがある。本書で取り上げてきたデータは、個人対個人の感想や評価、クレイジー・ブラインドデートで成立したデートの結果、図表やグラフ、比率や合計も含めて、すべて評価するほうもされるほうも白人だということだ。あえてそうした理由は、互いに知らない二人のアメリカ人が恋愛を想定して関わり合う際は、人種が交絡因子になるからだ。そして、すべての概念を純粋に議論するために、人種問題を切り離す必要があった。

アメリカ人にとって、人種問題にふたをして見えないふりをすることは、持って生まれた性でもある。私はデータの性質を考えて、人種問題を切り離すという手法を選んだつもりだが、ごく自然な行動にすぎないとも言えるだろう。ただし、アメリカと人種問題の関係は特殊だとはいえ、形式だけの黒人差別撤廃やお粗末な疑似科学の長い歴史が、人種に関するあらゆる計量分析を悲惨な状況に追いやってきた。十分なデータがないという意味ではない。実際、失業率やＳＡＴ（大学進学適性試験）の成績、刑事裁判、癌などさまざまな分野で、人種のグループを比較するデータは大量にある。それらのデータを使った研究は、不平等を指摘したり、ときには是正したりするのに役立ってきたが、まだ足りないピースがある。雇用や教育、捜査、司法手続き、病気の予防的処置をする側の人間、つまり、結果を生んだ張本人が含まれていないのだ。たとえば、「黒人の被告は同じ罪で起訴された白人の被告に比べて、刑務所に収監される確率が少なくとも30％高い」と指摘されている。この文章が受動態であることが、すべてを物語っている。そのような不公平を行っているのは誰なのか、主語が明示されていないのだ。推測することは簡単だが、裁判制度という枠を超えて、「私たち対彼ら」という人種の根本的な二項関係に注目する研究はほとんどされてこなかった。

Ｏｋキューピッドのデータには、評価する人とされる人のように、行為者と被行為者という二人の人間がいる。さらに、二人をつねに同等だと見なしている点も特徴的だ。本書のタイトルが単なる語呂合わせではなく、"Dataclysm"の"clysm"に当たる部分があるとすれば、これらの特徴だろう。限られた時間で人間の一面にしか注目できなくても、おのずから人間の経験全体が見えてくる。

あえて直視したくないのか？

今日のようなデータ時代が到来するまで、社会生活で最も定量化されている分野はスポーツだった。そこには想像しうるかぎりの人間の交流についてリアルタイムの数字があり、自由に編集できる個人レベルのデータがある。ただし、驚く人も多いだろうが、スポーツの世界における人種の議論はあまり分析的ではない。2000年頃から10年ほど全米をにぎわせた「黒人クォーターバック」論争は、その典型だろう。アメリカン・フットボール界では昔から、あるパターンが繰り返されてきた。アフリカ系アメリカ人のクォーターバックがドラフト上位で指名され、あるいは注目を集める試合で華々しくデビューするが、NFL（全米プロフットボール・リーグ）のポジションで黒人選手は大成しないという結論に至るのだ。その理由としていつも出てくるのが、黒人は知性が足りないという意見だ。もちろん、反論や議論が起こり、卑しいステレオタイプにすぎないという批判が噴出する。

さまざまな意見が飛び交い、怒号が怒号でかき消されるなか、私はグーグルで「黒人クォーターバック」と検索してみた。すると、検索結果9万7000件のうち、黒人と白人のクォーターバックのレイティング［訳注　パスの成功率や平均獲得ヤードなどを表す指数］を実際に計算した記事は、私の知るかぎり1件しかなかった。[*1] レイティングは白人も黒人も81・55。小数点以下第2位まで同じだった。フットボールほど統計にとりつかれ、「7点以下の差で勝負が決まったアウェーの試合で、50ヤード以上のフィールドゴールの成功率は54％」

といった数字が山ほどあるスポーツなら、まずは黒人と白人のクォーターバックを統計的に比較しようと考えてもおかしくないはずだ。しかし実際は、人種問題は基本的に迂回して、数字の奇妙な空白を大げさな言い回しや逸話が埋める。このような「議論」ならば、誰もが自分は正しいと思っていられる。しかし、どれだけ言葉を費やしても、81・55という一つの数字が、本当はどちらかの主張が間違っていることを明確に示す。それにもかかわらず、レイティングを計算した記事について、ツイートもフェイスブックの「いいね！」も1件もなかった。ちなみに無名のブログの投稿ではなく、USAトゥデーが運営するサイト「ザ・ビッグ・リード」に掲載されたものだ。人々はこの事実を「知りたくない」だけなのだろうと思いたくなる。

スポーツ以外の多くの分野では、データが少ないという理由から、統計のレンズを通して人種問題を検証しようとしない。人生の大半の側面は、フットボールほど定量化に固執していないものだ。しかし、それも急速に変わりつつある。

Ｏｋキューピッドで黒人と白人（すなわち、人種の違う二人）を比較する最も簡単なツールは「相性度」だ。ユーザーはサイトでさまざまな質問に答え、それをもとに、気が合いそうな確率をアルゴリズムが計算する。サイト内のほかの特徴と違って、相性度の計算に視覚的な要素は含まれない。二人の関係を示すこの数字は、それぞれの内なる叫びを反映している。どんなことを信じ、何を求めていて、どんなものを面白いと思うかなど、あらゆる気持ちに基づいて計算されるが、個人の外見の要素は考慮しない。

相性度[*2]の数字だけを見ると、Ｏｋキューピッドで最も多い人種グループ四つ[*3]――アジア人、黒人、ラテン系、白人――は、互いに同じくらい仲が良さそうだ。実際、人種は、宗教や政治信条、教育ほどには相性に影響を与えない。ユーザーが重視する相手の条件のうち、人種に最も近いのは誕生日の星座で、やはり相性度の計算にまったく関係がない。人種の概念を文化として理解しないコンピュータにとって、「アジア人」「黒人」「白人」という区別は、「牡羊座」「乙女座」「山羊座」という区別と変わらない。

衝撃的事実

ただし、このような中立性は理論上のことにすぎない。アルゴリズムに肌の色は関係ないが、そこにユーザーの個人的な意見が加わると、とたんに状況は変わる。Okキューピッドのプロフィールに大きく表示される写真を見たユーザーは、実際に人種で相手を評価するのだ。

図6－1は、処理をしていない生のデータだ。いくつかの表で見てき

|図6-1|

Okキューピッドで男性が女性を評価した平均スコア

男性の人種 ＼ 女性の人種	アジア人	黒人	ラテン系	白人
アジア人	3.16	1.97	2.74	2.85
黒人	3.40	3.31	3.43	3.23
ラテン系	3.13	2.24	3.37	3.19
白人	2.91	2.04	2.82	2.98

|図6-2|

Okキューピッドで男性が女性を評価したスコア（標準化）

男性の人種 ＼ 女性の人種	アジア人	黒人	ラテン系	白人
アジア人	+18%	-27%	+2%	+7%
黒人	+2%	-1%	+3%	-4%
ラテン系	+5%	-25%	+13%	+7%
白人	+8%	-24%	+5%	+11%

たとおり、Okキューピッドでは相手を1~5点の5段階で評価する。全体の傾向をわかりやすくするために、平均(標準)からの差をパーセンテージに換算すると図6－2のようになる。二つの表は、同じデータを異なるやり方で処理したものだ。図6－2の標準化された数字は、男性の女性に対する「相対的な好み」でもある。たとえば、アジア人男性はアジア人女性を平均より18%美しいと思い、黒人男性はアジア人女性を平均より2%美しいと思っている。

これらの数字から、二つの基本的なパターンがわかる。まず、男性は自分と同じ人種の女性を好む傾向がある。それ以上に注目すべきなのは、男性が黒人の女性を好まないことだ。ユーザーが実際に交わすメッセージのデータも、これらの数字と強い相関関係があり、同じようなパターンになる。*4

これらの数字が統計的な操作でひねり出し

|図6-3| 女性の評価の幅

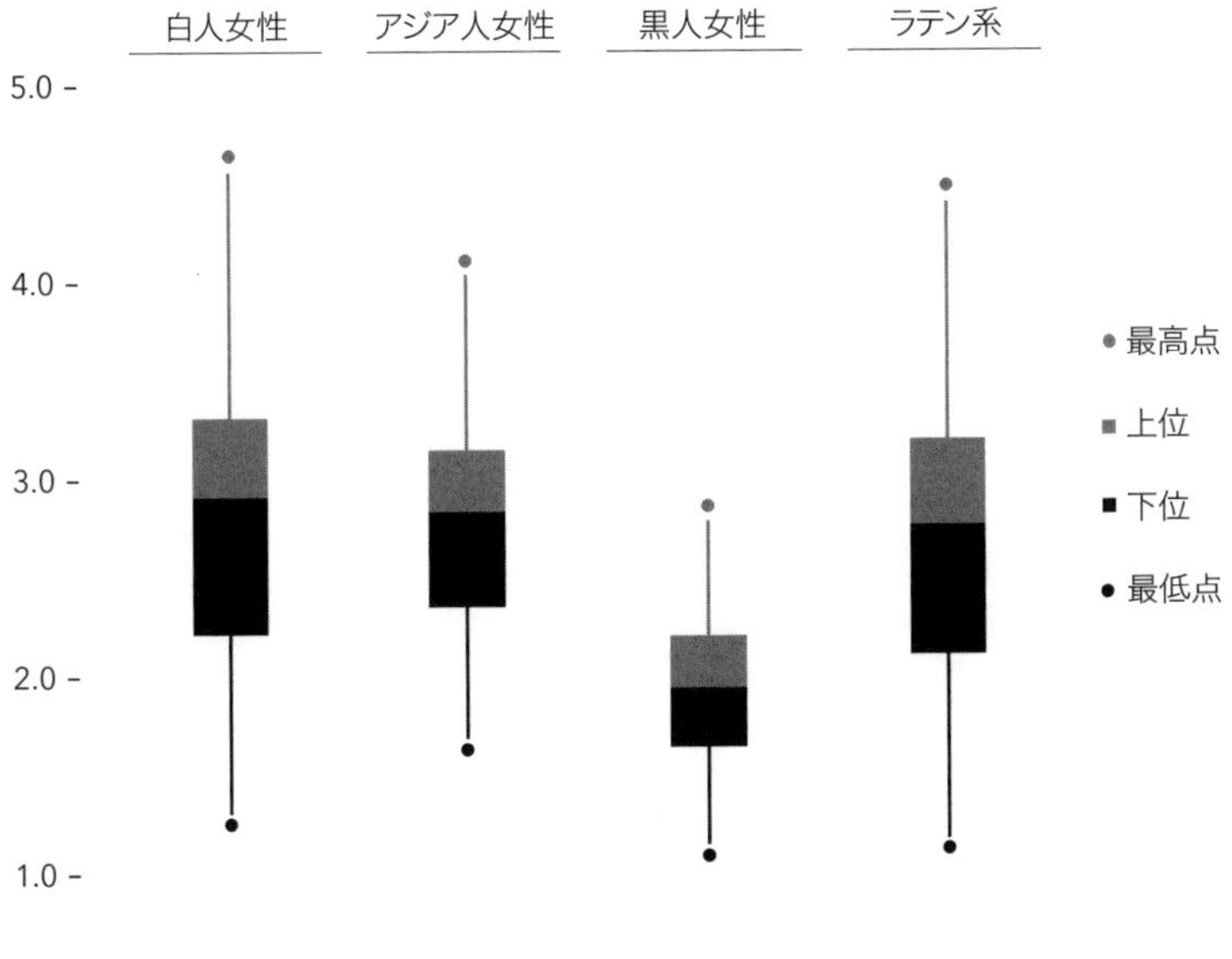

たものではないことを理解してもらうために、個人の評価の生データを箱ひげ図（ボックスプロット）にまとめた（図6－3）。データセットの全体像がわかりやすいだろう。たとえば、黒人女性のうち、中間レベルの評価の人（グラフの上の四角と下の四角）はほぼ全員が、ほかの三つの人種の中間レベルより低い。黒人女性で最高評価の人は、三つの人種ではほぼ中間にあたる。

簡単に計算すると、黒人であるというだけで、たとえ黒人の中で最高点がついても、評価は最初から約25％割り引かれる。評価する側から見ても、同じような「一括割引」のパターンになる。黒人以外の男性の大多数は、黒人女性の評価を無条件で25％割り引くのだ。どんなに過激な人種差別団体でも、これほどの差別はできないだろう。

かなり衝撃的な結果かもしれないが、これは一つのデータセット、すなわちあるグループの人々の考えを反映しているにすぎない。そこで話を進める前に、ちょうどいい機会だから、あなたも気になっているであろう疑問に答えておこう。私はＯｋキューピッドのデータを中心に議論しているが、そもそもＯｋキューピッドのユーザーはどのような人々なのだろうか。

フェイスブックとＯｋキューピッドでは、振る舞いが異なる

最も形式的な説明をすると、Ｏｋキューピッドのユーザーはインターネットユーザーの一般的な構成を反映しており、全員（ほぼ全員）が独身だと宣誓している。年齢の中央値は29歳で全米の平均年齢より低く、宗教心はあまり強くない。人種の構成にも、とりたてて特徴はない。Ｏｋキューピッドのユーザーと、定評

あるオンライン調査会社クワンキャスト（ニールセンのネット版のようなものだ）の集計に基づく一般的な「アメリカのインターネットユーザー」の比較は図6-4のとおりだ。

人口統計の内訳をもう少し詳しく見ると、Okキューピッドのユーザーはアメリカ全体に比べて、どちらかと言えば都会に住む人が多く、より教育を受けていて、より進歩的だ。最大の市場はニューヨークやサンフランシスコ、ロサンゼルス、ボストン、シアトルなどの都市圏で、ユーザーの85%は大学に進学している。リベラルを自称する人と保守派を自称する人の割合は2対1。サイト全体に心が広い傾向がある。そして、相性に関する次の質問に、84%が「いいえ」と明言する（「いいえ」を選んだ人が、「はい」と「場合による」を合わせた数より多い）。

特定の人種に対して強い否定的な偏見を公言する人と、会ってみようと思いますか？

つまり、Okキューピッドのユーザーの84%は、Okキューピッドのユーザーとはデートをしてみようと思わないことになる。前述のデータによると、たとえば相手が黒人女性というだけで評価を25%割り引くように、Okキュー

図6-4

人種構成

	Okキューピッドのユーザー	アメリカのインターネットユーザー
アジア人	6%	4%
黒人	7%	9%
ラテン系	8%	9%
白人	80%	78%

ピッドのユーザーは特定の人種に対して否定的な面もあるからだ。

それはさておき、この質問が明確に否定されたということは、理論上、Ｏｋキューピッドのユーザーは、「あまり人種差別的ではない」集団だ。多様な大都市で基本的に良い暮らしをしていて、自分の意見や好みは啓蒙的ではないとしても中立的だと思っていて、ワインバーやフェイスブックでときどき正論を吐く、言ってみれば私のような人間の集団だ。この見方は、黒人女性が（のちに示すように黒人男性も）軽んじられ、白人であることが魅力を割り増しするという話とは矛盾するが、それもまた、私やあなたが暮らす世界だ。ビッグデータにはあなたも確かに含まれている。

先の質問をあらためて見てみよう。これはＯｋキューピッドのあるユーザーが考えたもので、延べ２００万人近くが回答している。この質問から「公言する」という言葉を取ると、「あなたは人種差別主義者とデートをしますか？」という意味になる。これが本当の意図だったのだろう。しかし、質問を考えた人は、私より早くからＯｋキューピッドのデータセットの繊細さを理解していたようだ。

出会いサイトでは、ほかの状況では隠しておくであろう本能に従って振る舞うことができる。ユーザーは他人を評価し、他人に評価され、サイト内では日常生活のしがらみから解放される。あなたの家族がどのような人かは関係なく、あなたのメッセージが友人のタイムラインに表示されることもない。サイトはあなたにあるユーザーを紹介し、気に入ればメッセージを送って、好みでなければそこで終わり。それが出会いサイトのすべてだ。「つながる」という強迫観念に駆られるデジタル世界で、出会いサイトには昔ながらの孤独が残っている。あなたの経験は、あなたとあなたが選んだ相手しか知らず、周囲にはばれない。あなたが出会いサイトで何をやっているかはもちろん、アカウントを持っていることさえ、友人は知らないだろう。

だからこそ、社会的な圧力から比較的解放された態度と欲望のままに振る舞える。

誰でも想像がつくように、ソーシャルネットワークの代名詞でもあるフェイスブックは、オンラインデータの源として欠かせない。理由は言うまでもない。フェイスブックは巨大で、広く浸透しており、ユーザーのサンプルデータは世界中のインターネットユーザーを代表するサンプルにきわめて近いからだ。どのような集団についても、典型的なデータセットが簡単に手に入る。しかも信頼できる多様なデータがそろっている。あなたの高校の同級生は誰か、あなたはスポティファイ［訳注　スウェーデンで2006年に設立された音楽のストリーミング配信サービス］でどのような曲を聴いているか、あなたの親はどこに住んでいるかなど、フェイスブックはいろいろなことを知っている。

ただし、そのような豊かさは、資産であると同時に重荷にもなりうる。フェイスブックでは、まったく見知らぬ人に出会うことはめったにない。あなたがすでに知っている人とつながり、あなたがすでに印象や評価を決めている相手とつながるように設計されたサイトなのだ。みんな「友達」なのだから。したがって、人種に関するフェイスブックのデータは、「私が黒人の友人と付き合っていて思うには」という個人的見解になりがちだ。友人とどのように接するかは、本質的に、それ以外の人間との接し方と異なる。そして、あなたと友人の関係は、ソーシャルネットワークの外ですでに形成されている。

さらに、友人が見ていると思うと自制心が働く。このガラス張りの状態ゆえに、フェイスブックの出会いアプリの大半は、まずフェイスブックからログオフする仕組みになっている。フェイスブックでの経験はすべて、つねに監視されているようなものだ。Ｏｋキューピッドも以前に「ソーシャルな」機能を追加しようとしたが、マッチ・ドットコムと同じく失敗した。理由は何であれ、普段の人間関係を出会いサイトに持ち込みたい人はいない。初めてのデートでレストランに入り、いい雰囲気になりかけたら、近くのテーブルに旧友が二人。そんな息苦しさが、出会いサイトではこれまでの人間関係を切り離したいと思わせるのだろう。

だからと言って、フェイスブックが築き上げてきたビジネスやコミュニティの価値が減ることはけっしてないが、フェイスブックの基盤にある「リアルな」人間関係は、彼らのデータに特別な影響を与える。人種のような問題に関して、少なくとも良識のある人々は、公の場では特定の振る舞いをしようという圧力を感じる。それに対し、出会いサイトは誰もが知らない者同士であり、誰が好きで誰が嫌いかを自由に言えることが、独特のデータセットを生む。*5

白人の知られざる威力

図6-5は、Okキューピッド（OkC）、マッチ・ドットコム（Match）、デートフックアップ（DH）で、それぞれ男性が女性を評価したものだ（データは標準化されている）。異なるユーザーが異なるインターフェイスを使う際の振る舞いを見れば、より一般的なパターンを想像しやすい。三つのサイトを合わせて、2013年だけで約2000万人のアメリカ人が登録している。一つひとつの数字は異なるが（繰り返しになるが、異なる人々が異なるサイトを利用している）、人種別の好き嫌いという感覚の「方向性」は、三つともかなり似ている。

マッチ・ドットコムは20年近く前から、アメリカで最も有名な出会いサイトだ。全国放送で大量のテレビCMを流しており、まさに「全米」の人口動態を代弁している。デートフックアップは無料の出会いサイトで、会員は数百万人。気軽な付き合いを求める人にとても人気がある。ユーザーのうち黒人は20％弱、ラテン系は13％で、三つのサイトのうち最も人種の多様性がある。

女性が男性を評価する場合は（図6-6）、サイト間の数字の差は大きくなるが、全体の傾向はやはりとても似ている。

これらのチャートから、マイナスの評価もプラスの評価もそれぞれ二つの傾向がわかる。まず、黒人は男女とも黒人以外のユーザーからあまり評価されないが、アジア人男性も他人種からの評価は低い。さらに、女性は明らかに自分と同じ人種の

図6-5 男性が女性を評価

OkC（男性の人種＼女性の人種）	アジア人	黒人	ラテン系	白人
アジア人	+18%	-27%	+2%	+7%
黒人	+2%	-1%	+3%	-4%
ラテン系	+5%	-25%	+13%	+7%
白人	+8%	-24%	+5%	+11%

Match	アジア人	黒人	ラテン系	白人
アジア人	+50%	-68%	-14%	+31%
黒人	+9%	-13%	+8%	-3%
ラテン系	+4%	-67%	+33%	+29%
白人	+13%	-68%	+8%	+47%

DH	アジア人	黒人	ラテン系	白人
アジア人	+11%	-24%	+9%	+4%
黒人	+7%	-9%	+9%	-7%
ラテン系	+12%	-27%	+10%	+6%
白人	+18%	-30%	+6%	+5%

男性を好むが（女性のほうが男性より「人種に忠実」だ）、２番目に好きなのは白人男性だ。

Ｏｋキューピッドのデータは人種の序列をさらに詳しく解析することができ、この「白人優位」論を裏付けている。ユーザーは自分の人種アイデンティティを一つ以上選べるため、学術的な研究にほぼ近い形で人種の融合を研究できるのだ。たとえば、「アジア人」を選んだ男性のグループと、「アジア人」と「白人」を選んだ男性のグループを比較すれば、「白人」の要素が加わると何が変わるのか、ある程度わかるだろう。結論は――かなり変わる。白人の要素

図6-6

女性が男性を評価

（縦軸：女性の人種、横軸：男性の人種）

OkC	アジア人	黒人	ラテン系	白人
アジア人	+10%	-20%	-8%	+19%
黒人	-16%	+24%	-8%	-0%
ラテン系	-19%	-11%	+10%	+20%
白人	-14%	-11%	-1%	+25%

Match	アジア人	黒人	ラテン系	白人
アジア人	+21%	-49%	-38%	+66%
黒人	-50%	+53%	-6%	+2%
ラテン系	-54%	-37%	+39%	+53%
白人	-49%	-39%	-2%	+90%

DH	アジア人	黒人	ラテン系	白人
アジア人	-	-21%	+9%	+13%
黒人	+5%	+13%	-6%	-12%
ラテン系	-11%	-9%	+14%	+7%
白人	-8%	-16%	+4%	+19%

が加わると、人種の垣根を越えて評価が高くなるのだ（図6－7、図6－8）。

右端の数字は、評価される人の人種に白人が混じった場合、評価がどのくらい変わるかを示している。最大の特徴は、図6－5や図6－6と違って、黒人の男女とアジア人男性に「評価の割引」がほとんどないことだ。1滴でも異質なものが混じればすべてが染まるという、時代遅れの概念が覆されている。

ただし、「黒人」＋「ラテン系」と「アジア系」＋「黒人」を選んだ人は少なすぎて、残念ながら人種混合の表を完成させることはできなかった。それでも、私たちの中の人種の序列を垣間見ることができる。

|図6-7|

女性の人種

男性の人種	男性が女性を評価	ラテン系	ラテン系+白人	差
	アジア人	2.7	2.8	+4
	黒人	3.4	3.4	-2
	ラテン系	3.4	3.4	+1
	白人	2.8	3.0	+7
		黒人	黒人+白人	
	アジア人	2.0	2.3	+19
	黒人	3.3	3.5	+5
	ラテン系	2.2	2.9	+28
	白人	2.0	2.5	+24
		アジア人	アジア人+白人	
	アジア人	3.2	3.0	-5
	黒人	3.4	3.6	+5
	ラテン系	3.1	3.3	+5
	白人	2.9	3.0	+2

根深い潜在意識問題

これらの数字のもとになった出会いサイトの評価は、基本的に第一印象のデータで、「相手はどんな人だろう」というワクワク感がある。これは出会いサイトにかぎらず、二人の人間が会ったときの基本的な反応でもある。初めて会った瞬間に判断力と本能と化学反応が爆発して、気に入ったかどうかを即決する。そんな経験をOkキューピッドのユーザーは次のように語っている。

毎日送られてくるおススメの相手のリストに彼がいたの。すぐにプロフィールをクリックしたわ……ピンと来て、うれしくなった。

|図6-8|

女性が男性を評価（女性の人種）	男性の人種：ラテン系	ラテン系+白人	差
アジア人	1.7	1.8	+7
黒人	2.0	2.4	+18
ラテン系	2.1	2.2	+8
白人	1.8	2.1	+15
	黒人	黒人+白人	
アジア人	1.5	1.6	+6
黒人	2.7	2.6	-4
ラテン系	1.7	1.9	+17
白人	1.6	2.0	+26
	アジア人	アジア人+白人	
アジア人	2.0	2.1	+4
黒人	1.8	2.7	+48
ラテン系	1.5	2.2	+44
白人	1.5	2.0	+32

――ベラがパトリックと出会った瞬間

相性診断の結果を見ていて一目で魅力的な女性だと思った。そこからすべてが始まった。

――ダンがジェンに一目惚れした瞬間

ただし、一目で恋に落ちるときもあれば、一目で嫌だと思うときもある。相手の魅力に興奮するのではなく、知らない人に会って無意識に後ずさりするようなものだ。もう一つ、ある人物の証言を紹介しよう。

アフリカ系アメリカ人の男性で、通りを歩いていたら車のドアをロックする音が聞こえた経験がない人は数えるほどだ。私も経験がある……アフリカ系アメリカ人で、エレベーターに乗ったら女性が神経質そうにカバンを抱きかかえ、彼女は降りるまで息を止めていたという経験がない人は数えるほどだ。よくあることだ。

――バラク・オバマ（2013年7月19日）

人種別データの核心には、このような直感的判断――ごくわずかな情報からの推測――があり、恋愛だけでなく、部屋を借りるときやローンの承認などにもついてまわる。仕事中の警察官も、一瞬の直感に頼らざるをえない現場が多い。より慎重に考慮する場面でさえ、第一印象は大きな役割を果たす。「エミリーとグレッグは、ラキシャとジャマルより採用されやすいか？」と題する論文を発表した研究グループは、全米の企業に、内容はまったく同じ履歴書を「黒人らしい」名前と「白人らしい」名前で送付した。その結果、職位や業界に関係なく、企業から連絡が来た件数は「白人らしい」名前のほうが50％多かった。「平等な雇用機会」を掲げる企業ほど、顕著な差別をする。

ここで、「ジャマル」が採用されないことに対し、人種差別主義の採用担当者に怒りを覚えるのは簡単だ。しかし、この章のデータからわかるように、人種差別は「異常値」ではない。広く浸透しているのだ。三つの異なる出会いサイトで、異なるユーザーが異なる経験をしても──男性あるいは女性からの評価、無料あるいは有料会員のみのサイト、気軽な付き合いか、真剣なパートナー探しか、「都会的な」ユーザーか、より「一般的な」ユーザーか──同じパターンが繰り返されているではないか。このデータセットは、全体としてアメリカの若い成人の大規模な集団であり、黒人以外の人はアフリカ系アメリカ人に対する評価を割り引くという傾向は一様に見られる。少人数の「不快な」黒人ユーザーがいるとか、人種差別主義が改善されていない一部の人が「普通ではない」行動を取ったという問題ではない。

現代では、公然と人種差別をすることは社会的に受け入れられない。そこで、矛先を変える人もごく一部だがいる。街を歩いている子供に罵声を浴びせることができないなら、テレビに向かって叫ぶというわけだ。もちろん、彼らは典型的なアメリカ人ではない。私たちの大半は──ほぼすべては──人種差別が間違っていることは理解している。それでも私たちが下す判断の多くは、いまだに人種差別をうかがわせる。[*6] 人間が情報を体系化する際に用いる思考の枠組みを、心理学の用語で「スキーマ」と呼ぶ。私たちのスキーマは、世の中はこうあるべきだという私たち自身の理解と調和していない。日々の小さな行動に、人種差別的な本能や感情からなされるものが一つもなくても、人種差別の文化を反映しているのだ。このパターンはアメリカ社会に深く織り込まれており、最近アメリカに加わったアジア人とラテン系の人々も、前述のデータが物語るように順応している。

このようなパターンについては、ある意味で個人に罪はない。黒人は出会いサイトで25%引きの評価しか受けられないことは、意図しない不幸な事実だ。誰かが誰かとデートをしたくないと思っても、責めることはできないし、その判断に悪意が込められていることはめったにない。出会いサイトのプロフィールを眺めれば、12人に1人は黒人だ。写真を見た瞬間の判断は、どちらに転ぶかわからない。もう少し時間をかけても、答えは同じかもしれない。個人が特定の相手を一目見てどう思うかは自由だ。適切な判断を下すための大きな一歩は、初めて会った相手を、何かの分類ではなく一人の人間として見ることだ。

社会学者のオサジー・K・オバソギーは独創的な調査方法を思いついた。生まれたときから目が見えない人にさまざまな質問をしたところ、人種について、目が見える世界と同じ考え方だとわかったのだ。サンプル数はわずか106人と少ないが、Okキューピッドと同じようなデータが実社会で確認された。目が見えない若者がデートを楽しんでいて、ある手がかり（髪の手触りが多かったが、他人のひそひそ声がきっかけになった場合もある）を通して相手が黒人だと「教えられる」と、そこでデートが終わったという例がいくつもあった。

目が見えない人の人種に対する考え方は、視覚的な現実ではなく、それまでの人生で吸収した文化を反映していると、オバソギーは主張する。少なくとも彼のデータからは、それ以外の結論はなさそうだ。私たちが実際に見ているものと、私たちが見ていると文化から教えられるものが最も明白に食い違うのは、性別についてだという。オバソギーはボストン・グローブ紙で、目が見えない被験者が「とくにデートに関して、人種の垣根を監視する」用心深さに驚いたと語っている。

白人は優れているという信念を「証明する」ために、白人研究者が行ってきた「科学」の長くて見苦しい歴史は、私も十分に理解している。そして、「女性は白人の男性に魅力を感じる」という事実をデータが示していることも、同じくらい理解している。白人男性は普通より見た目が麗しいと言っているわけではない。黒人男性は魅力的ではないことをデータが「証明している」と、主張するつもりもない。実際、Ｏｋキューピッドのデータは、アメリカ以外の国では異なるパターンを示す。イギリスでは黒人ユーザーが受け取るメッセージは白人ユーザーの98・9％に達し、日本では97・8％、カナダでは90％だ。イギリスと、とりわけ日本では、黒人ユーザーの多くが外国在住のアメリカ人だ。

私は高校生の夏休みに交換留学生として日本を訪れた。滞在した宇都宮市では、留学カウンセラーがときどき留学生を集めて近所の学校や工場を訪ねた。日本がアメリカ人に関心を持つのと同じくらい、私たちにも日本に関心を持たせようとしたのだ。当時は90年代前半。インターネットが普及する前の時代で、中国ではなく日本がアメリカ経済の強力なライバルだった。日米の緊張は高まっていた。その数年前に日本人はロックフェラーセンターを買い、円がドルを脅かしていた。私が参加した交換留学プログラムの名前は、日本を訪れる目的を簡潔に表していた――「若者の理解を深める」。

しかし、私は日本の文化に困惑した。ゲーム『ストリートファイター2』のキャラクターの名前がことごとくアメリカと違ったときの衝撃は、いまも覚えている。ベガはバルログと呼ばれ、バルログはM・バイソンで……。頭が変になりそうだった。ある学校では講堂に連れて行かれ、生徒たちの前で一言ずつ挨拶をさせられた。私は壇上に上がり、つまらないことをつぶやいて降りた。私の次は、一行の中で唯一ブロンドの女子生徒だった。彼女が立ち上がると、忘れもしない、生徒たちが息をのむ音が聞こえた。そこに立っているのは、ごく普通の女子高生だった。僕たちは16歳で、ニキビがあってパッとしなかったが、パメラ・アンダーソン本人が目の前にいるかのようなざわめきが広がった。

多くの人が、あのざわめきを額面どおりに受け取る。骨相学者や人種差別主義者、偽科学者は何十年もの間、こうした文化的な反応に生物学的な（したがって変えることのできない）根拠を与えようと、あらゆる手を尽くしてきた。ネル・アービン・ペインターは著書『白人の歴史』（*The History of White People* 越智道雄訳、東洋書林刊）で「人種の科学」の概要を説明し、コーカサスの人々（白人種）の優秀さに関する啓蒙時代の文献を引用している。

グルジアの血は東洋で、おそらく世界でも、最も優れている。あの国で男女を問わず醜い顔を見たことは一度もないが、天使のような顔に会ったことはある。あの土地の自然は女性の美しさに、ほかの土地ではあり得ないくらい豊かな恵みを与えている……グルジア人より魅力的な顔や美しい姿を探すことは不可能だ。

筆者はドイツの医師ヨハン・ブルーメンバッハ。当然、白人男性だ。彼はヒトの頭蓋骨を比較研究し、人種を五つに分類した。人種に関する研究は、進歩しているだろう。しかし、人間の潜在意識とは別の話だ。

Chapter 7 美しい人がトクをする傾向は、加速している

私が働く世界では、人々は思いつくかぎりの対称軸で自分を分類する。タバコを吸うか吸わないか、キリスト教徒か無神論者か、オタクかマニアか、ただの無知か。黒人か白人かアジア人か、ゲイかストレートか、どちらでもないのか。人類という集団の中にさまざまな集団がある。韓国には「山の上に山がある」という言葉がある。朝鮮半島の地形の険しさは、人間が生きる世界が細分化されて複雑に入り組んでいる姿なのかもしれない。

出会いサイトを運営していると、それぞれの分類の本当の意味が見えてくる。取るに足りないものもあれば、人種や性的指向のように持って生まれた特徴もあり、後者はデータとして直接、分析することが難しい。Okキューピッドや、マッチ・ドットコムやティンダー［訳注　GPS機能で近くにいる人とマッチングさせる出会いアプリ］では、美しいか美しくないかが、最も重要で、おそらく最も根の深いグループ分けだ。世の中には持てる者と持たざる者がいる。人種と違って美しさはあなたの切り札となり、大きな反動も招く。

図7－1は、Okキューピッドのユーザーが1週間に受け取るメッセージの数と、外見の魅力の関係を

示している。右端の急勾配にかき消されがちだが、全体として指数関数グラフになっている。つまり、美しさの計算式は、地震で放出されるエネルギーの規模を表すリヒター・スケール（マグニチュード）と基本的に同じだ。たとえばマグニチュード1・0と2・0では、地震がもたらす影響に顕著な違いはなく、実際には感じないほどの揺れの場合も多い。しかし値が大きくなると、小さな差が破滅的な影響をもたらす。マグニチュード9・0も激震だが、10・0なら世界がひっくり返るだろう。

図7－1のグラフではあえて区別していないが、美しさに対する反応は男女で異なる。**図7－2**では受け取るメッセージの数を男女別に集計し、中間の値を点線で示している。

大都市圏のOkキューピッドでやり取りされるメッセージは、全体数がグラフの5割増しになるため、いちばん右上の女性がサイトを訪れるたびに、「僕は自転車が好きだけど、君はどう？」といった大学生のようなメッセージが殺到する。このような美しさの影響も男女の

図7-1

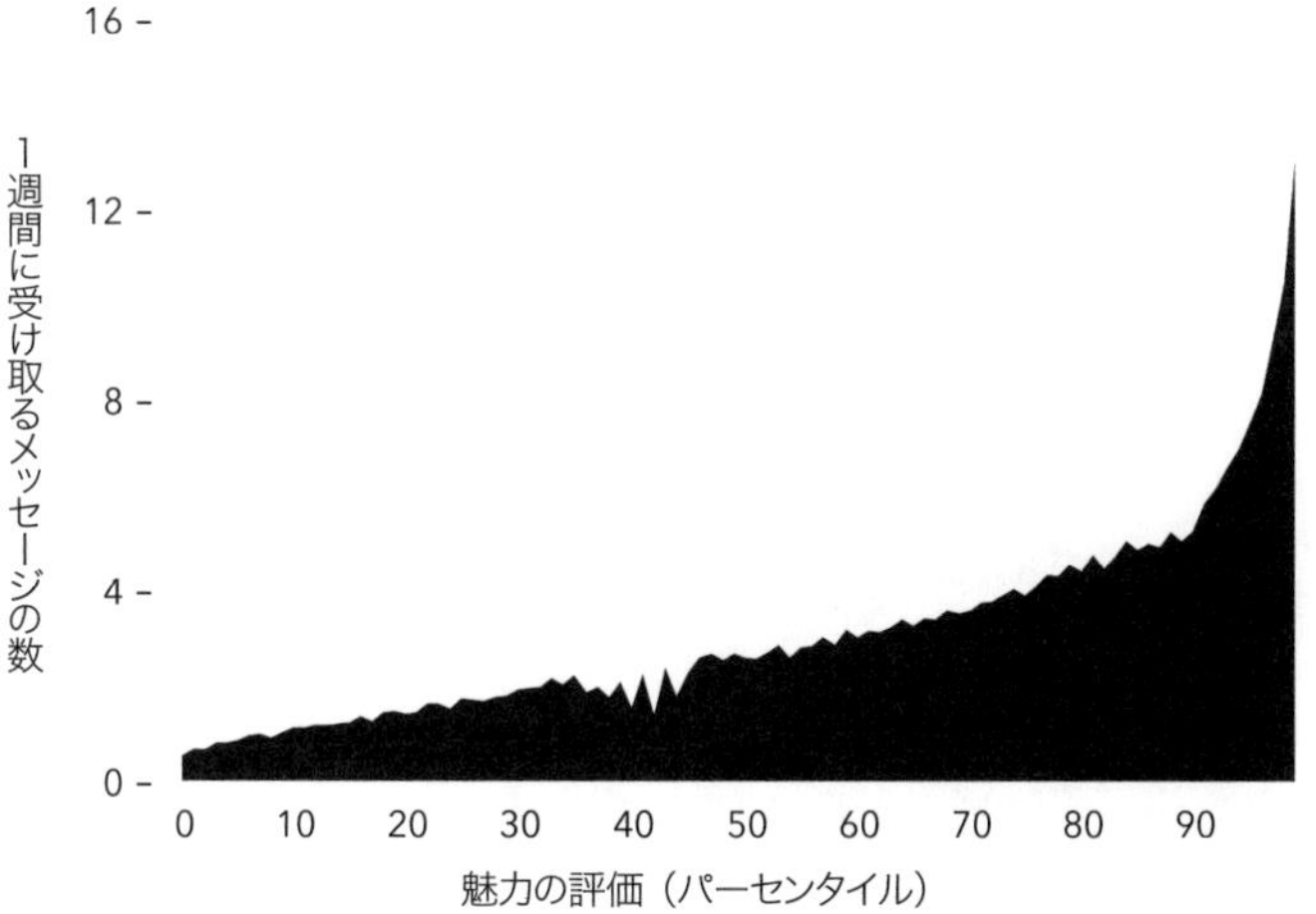

|図7-2|

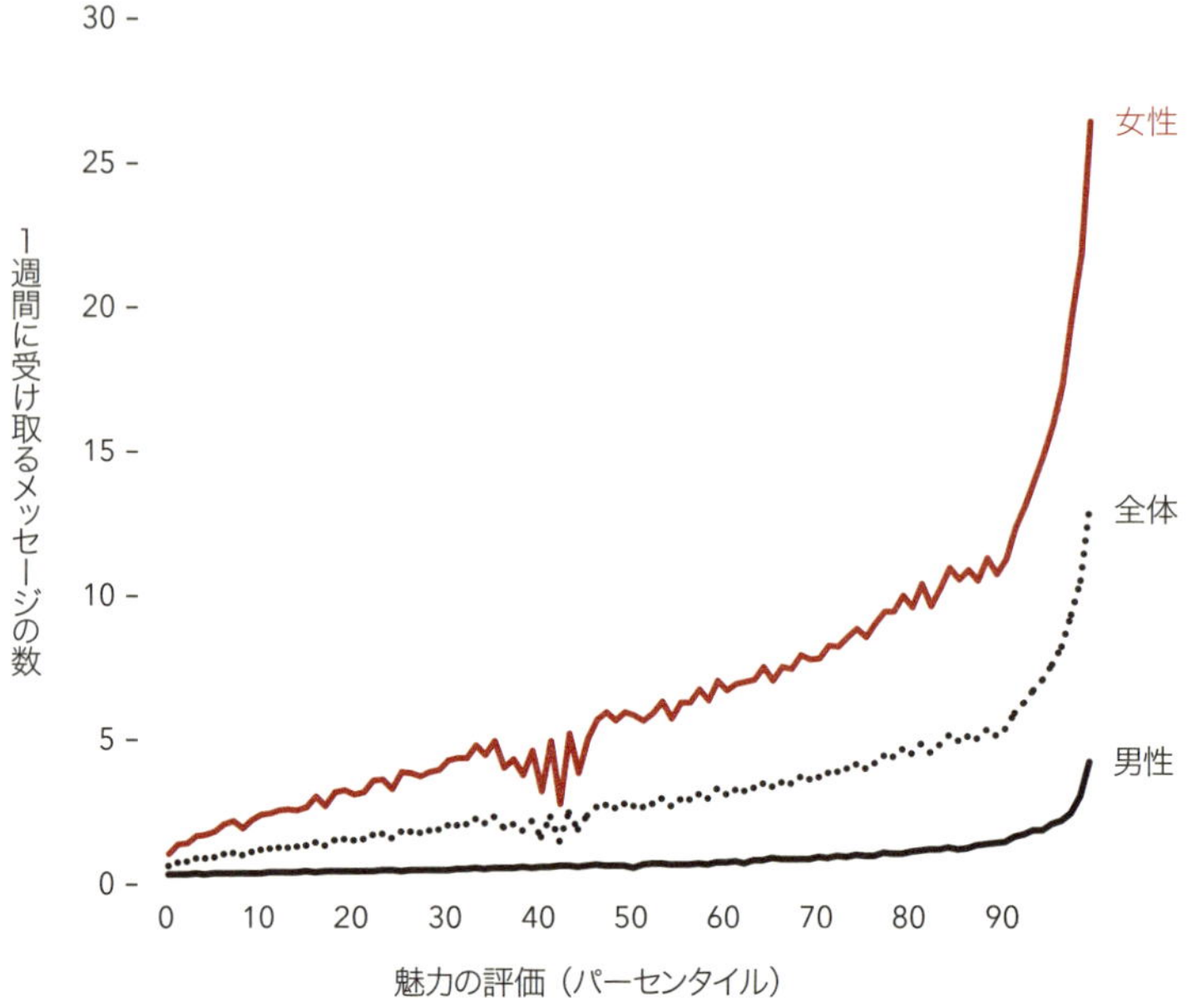
30
25
20
15
10
5
0
1週間に受け取るメッセージの数
女性
全体
男性
0 10 20 30 40 50 60 70 80 90
魅力の評価（パーセンタイル）

|図7-3|

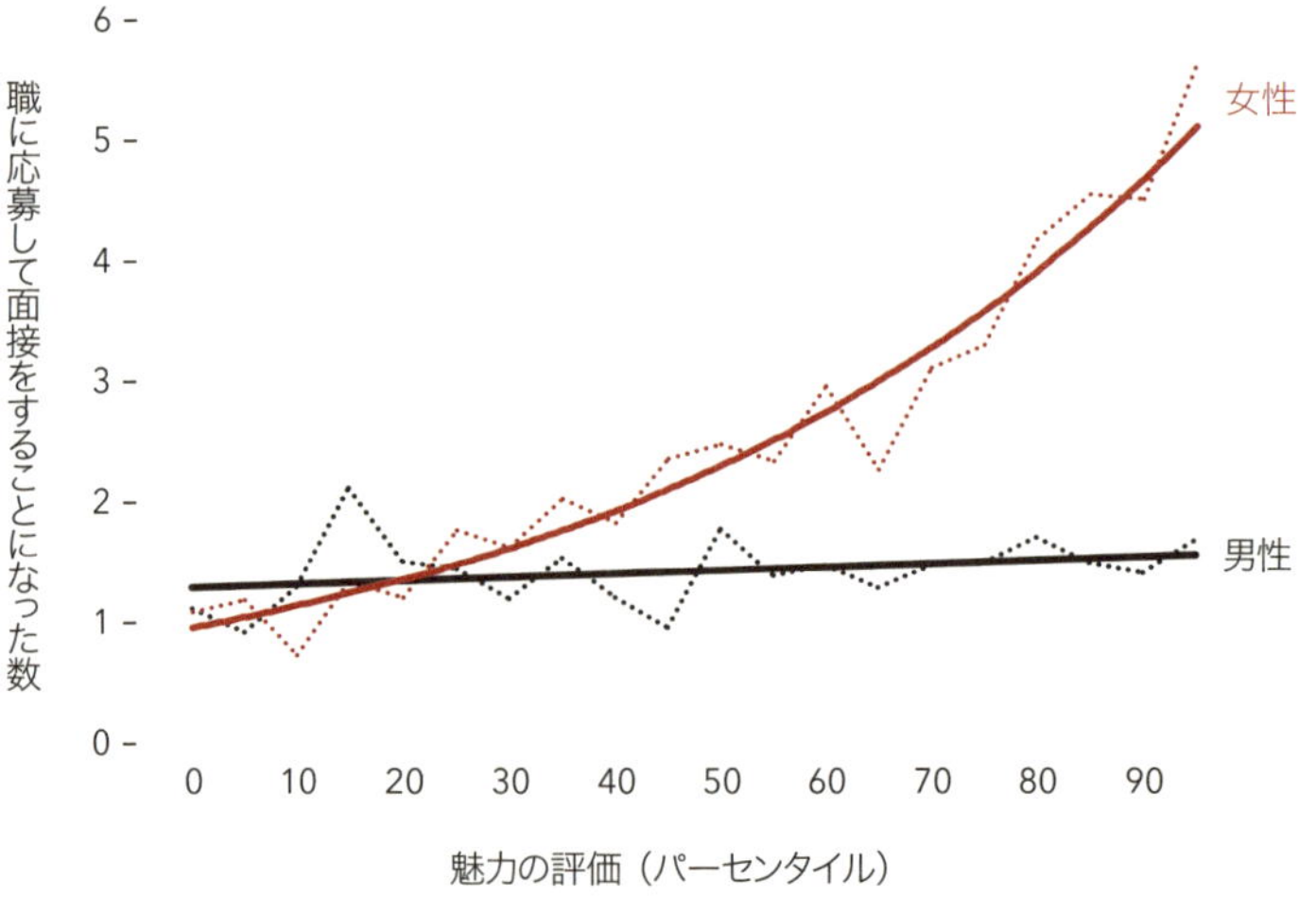
6
5
4
3
2
1
0
職に応募して面接をすることになった数
女性
男性
0 10 20 30 40 50 60 70 80 90
魅力の評価（パーセンタイル）

違いも、恋愛にかぎった話ではない。

図7-3は時給で働くサービス業の就職情報サイト、シフトギグで仕事に応募した結果[*1]について、図7-4はフェイスブックの友達の数[*2]について、美しさとの関係を示している。

男女とも美しさと成功は相互に関係しているが、いずれも赤い線のほうが急カーブを描いている。フェイスブックでは魅力が1パーセンタイル上昇すると（簡単に言えば、あるグループの中で魅力のランキングが一つ上がると）、男性は2人、女性は3人、それぞれ友達が増える。シフトギグではそのような比較さえできず、女性は指数関数曲線だが、男性は直線的だ。面接官が男性か女性かは区別しておらず、どちらの場合も男性の応募者のグラフは直線になり（つまり、男性の外見はサービス業の採用に影響しない）、女性の応募者は指数関数曲線を描く。女性は採用試験でも、Okキューピッドのサイトと同じような経験をするのだ。男性の面接官は女性の応募者の美しさを、恋愛関係の場合と（おそらく）同じくらい重視

|図7-4|

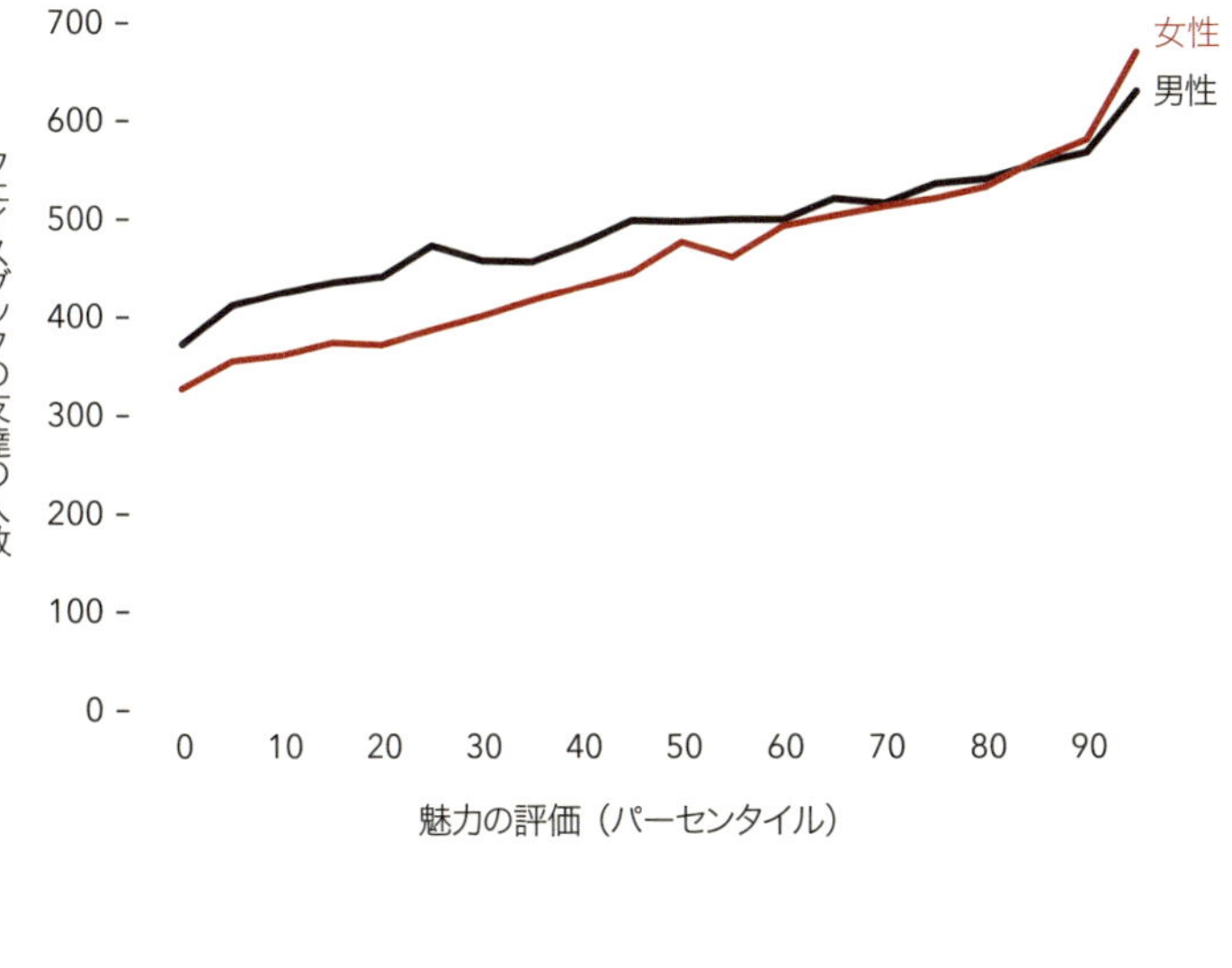

する。これを気の滅入る現実と思うか、それとも大いに興味をそそられるかは、あなたが雇用問題を得意とする弁護士かどうかによって決まる。女性の面接官も、（性的な意図が混じっているように思える）同じレンズで応募者を見るが、恋愛的な意図は（普通は）ない。

美しいことは、いつ、どのように、良いのか？

美しさがさまざまな影響をもたらし、とくに男性より女性にとって大きな意味を持つことは、いまさら考察するまでもないだろう。１９７２年に発表された社会心理学の古典的論文「美しいものがいいものだ」と、それに続く数多くの研究が、外見がいい人はそうではない人より知的で、有能で、信頼できそうに見えるという説を確立している。外見が魅力的な人ほど、良い仕事に就くことができ、裁判では無罪を言い渡されやすく、有罪でも量刑は軽い。ロバート・サプロスキーはウォール・ストリート・ジャーナル紙で、米デューク大学の二人の神経心理学者がその理由を研究していると伝えている。「脳の内側眼窩前頭皮質は、顔の美しさと振る舞いの善良さの評価に反応する。片方を評価する際の、この領域の活動レベルから、もう片方を評価する際の活動レベルを予測できる。つまり、脳は……頬骨から、その人の心や考えについて何かを推測している」。神経学的には、脳は性的魅力――彼女、イカしてる！――の信号を検知して、それ以外の視覚情報は霧散する。

美しさが女性にとりわけ大きな影響を与えることについては、ナオミ・ウルフのベストセラー『美の陰謀　女たちの見えない敵』（*The Beauty Myth*　曽田和子訳、ＣＣＣメディアハウス）が私より雄弁に説明している。

要するに、私の「発見」は新しい話ではない。新しいのは、美しさの影響を受けるさまざまな振る舞いについて、従来の説を検証する方法だ。

「美しいものがいいものだ」論文は、わずか60人のサンプルに基づく研究だ。サンプルがこれほど少ないと、美しさの影響を証明することはもちろん、さまざまな面を見ることもできない。*3 しかし、どのような文脈で「どのくらい、いいのか?」を考える出発点にはなるだろう。

セックスでは、美しいことはとてもいいことだ。友情では、少しはいいことだろう。就職に関しては、いいかどうかは性別によって異なる。ナオミ・ウルフは、現代の女性は美しいことが存在意義になっていると主張する。実際、美しさとその影響力の相関関係は、先の三つのグラフが明確に示すとおりだ。そして、美しさが社会秩序を形成するというウルフの的確な指摘は、もう少し拡大して解釈できるだろう。たとえば、シフトギグのデータは、職場で女性がどのように認められているかについて、私たちの理解を覆す。女性は明らかに、仕事を遂行する能力とは関係のない特徴を求められているのだ(しかも、その特徴の重要度は指数関数的に増す)。一方で、男性はそのような選択基準を押し付けられていない。したがって、単純に考えれば、女性のほうが全体として就職に失敗する確率が高くなるだろう。ここで重要なのは、責めるべき相手は基準であって、人間ではないことだ。たとえば、体力を理由に採用された男性が体力とは関係ない難題に直面することは想定内だ。同じように、外見で雇った女性は(統計的に)仕事の能力が低いという数字も存在する。ただし、外見の関連性が証明されたというより、女性だからという理由で、仕事の機会を制限されているだけかもしれない。「美しさの神話は、外見ではなく振る舞いを統制している」と、ウルフは書いている。彼女は基本的に性的な魅力について語っているが、職場でも同じ図式があてはまる。

「より写真中心」のウェブサイトが変化に拍車をかける

私には幼い娘が一人いる。妻のレシュマと私は、めずらしく二人でゆっくり過ごしているときに、よく娘と娘の人生について考える。彼女はどのような人生を歩むのだろうか。親なら誰でも同じだ。バーに二人の酔っ払いがいると必ず口論になるように、ふと静かな時間が訪れれば、わが子の将来を考えずにいられない。家族にはそれぞれ特別な未来予想図があるが、私と妻の想像は、多かれ少なかれ一般的なものだろう。私たちはまず、かわいい娘がとても賢くなるだろうと考える。もちろん、私たちは教えられるかぎりのことを娘に教える。さらに、思いやりのある優しい人になるだろう。これらの資質は、良い人生を送るためにとても重要だと、私たち夫婦は思っている。そして、ミルクティーのようなあの肌と、あの瞳。とてもきれいになるだろう。きっと。ティーンエイジャーになったら門限を厳しくしなければ。

さて、このあたりで夫婦の会話は風向きが少々変わる。まあ、きれいすぎなくてもいいんじゃないか。いろいろ大変だろうから、それなりでいいんじゃないか……。息子の将来にそのようなブレーキをかける親がいるだろうか。

残念ながら、インターネットはこの状況を間違いなく悪化させている。ソーシャルメディアが美しさの審判を下しているのだ。履歴書はもちろん、応募書類や署名記事など、ほぼあらゆるところに写真が貼り付けられている。あなたが何をしているのか気になる人は、あなたの写真を探すだろう。必要だからではなく、すぐに見つかるからだ。フェイスブックやリンクトインは、Ｏｋキューピッドの「恋は盲目」問題［訳注　第

5章を参照」を、出会いサイトだけでなくあらゆる領域に拡大している。ほんの10年前は、一般の人の名前と写真を結び付けることはほぼ不可能だった。いまではグーグルに名前を入力すれば（誰でもやることだ）、検索結果にソーシャルネットワークのサムネイルが表示される。あなたもスナップ写真から「最高の1枚」を選べば、簡単にサムネイルを作成できる。ただし、慎重に選ぼう。1枚の写真が、これまでとはまったく違う形であなたを定義するのだ。ネット業界で仕事をしていない人にはピンと来ないかもしれないが、ここ2、3年のサイトのデザインには、「よりオープンに」「より写真中心に」という大きな流れがある。私はこれを「ピンタレスト流」と呼んでいる。SNSなどで画像を共有する際は、画像の美しさやレイアウトがより重要になる。Okキューピッドも最近、写真の表示を変更した。**図7-5**の小さな四角から大きな四角まで拡大したのだ。

　デザイナーは、より現代的にしたいと思っただけだ。しかし予期せぬことが起きた。写真が拡大したぶんだけ、美しい顔がいっそう引き立ったのだ（のちにその効果を和らげなければならなくなった）。恵まれている人はますます恵まれる（図7-6）。

図7-5

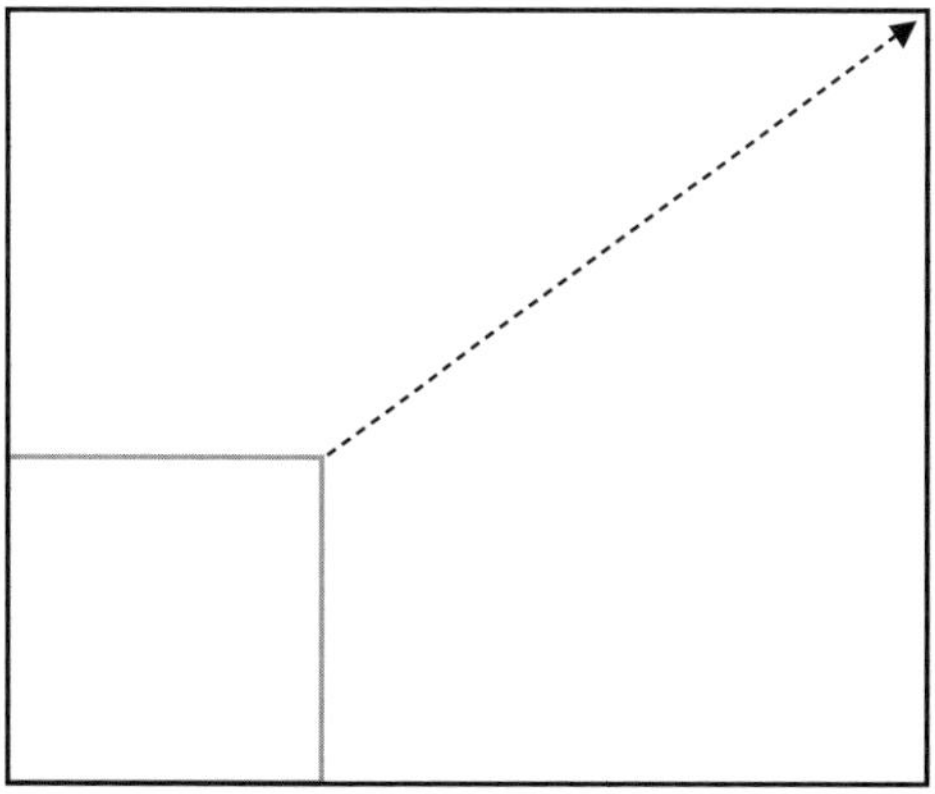

Ｏｋキューピッドのサイトデザインは、アメリカの国内政策と同じように格差を助長していた。

外見に対するこのような強迫観念を考えると、体型に関するハッシュタグの盛り上がり方もうなずける。痩身願望に関する投稿――#thinspiration　#thinspo　#loseweight　#keeplosing　#proana　#thighgap――があまりに増えたため、ツイッターとピンタレストはそれぞれ利用規約を改訂し、これらのハッシュタグを禁止した。#thinspirationと#thinspoには細さを強調する写真、#loseweightと#keeplosingには減量に関する写真が殺到した。#proanaは、減量目的の拒食症（anorexia）に賛成という意味だ。#thighgapは、太ももが細すぎて、両膝をつけてまっすぐ立っても太ももの間に空間ができることを指す。ティーンエイジの女性が崇拝する体型だ。問題のある欲望というだけでなく、大半が生物学的に考えられない体になっている。このブームの本当の邪悪さは、自分の目で確かめなければ理解できないだろう。これらのハッシュタグを検索すれば、カメラに突き刺さりそうなボロボロの体の画像が延々と出

図7-6

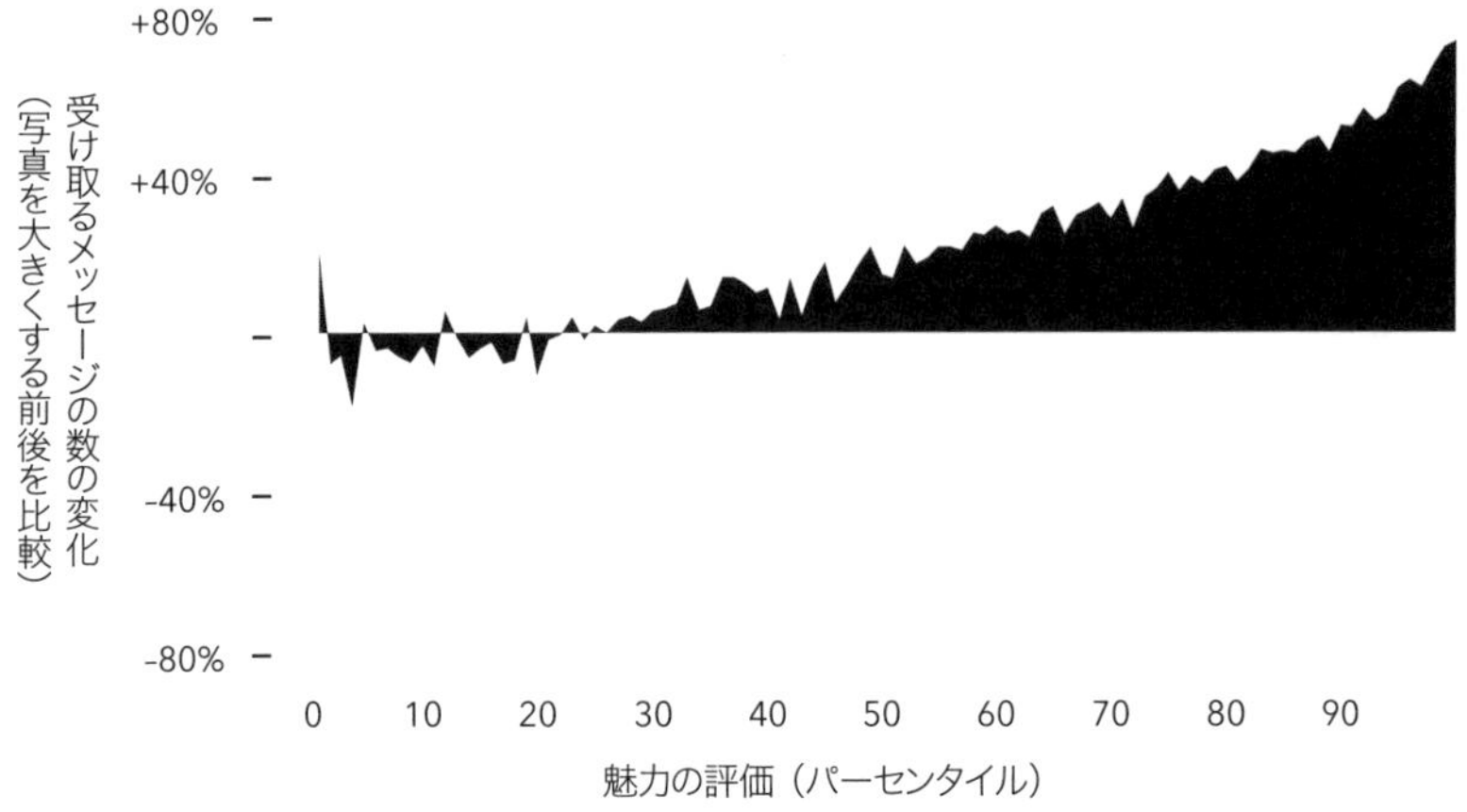

てくる。しかも、命の危険を感じさせるほど細い女性たちが、そろって下着やビキニ姿なのだ。若い女性たちの投稿は、まさに男性の視線の縮図でもある。

言うまでもなく、問題のコンテンツを禁止したところで何も解決せず、体型に抱くイメージの危険性は変わらなかった。そこで、画像共有サービスとして人気の高いタンブラーとピンタレストは違う対策を試みている。一連の投稿はタグ付けされているため、アルゴリズで操作することも可能なのだ。たとえば、タンブラーで"thighgap"(太ももの隙間)と検索しても画像は表示されなくなり、「あなたや知り合いが摂食障害に悩んでいるのなら……」というメッセージに支援グループや関連情報のリンクが添えられている。小さな試みだが、摂食障害の振る舞いがデジタル化されるまでは、この問題に直接向き合う手立てがなかった。親は、食事をしたらトイレにこもるわが子を心配するだけで、目に見える影響が出るまで待つしかなかった。データは、私たちが、他人だけでなく自分のことをどのように思っているかも教えてくれる。データが私たちの文化や政治、趣味、グループの中に意見の隔たりを見つけたら、私たち自身の心の中に隔たりがあるという意味だ。これは望ましいことでもある。完璧を目指す最初の一歩は、何が足りないのかを知ることだから。

Chapter 8

「本当は何を考えているか」がわかる方法

人が本当は何を考えているのかを知る方法は二つある。まず、相手が無防備な瞬間を狙って質問する。下調べをして、口実を用意しておき、話題を誘導しながら、自分が観察されていることを感じさせないように細心の注意を払う。このような調査は面白いだろう。白衣を着て、つけひげで学者らしく変装し、隠しカメラで撮影する……。ただし、大がかりな実験は不可能だ。そこで、データが大規模の場合はもう一つの方法しかない。すなわち、質問をして、正直に答えてくれることを期待するのだ。1935年に世論調査会社ギャラップの前身となったアメリカ世論研究所が設立されて以来、こちらが一般的な方法だった。

残念ながら、このような調査では人種や性行動、ドラッグの使用、体の機能などについて、本心を見出すことは最初から不可能だった。回答者が自分の答えを編集するからだ。行動を観察して得られるデータは、本書でも見てきたとおり、とても有用だ。しかし、思考や信条などは明確な行動を伴わない。最も醜くて、最も敵対的な考えは、自我と文化規範のベールに隠されていることが多く、少なくとも直接的な質問で引き出すことは不可能だ。これは社会科学の呪いでもある。研究者がいちばん知りたいことを、被験者は何よりも必死に隠そうとするのだ。

心理学では、これを「社会的望ましさのバイアス」と呼ぶ。回答者は自分をよく見せるために、本心にはふたをして、社会的に求められているであろう答えを言う。最も有名な例は、いわゆるブラッドリー効果だ。1982年に行われたカリフォルニア州知事選挙は、出口調査では黒人のトム・ブラッドリー候補が圧勝とされた。しかし、誰が誰に投票したかがわからない投票箱に投じられた票は、大差で白人候補のほうが多かったのだ。アメリカの選挙では80年代と90年代を通じて、黒人候補の支持率は、世論調査のほうが実際の投票より高いことが少なくなかった。鬱病や依存症なども、人種差別と同じように、オープンな状況では本人が正直に話さないために診断が難しい。Ｏｋキューピッドの相性診断の質問も、基本的に回答者以外には見えないのだが、特定の考え方や態度を告白するのは気が進まない人もいる。質問をされるだけで自己検閲が働くのだ。人の考えや記述データを収集するサイトのほぼすべてが、同じ問題を抱えている。しかし、何も質問しなくても、無料でデータを収集できる場所が一つだけある。検索サイトはあなたに何も質問しない。あなたから話しかけるだけだ。

グーグルが差し出すのは、あのシンプルなページだけだ。細長い空っぽの長方形の先頭にカーソルが置かれ、あなたの考えが入力されるのをじっと待っている。グーグルの仕事は、インターネットという広大な密林で探し物をするのを手伝うこと。実に見事な働きぶりだ。そして、世界的に大成功を収めた結果、ユーザーがデータベースに入力する新しい要望の一つひとつが蓄積され、人類のアイデンティティの宝庫となった。私たちの告白を聞き、関心や秘密を打ち明けられるグーグルは、医師であり、牧師であり、精神科医であり、親友だ。そして何よりも、グーグルは私たちに質問する必要がない。検索ボックスの細長い空白が、私たちに語りかける――あなたが何を探しているのか、教えてちょうだい。(小説『白鯨』の)エイハブ船長はクジラを追いかけ、アーサー王は聖杯を追い求めた。人が探しているものを見れば、その人がわかる。私たちは検索結果をどのように利用できるだろうか。

グーグルで、人間は最も堕落した一面を見せる

2008年から提供が始まったグーグル・トレンドは、検索結果から世の中を見るツールで、誰でもグーグルの検索データベースを参照できる。適切なキーワードの指定とクロス集計の技術を少々使って、人々の頭の中をのぞく優れたサンプルを抽出し、門外不出だった検索の機能に触れることができる。サービス開始以来、研究者はグーグル・トレンドを使って株価を予測し、経済的生産性の原動力を見つけた(裕福な国ほど、過去より未来に関心がある)。最も有名なプロジェクトは、インフルエンザとデング熱の流行をリアルタイムで追跡した「グーグル・インフルトレンド」で、流行を迅速に鎮めることに貢献した。私たちは具合が悪くなると、症状や治療法を検索する。米疾病予防管理センター(CDC)が調査していた傾向を、検索データからいち早く察知して、警戒態勢を促したのだ。

グーグルにはもう一つ「ウイルス」が潜んでいる。グーグルからユーザーに質問を投げかけることはなく、ほかのソーシャルサイトと違って個人と個人がつながっていないため、人々は最も堕落した衝動をぶちまけるのだ。たとえば、"nigger"(ニガー)という単語は検索頻度がきわめて高く、年間700万回にのぼる。南北戦争中に35番目の州として独立したウエストバージニア州など、歴史的に黒人と関係の深い地域ほど頻

度が高いと思うかもしれないが、実際は全米で検索されている。[*1] ブルックリンは、私が育ったアーカンソー州リトルロックと共通点はほとんどないが、やはり"nigger"が検索される頻度は高い。ニューヨーク市でもアーカンソーの市街地でも、シカゴでもカリフォルニア州フレズノでも変わらない。検索ボリュームを見るかぎり、この単語は"apple pie"（アップルパイ）より30％アメリカ的だ。[*2] さらに、グーグルに登場する頻度は、人々がよりオープンに心情を吐露するツイッターよりはるかに高い。"nigger"と同じような意味だがネガティブな響きが弱いとされる"nigga"を対照群として検証すると、"nigger"が検索される回数はソーシャルメディアの約30倍に達した。

感染症の爆発的な拡大と違って、人種差別はゆっくり、じわじわと進行し、個人の代謝機能ではなく世代全体を侵食する。このような分野は、長期にわたるデータ分析の可能性を発揮しやすい。さらに、検索頻度の変動と現実世界の出来事を結び付けることによって、データの裏にある感情の変動を引き出すこともできる。たとえば、"nigger"の検索と2008年の米大統領選を重ねると、アメリカが黒人大統領の誕生という出来事と向き合った過程が浮かび上がる。

図8-1のグラフで、6個のドット（●）を左から右に見ていく。2008年2月5日はスーパー・チューズデー［訳注　多くの州で予備選が開催される日］だ。4月22日は大票田のペンシルベニア州で民主党の予備選が行われ、ヒラリー・クリントンが制した。6月3日の予備選最終日にバラク・オバマが民主党の候補者指名を事実上勝ち取り、6日に検索ボリュームが急増している。7月15日は厄介なデータで（しかし道徳をめぐる議論を巻き起こした）、ヒップホップ・アーティストのナズが"Nigger"というタイトルの「裏アルバム」をリリースした［訳注　正式にリリースしたアルバムはタイトルの変更を余儀なくされた］。この交絡因子の後も、オバマ優位

が確実になるにつれて検索ボリュームは急減している。共和党の候補者たちが墓穴を掘り、人種的な緊張も政治的な緊張も薄れていった。9月初めに共和党の党大会が開催された週は、人種差別的な検索は大統領選期間中で最も少なかった。*3

しかし、その後は人種的な憎悪がいつものレベルまで盛り返し、投票日の夜に爆発。"nigger"の検索回数はかつてないほどに急増した。翌日、人々がアメリカに黒人大統領が誕生したことを確認すると、"Obama"(オバマ)という検索キーワードに、100回に1回の割合で"KKK"(クー・クラックス・クラン)という忌まわしいキーワードが連なった。その直後に人種差別的なキーワードの検索は急激に減り、

|図8-1| "nigger"の検索の推移(2007年12月〜2009年2月、グーグル)

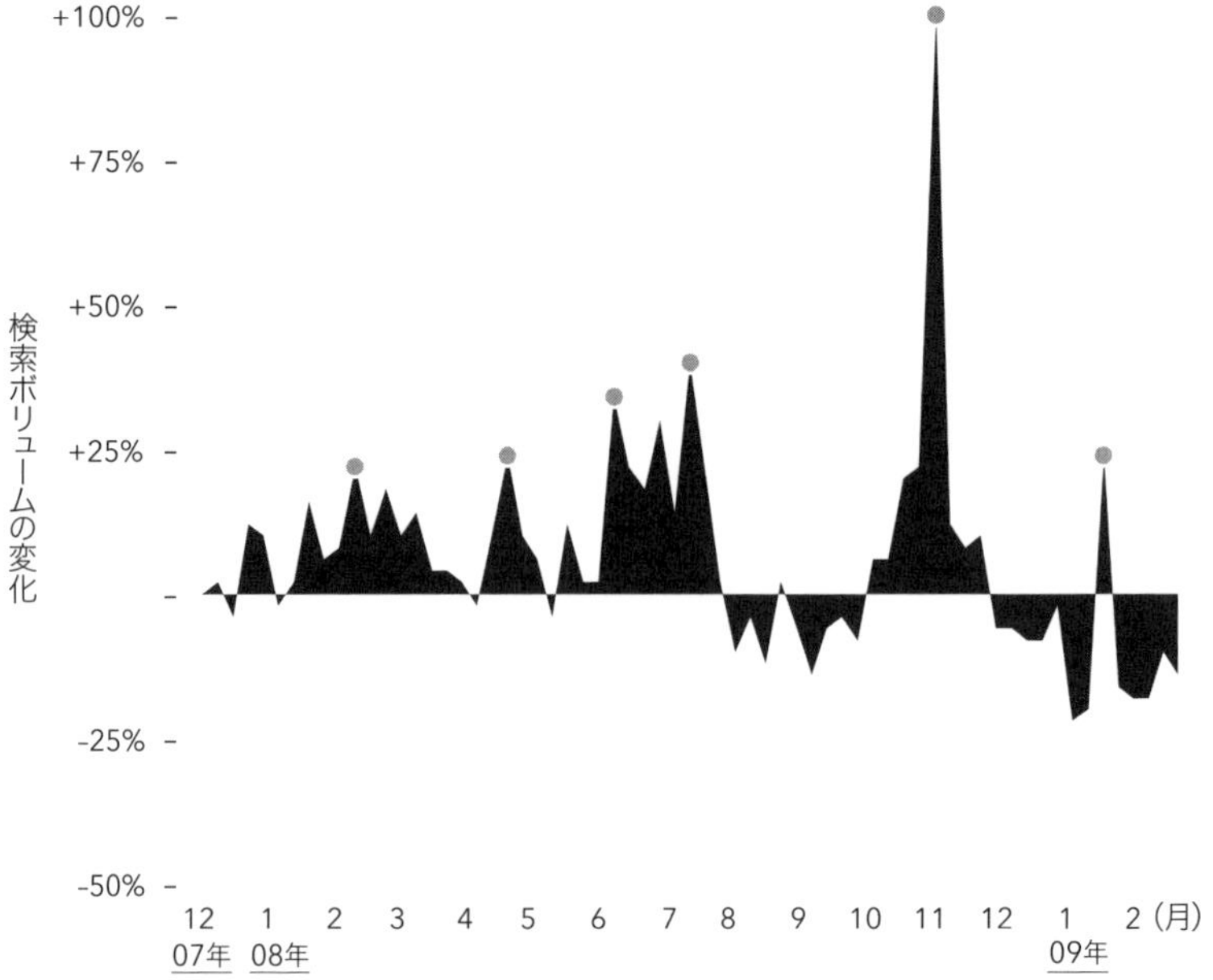

1月の大統領就任式の際に最後のあがきを見せたが、「オバマ前」より25%低いレベルだった。人種に関する「全国的な対話」というフレーズはよく耳にするが、このデータを見ると、むしろ「全国的な発作」を繰り返しているかのようだ。もっとも、オバマが掲げた「チェンジ」はことごとく失敗してきたが、アメリカが最も好む罵声の流れは変えたようだ（図8-2）。

オバマの大統領在任中に“nigger”の検索が急増したのは、いまのところ3回しかない。1回目は2011年10月、テキサス州のリック・ペリー知事の別荘に、「ニガーヘッド・レイク」と書かれた看板があることが発覚した週だ。あとの2回は、ある事件の始まりと終わりを示すブックエンドのようなグラフを描き、オバマ大統領が初当選した夜と同じくらい突出している。2回目は2012年3月後半。2月末にフロリダ州で、当時17歳のアフリカ系アメリカ人高校生トレイボン・マーティンが街の自警団員に射殺され、両親は全米に真相解明を訴えた。3回目は翌2013年6月の最終週で、マーティンを射殺したジョージ・ジマーマン（両親はペルー系とドイツ系）が起訴された直後だ。おそらく2回とも、オバマの最初の大統領選以来、白人であることが最も激しく攻撃されたと人々が感じた瞬間だった。公判中や判決の際は、検索ボリュームがそこまで急増することはなかった。ジマーマンが無罪を言い渡された直後は、2008年の大統領選の直後と同じように、検索ボリュームは再び減少する。アメリカの人種問題は、またしても沈黙と浄化の時期に入った。

図8-2

グーグルのデータにおける“nigger”の検索指数

人種差別的な発言を探すときは"nigger"から始めるのが定番だが、少し調べただけで、ほかに目立つ言葉がほとんどないことに気がつくだろう。ヘイトスピーチの大部分が"nigger"なのだ。"spic"(スピック/スペイン系アメリカ人)や"chink"(チンク/中国人)など、おぞましい言葉*4はほかにもあるが、アメリカではあまり使われないため、分析するには相対的にデータが少ない。いずれにせよ、ここで重要なのは言葉そのものではなく、その根底にある考え方であり、"nigger"という言葉の重みが発言者によってどのように変わるかという事実だ。問題になったタイトルのアルバムを発売したのが、ナズではなくカントリー歌手のトビー・キースだったら、かなり違う展開になっていただろう。その意味で、グーグルの検索ボックスのオートコンプリート機能は役に立つ。個人が自由に入力する言葉より、全体的な思考パターンがわかりやすいからだ。

オートコンプリートからうかがえる痛ましさ、愚かしさ

検索ボックスに単語やフレーズを入力し始めると、検索される頻度の高いキーワードを使ってグーグルが文章を完成させる。"Who is the……"(……は誰)とタイプすると、たとえば"……richest man in the world"(世界でいちばんリッチな人)と続く。自動表示されるフレーズからは、人間の半分が残りの半分を不可解な存在だと思っていることがうかがえる。

どうして女性は……

……欺くのか?

……生理があるのか?
……ハイヒールを履くのか?
どうして男性は……
……離れて行くのか?
……恋に落ちるのか?
……嘘をつくのか?

検索の世界で人種に関するステレオタイプを探すことは、タブーに触れるかのように思えるが、タブーはいっさい存在しない。どうして黒人は……フライドチキンが好きなのか? どうしてムスリムは……アメリカを憎むのか? どうしてアジア人は……みんな似ているのか? オートコンプリート機能が次々に文章を綴る。「どうして白人は唇が薄いのか?」というオートコンプリートされた文章をそのままタイトルにした論文は、この機能の二重の目的を探っている。それによると、オートコンプリート機能はリアルタイムの検索トレンドを明らかにすると同時に、グーグルが検索市場をほぼ独占していることを考えれば、トレンドを生み出す影響力もあるだろう。オートコンプリート機能が反映するステレオタイプは、結果的に社会に定着するだろう。自分としては偏見と関係がないと思っているフレーズを入力すると、他人の先入観が飛び込んでくる。たとえば、「どうして同性愛者は……みんな似ているのか?」という表現は、私はグーグルに言われるまでステレオタイプだと思っていなかった。

自分の心の内をオートコンプリート機能で検索すると、別の顔が見えてくる。洗面所の鏡の前に、誰かと二人並んで立っているかのようだ。たとえば、検索ボックスに、アルファベットを1文字ずつ変えながら次のような文章を入力する。

「どうして私のa……」
「どうして私のb……」

するとグーグルが、あなたの悩みをアルファベット順に教えてくれる。

「どうして私のstool（便）は緑色なのか」
「どうして私のtongue（舌）は白いのか」
「どうして私のurine（尿）は濁っているのか」
「どうして私のvagina（ヴァギナ）はかゆいのか」

忠告しておこう。これらの体調不良の原因は、おそらくパソコンの前にじっと座っているせいだ。
このように検索データの分析は、キーワードを工夫して、ときには別の方法を試し、数学を使いながら、人々の独白を表に引っ張り出す。自分の痛ましいところも愚かなところもあらわになるが、痛ましい衝動はとくに、隠しておきたい部分までデータが暴き出す。人種差別的な発言は、現代では社会的には容認されないが、「社会的望ましさのバイアス」が否定しても現実に存在するのだ。

時代とともに変わる偏見

潜在的な考えを見抜く統計的なツールは最近のものだが、同じ発想の手法は昔からさまざまな形で利用されている。共和党の選挙参謀だったリー・アトウォーターは1981年に、いわゆる南部戦略について、政治学者のアレクサンダー・P・ラミスに次のように語っている。アトウォーターは当時、レーガン政権の顧問を務めていた。

1954年は「ニガー、ニガー、ニガー」と呼びかけた。1968年になると「ニガー」とは言えない。反動を食らってこちらが痛手を負うだけだ。だから、強制バス通学［訳注 公立学校の白人と黒人生徒の比率を平均化するため、遠方の学区にバス通学させた］や州権論の話をする。最近はすっかり抽象的になって、減税とか経済政策ばかり話しているが、経済政策は白人より黒人を傷つける。

アトウォーターはオフレコのつもりで話していた（「ところで、この話は表に出ないんだろう?」とも言っている）。しかし検索データは、オフレコの発言が「偶然」明るみに出ることを期待する必要はなく、人種のような問題について公的な発言と私的な発言の食い違いを検証できる。

検索データによると、世の中は良くなりつつあるが、先はまだ長いようだ。

2009年1月のオバマの就任演説に話を戻そう。アメリカは「人種差別後」の社会になったという希望に満ちた演説だったが、現実離れした理想を語ったわけではない。「人種差別後」を強調した真意は、オバマの勝利によって、アメリカ人の生活において人種はもはや「重要な要素ではない」ことが証明されたという宣言だったのだ。

しかし、グーグルのデータアナリスト、セス・スティーブンズ・ダビドウィッツによると、2008年の大統領選で、オバマは人種を理由に得票率を3〜5ポイント下げている。失った票は、共和党支持者ではなく、民主党候補が白人だったら投票したであろう人々だ。第二次世界大戦以降にアメリカで行われた選挙の半分以上は、得票率が5%違っていたら結果が変わったことは十分にありうるが、実際に結果が変わったかどうかを推測するためには検索データをもとにした分析が必要になる。そこで、ダビドウィッツはまず、オバマが国政の世界に入る前の2004〜2007年のグーグル・トレンドから人種差別的な考えを解析した(これによって、オバマ個人に対する嫌悪と人種差別を混同しにくくなる)。このデータを使って州ごとの「人種憎悪指数」をはじき出し、オバマの大統領選の最終得票数と、民主党が一般的な(つまり白人の)候補者だった場合に考えられる結果(前例となるデータはたっぷりある)を比較した。はたして、人種憎悪指数が高い州ほどオバマは劣勢になることがわかった。分析に携わったメンバーが、具体的な手法を次のように説明している。

デンバーとホイーリング(市街地はオハイオ州とウエストバージニア州にほぼ二分されている)という二つの中規模の市場がある。ケリーの得票率は両方の市場で約50%だった〔訳注　2004年の大統領選で、民主党候補のジョン・ケリーは共和党のジョージ・W・ブッシュに敗れた〕。2008年は民主党が大きくリードしていたことを考えると、オバマは両方の市場で約57％の票を獲得できるはずだった。ただし、デンバーとホイーリングでは人種差別的な雰囲気が異なる。デンバーは、人種差別的な検索が行われた割合が全米で4番目に少なく、オバマの得票率は予想どおり57％だった。一方のホイーリングは人種差別的な検索が全米で7番目に多く、得票率は48％を下回った。

歴史的に、大統領選の候補者は地元の州で得票率が約2％増しになる。2008年に共和党から立候補したジョン・マケインは、人種的な憎悪を追い風に、全米で「地元の利」より大きな恩恵を受けた。まさにこれが、アメリカでは白人であることが有利に働くという証拠だ。マケインは黒人と対決しているという理由だけで、全米に気に入られた。

一人の物語が全員の物語になる

私が思うに、モハメド・アリは最も勇敢なアメリカ人の一人だ。1967年にベトナム戦争への徴兵を拒否したアリは、世界ヘビー級王座を剥奪されたうえ、3年半近くリングに立つことを許されなかった。自分の信念に従ったために全盛期の貴重な時間を奪われ、禁固5年と罰金を科せられたのだ（のちに連邦最高裁で無罪を勝ち取った）。その不屈の精神は、現代のアスリートや著名人はもちろん、政治指導者からも想像できない。カニエ・ウエスト［訳注　ヒップホップ・アーティスト］やグレン・ベック［訳注　保守派のラジオパーソナリティー］、レイチェル・マドウ［訳注　レズビアンを公言している左派のニュースキャスター］、サラ・ペイリン［訳注　共和党所属の元アラスカ州知事」など、怒りをぶちまけるセレブはたくさんいるが、彼ら自身はほとんど犠牲を払っていない。現代の私たちはベトナム戦争について、アリと同じように反対を叫ぶこともできる。彼が当時あのような立場を貫いた理由を、誰もが想像できるデータもある。アリは当時、「俺をニガーと呼ぶベトコンはいない」と言った。おそらくそのとおりだろう。しかし、もし当時グーグルがあったら、アメリカ人は検索ボックスにどんな言葉を入力しただろう。黒人は「地元の不利」にどれだけ苦しめられたことだろう。

今後、人種差別に対する考え方がどのように変わっていくのかは、想像するしかない。オバマは確かに勝利した。気の滅入る事実もあるが、励まされる話もいろいろある。たとえば、2012年にオバマが再選を果たした大統領選では、不利になるような偏見が働いた証拠はない。彼はすでに、「黒人」として以上に「バラク・オバマ」として広く知られていた。ただし、本書のように集合的なデータを扱っていると忘れがちになるが、広範な社会的圧力の影響は、個人レベルではきわめてわかりにくい場合が多い。たとえば、前章のデータを見るかぎり、Ｏｋキューピッドの黒人ユーザーの多くはサイトで普通に経験をしている。黒人以外のユーザーと同じように、デートにこぎつけ、あるいは断られる。黒人グループ全体としては、確かに断られるほうが多い。しかし、個人の経験は小さくて多様すぎ、それだけで何らかの「人種差別」が起きていると結論付けることはできない。あなたが断られたのは肌の色のせいかもしれないし、あなたという人間のせいかもしれない。赤ら顔の男が、バラク・オバマが大統領に当選したという理由で「ニガーのジョーク」を検索している姿は、滑稽でもある。しかし、彼と同じ検索をしている人が何万人もいるとなれば、あまり笑えない。このような個人的な考え方が大きな社会的影響につながるとなれば、もっと笑えない。一人の物語が全員の物語になる。だからこそ、検索データの解析が重要なのだ。データは、うわべだけの議論を終わらせ、私たちが向き合わなければならない現実を教えてくれる。

たとえば、「いい本」しか読まない人もいる。友人や教師、書評、アマゾンが勧める本、という意味だ。読書には時間がかかるし、時間は貴重なものだから、リスクを冒したくない気持ちはわかる。でも、私の流儀ではない。私は歴史が好きで、書店に行くと歴史の棚から適当に何冊か取り出し、心に刺さる本を選ぶ。くだらない本も読むし、ナポレオンに関する本は読みすぎだろう。偶然の発見もたくさんある。『民衆のアメリカ史』（*A People's History of United States* ハワード・ジン著、明石書店）も、そんなふうに出会ったお気に入りの1冊だ。言うまでもなく古典と呼ぶべき名著だが、私はたまたま書店で手に取るまで存在を知らなかった。グーグル・ブックスによると「アメリカの草の根の歴史」の年代記であり、大半の歴史書が指導者や重要な出来事を扱うのに対し、『民衆のアメリカ史』は家庭や店、農園、工場について、社会の小さな問題について教えてくれる。歴史家であり、政治学者や評論家としても知られた著者のジンは、自分が見てきたものを、目に見える行動を、人々が語った言葉だけを綴っている。しかし残念ながら、男女の心は彼の守備範囲ではなかったようだ。キューバミサイル危機、ベトナム戦争の憂鬱、女性の解放——さまざまな歴史的瞬間の陰で、人間の静かな喜びや内なる苦悩は失われていった。現代の私たちが享受しているようなデータがあったなら、私たちは歴史をもっと豊かに理解できただろう。

Chapter 9

炎上――突然、嵐のような日々が訪れる

ある年の大晦日、サフィーヤ・ナワズはソファに寝転がってカウントダウンを待ちながら、他愛もないジョークをつぶやいた。

サフィーヤ　@safiyyahn
この美しい地球が2014歳になる、スゴイね

リツイートは1万6000回。ほぼすべてが24時間以内だった。ちなみに、ケイティ・ペリーが4900万人のフォロワーに送信した新年の挨拶のリツイートは1万9000回ほど。レディー・ガガが待望のミュージックビデオの発売を発表したときは2万回だった。サフィーヤ・ナワズは売り出し中のポップスターではないし、ツイッターという武器で文化の秩序を変えるといった話でもない。あなたがサフィーヤを知らないのは、彼女がノースカロライナの普通の女子高生だからだ。その彼女のジョークがツイッターで

炎上した。

最初のうちは、本気で言っているのだろうかと、半信半疑の投稿も多かった。しかし、あの夜のツイートを順番にたどると、人々は次第にサフィーヤが自分と同じ人間であることを忘れ、リツイートの数が増えるにつれて彼女をバカにすることがゲームのようになり、デジタルの群集が暴徒と化す過程が手に取るようにわかる。LOL（laugh out loud 笑える！）がOMG（oh my god オーマイガー！）になり、WTF（what the fuck バカじゃない？）になって、さらに過激な言葉になった。

コカイン・バーガー @Cocaine_Burger
@safiyyahn 死ね

リック・フジバーズ @HARDEBAKSTEEN
@safiyyahn 死ね、くそったれ

この件がジョークやゴシップを掲載するブログメディアのゴーカーで報道されると、あっという間に「#バカなビッチ」というハッシュタグが立った。こうした暴力的な反応に、サフィーヤは17歳の少女として見事な対応をした。彼女は時間をあけて、人々の怒号を完璧に要約してみせた。

サフィーヤ @safiyyahn

最近の若者は地球の本当の年齢について熱く語れるのね

サフィーヤは知らなかったが、この夜、アメリカではもう一人、集中砲火を浴びている女性がいた。彼女がジョークを投稿するわずか15分前に、ニューヨークのタイムズスクエアからカウントダウンのテレビ中継をしていたコメディアンのナターシャ・レジェロが、スパゲティオーズの宣伝キャンペーンをネタに軽口をたたいた。スパゲティオーズは12月の真珠湾攻撃記念日に、自社のキャラクターが星条旗を掲げるイラストと、缶入りパスタを食べて真珠湾に思いを馳せようというメッセージをツイッターに投稿し、大炎上させていた。レジェロは、真珠湾の生存者も年を取って軟らかいパスタしか噛めなくなったのに、そのパスタに笑い者にされるなんて、という意味のことを言った。

出演者の間に笑いが起き、そのまま次の話題に移った。しかしレジェロは、うかつにも、きわめて感度の高いインターネットの怒り増幅装置のスイッチを押していた。彼女は後に、自分のツイッターに届いたメッセージをタンブラーでいくつか紹介した。

マイク・オズワルド　@SDPStudio

@natashaleggero　卑しい娼婦。

マーク・ティチェナー　@hotrod607

@natashaleggero　くたばれ、罰当たりな売女。

私が個人的に気に入っているツイートは、インターネットが葬られるときが来たら、その墓碑にぜひ刻んでほしいフレーズだ。

クリス・マカリステ　@macdawg22
@natashaleggero　おまえは愚かで無知な娼婦だ。

同僚の身に起こった最悪の惨事

私が彼女たちのエピソードに特別な関心を抱いたのは、同僚に似たようなことが起きたばかりだったからだ。この年の12月20日、Ｏｋキューピッドの親会社ＩＡＣの広報部門の責任者だったジャスティン・サッコは、ロンドンのヒースロー空港でヨハネスブルクに向かう乗り継ぎ便に搭乗した。座席に座った彼女はツイッターに投稿した。

ジャスティン・サッコ　@justinesacco
アフリカに行ってきます。エイズにかかりませんように。なんてね。私は白人だから！

彼女は携帯電話の電源を切り、飛行機は離陸した。彼女のツイートは先の二人に比べて、たとえ好意的に解釈しても、明らかなジョークとは言えなかった。白人の嫌みったらしい特権意識だ。人々が彼女の愚かさにあきれたのは無理もないが、冷淡な反応は個人攻撃のお祭り騒ぎに発展した。ありがちな脅迫や侮辱はもちろん、攻撃の対象はツイッターの中の彼女をはるかに超えた。家族の写真がネットにさらされ、住所などの個人情報とともに広まった。ジャスティンの姪たちは、電話で男たちからレイプすると脅された。ヨハネスブルクの空港に人々が集まり、飛行機の到着を待った。機内にいる本人が何も反応できないことが火に油を注ぎ、11時間のフライトの中頃には「#ジャスティンはもう着陸したか」というハッシュタグができて、ツイッターのトレンドトピックの1位に躍り出た。グーグルで彼女の名前を検索しようとすると、搭乗している便名と到着予定時刻がオートコンプリートされた。人々が最も多く検索している内容だったのだ。ここでもまた、グーグルが私たちの前に鏡を掲げた。ジャスティンが上空にいた11時間の間に、血に飢えたインターネットは舌なめずりをしながら、彼女がネットに接続して自分の人生が崩壊していることを知る瞬間を待ち構えた。

ロン・ジェラーチ @RonGeraci
200万人が灯りを消して、世界が感情を爆発させた瞬間の彼女の表情を確かめようと待っている。

アイム・ゲーリー　@noyokono
#ジャスティンはもう着陸したか　人々が飛行機の到着をこれほど心待ちにするのは、アメリア・エアハート以来だ。

［訳注　1972年に女性として初めて大西洋単独横断飛行に成功した飛行士］

V・フセイン・サバジ　@Kennymack1971
最悪だ……ビールとチキンウィングをかっ食らって忘れたい。そうでもしないと……
#ジャスティンはもう着陸したか。

彼らの獲物は、フォロワーが数百人しかいない無名の人間だった。私はジャスティンと親しかったわけではないが、一緒に楽しく仕事をしていた。彼女のつぶやきに対する悲痛のつぶやきが、明らかな興奮に変わっていく様子を見ていて、気分が悪くなりそうだった。

愚かにも、私はフェイスブックに愚痴をこぼした。最初の投稿から10分も経たないうちに、15年間話をしていなかった知り合い（この後、フェイスブックの「元友達」になった）から「彼女の父親は大金持ちだよ」というコメントが来た。だから彼女の人格が崩壊しているのも無理はない、らしい。もちろん、ジャスティンの父親は大金持ちではない。例によって噂に尾ひれが付いただけだ。

このようなエピソードを聞くたびに、私は古代の宗教で投石が公開処刑の手段だったことを思い出す。処刑人は一人ではなく、コミュニティが死刑を実行する。全員が一斉に石を投げるから、誰の石が致命傷となったかはわからない。[*1] 集団犯罪から力が生まれ、罪は共有することで薄まる。異物を排除して、自分の存在を確認するのだ。

ジャスティンの場合、三つの大陸の人々が結集して彼女を破滅に追いやろうとした。彼らのツイッターの自己紹介をほんの少しのぞくだけで、あらゆるタイプの人がそろっていることがわかる。「ロビイスト」「共産主義者」「他人の幸せが許せない」「リーダー」「自然をこよなく愛する」「ブロガー」「フロリダ在住」「父親」「ライター」「不真面目なキリスト教徒」「影を追いかけるプロ」「ポップカルチャーの大家」「海神の娘」「風の姉妹」。彼らに共通点はないが、目の前に標的とハッシュタグがあって、頭に血がのぼっていた。ジャスティンは翌日、仕事を失った。バズフィードはページのトップに彼女の顔写真を掲載し、「LOL（笑い者）」と大きく上書きした。

ソーシャルメディアの普及は、このような集合の力をとてつもなく増幅させる。サフィーヤは最初の投稿から24時間のあいだに、740万人の面前で罵倒された。「#ジャスティンはもう着陸したか」のハッシュタグを1日目で6200万人が目にした。[*2]

ハッシュタグを見た人（図9-1のグラフの黒いエリア）の全員が興味を持ち、実際のツイートを読んだわけではないが、誰もがある意味で目撃者となった。

サー・クワップ・クワップ @BeardedHistoria

ホームフィードの最初の20件が#ジャスティンはもう着陸したかで埋まっている。私は何か見逃したらしい。

図9-1

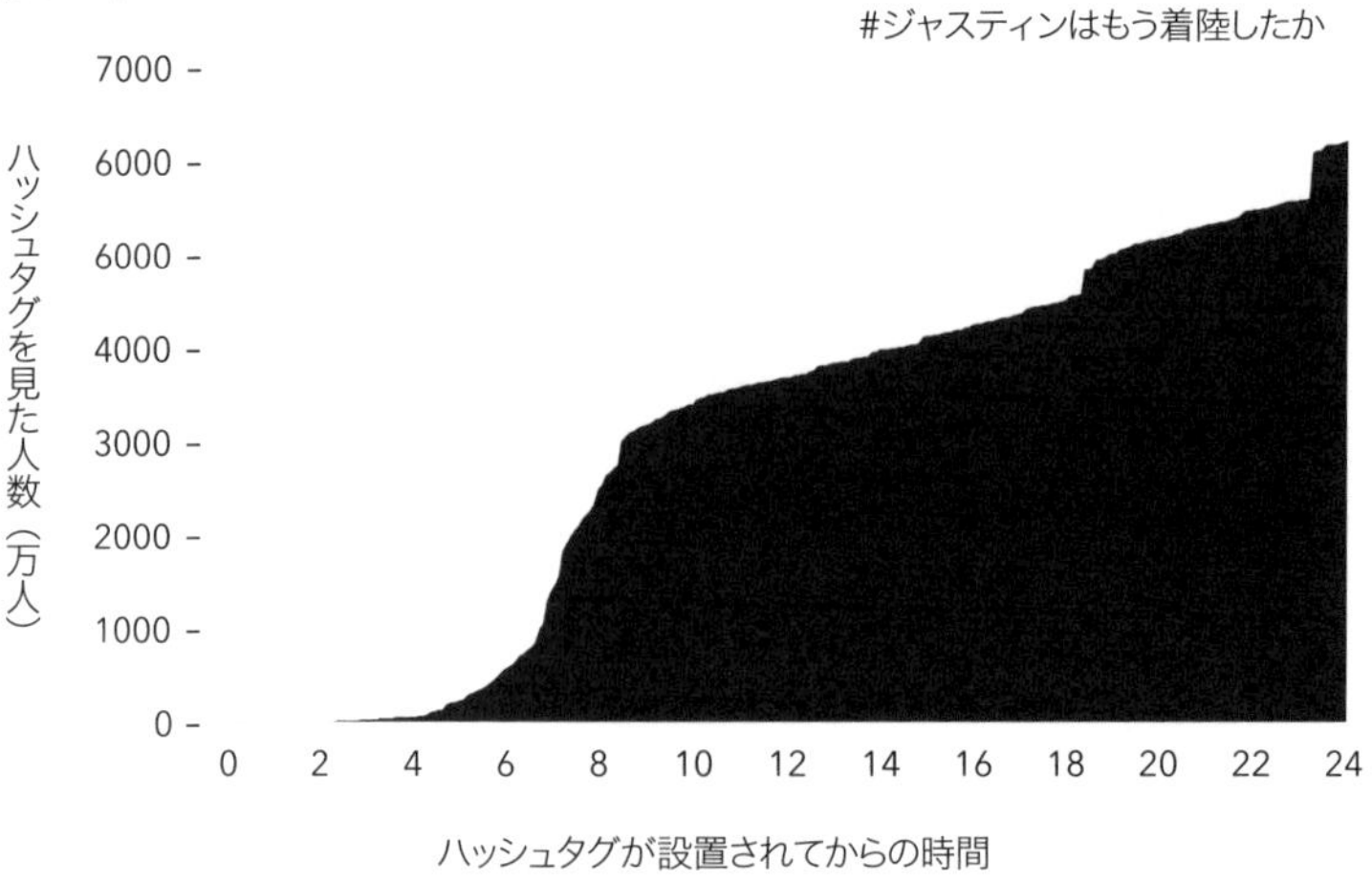

ツイートの悪霊だ。

［訳注　ホームフィードはツイッターのトップ画面］

インターネットにおける卑劣なヤツの作り方

これらのとてつもない数字は、ソーシャルメディアの恥ずべき一面だ。ソーシャルメディアの力を証明するだけでなく、その力がいかに虚しいものになりうるかを見せつけている。ジャスティンの一件でも、エイズと人種差別、そして植民地支配以降のアフリカの根深い屈辱的な貧困は大きすぎる問題で、非難のツイッターではけっして解決できない。

生贄をささげたのは野蛮な時代の話で、いまは映画の中の神殿で見るだけだと思うかもしれない。しかし、その本能は私たちの奥深くに残っていて、野性の衝動を燃やし続けている。食べ物がなくなると、ライオンはわが子を殺し、魚は自分の卵を食べる。胎内に複数の命を宿した母体は、胎児を胎内に吸収して残りの胎児を守る。多くの命を救うために一人を犠牲にすることは、地球上に生命体が誕生してから続く慣習なのだろう。現代ではビットとバイトの世界で執り行われる儀式となり（幸い誰の手も血で染まることはないが、一部のツイートを見るかぎり、人々はソーシャルメディアの特徴というより欠陥と捉えているようだ）、おかげで徹底的に分析できるようになった。

社会科学者は、否定的な考えがなぜ、どのように広まるのかを解明するために多大な努力を費やし、インターネットは彼らに無制限の研究資料と強力な追跡メカニズムを与えている。海洋生物学者は野生のサメ

に タグを付け、その動きを解明して人間に対する脅威を小さくしようとしている。[*3] そして、言葉は牙を持つ。この章で挙げた三つの例は、厳密には噂話やゴシップではないが、激怒した群衆がたどった経緯は同じ部分も多い。サフィーヤ、ナターシャ、ジャスティンのような経験を理解するためには、噂の科学的な背景が役に立つだろう。

噂については、最古の文書にも記録がある。スカンジナビアやエジプト、ギリシャなど古代文明の神殿には陰口を操る神がいた。いくつかの文献によると、古代ローマ人は「ルモール」［訳注　Rumor＝噂］という神を崇めていた。百の目と百の口を持つ翼の付いた悪魔で、真実の最も辛辣な部分だけを語ったという。

進化生物学者は、噂とゴシップは、私たちの祖先が言葉を通じて環境を理解するために生まれたと考える。あることが事実かどうかを判断しなければならないとき、祖先は言葉で語りながら周囲に真相を確かめた。その言葉は虚実ないまぜになって広まった。噂とは、ある考えの真偽を集団で憶測することでもある。噂は社会の結び付きを育み、社会資本を築いた。物語は、それを共有する人々の地位を築いた。重要な人に関する情報はとくに、それ自体が力を持った。

しかし、ソーシャルメディアの時代が到来して、その図式が変わりつつある。まず、フォロワーやリツイート、お気に入りの数など、噂に関する地位を測る基準ができた。いち早くニュースを広めれば、より多くのリツイートを獲得する。とびきり痛烈な発言をすれば、フォロワーに称賛される。あなたの目の前で少しずつ数字が増えていく小さなカウンターは、情報の共有が築く社会資本だ。ジャーナリストのジェシー・シンガルはボストン・グローブ紙で、人づてに噂を広める動機について論じている。その中でツイッターに関する指摘はとくにわかりやすいだろう――「噂を広めることに意味があるとしたら、肝心なのは噂の対象者というより、誰に噂を広めるかだ」。インターネットにはかつてないほど多くの聴衆が待ち構えている。

ソーシャルメディアがもたらしたもう一つの変化は、あらゆる人を公人にしたことだ。かつては村の長が社会的に高い地位にあり、地元の名士や大統領が公人中の公人とされてきたが、現代ではテクノロジーの大鎌が社会を平らにならす。誰でも一晩で有名になれるということは、一晩でのけ者にもなるということだ。インターネットの伝道者が喧伝する決まり文句の中で私がいちばん気に入らないのは、テクノロジーが人々に「力を与える」という主張だ。力を手にするのは結局、そう語っている本人と取り巻きたちだ。しかし、決まり文句にも真実は含まれる。ソーシャルメディアはすべての人に力を振りかざすツールを与えるのだ。ルモールの悪魔は、いまや100万個の口を持つ。

インターネットをコミュニケーションの有益なツールにしている特徴——非同時性、匿名性、現実逃避、中央権力の欠如——の大半は、インターネットを恐ろしいものにもする。自分がやりたいように振る舞い、言いたいことを言い放題で、責任は取らない。ライダー大学の心理学者ジョン・スラーは、これを「オンライン脱抑制効果」と名付けた。ウェブコミック・シリーズの『ペニー・アーケード』はもう少しわかりやすく解説している。

インターネットにおける卑劣なヤツの作り方

普通の人間+匿名性+聴衆=とことん卑劣なヤツ

ただし、無責任で辛辣な言葉や匿名性は、目新しいことではない。掲示板などで「釣り」と呼ばれる行為も、インターネットがもたらした革命ではない。大型トラックの運転手が使っていた市民ラジオ（CB無線）は、人種差別的な罵倒やマスターベーションの話が飛び交うことで悪名高かった。[*4] 発信者のIDを名乗ることが義務付けられるまで何十年間も、匿名の愚かな男たちが卑劣な発言を繰り返していた。アマチュア無線の世界では、現代でも激しい非難の応酬が繰り広げられる（もっとも、二一世紀にアマチュア無線をやっているというだけで、別の意味で「炎上ネタ」になれそうだが）。

それはさておき、否定的なコミュニケーションの歴史は長いが、インターネットのおかげでようやく建設的な反論ができるようになった。第7章でタンブラーが痩せすぎを助長する投稿を制限したことを紹介したが、無責任な中傷や激しい攻撃の流れを、同じように修正することもできるだろう。ネット上のやり取りは、発言者や言葉、発言した日時、さらには位置情報も特定できる。先述のとおり、ツイッターのユーザーが2015年につぶやく単語数は、有史以来に印刷された単語をすべて合わせたより多い。問題は、とりとめのないおしゃべりをどのように制御するかだ。

ネットの思考の流れを追跡する人々

否定的なコミュニケーションの追跡に関して、アメリカ政府は大きな権限を持っている。武力紛争の結果を予測する――紛争はどのくらい続くか、誰が勝つか、死者は何人か――数学的モデルはすでに存在し、最新のモデルはゲリラ闘争にも対応できる。しかし多くの場合、武装した反体制派が登場する前に、武器を持たない社会運動が起きる。[*5] 新しい社会運動の多くはデジタル化が進み、研究者の注目を集めている。

マサチューセッツ工科大学（ＭＩＴ）のピーター・グロアーは欧米の市民運動をもとに、参加者のネットワークと感情の満ち干を可視化するソフトウエア「コンドル」を開発した。コンドルは自由を象徴する鳥だ。このソフトはまず、運動のソーシャルグラフ——私たち夫婦の人間関係を点（ノード）と線（エッジ）で描いたものにかなり似ている——を分析して、中心人物のグループを特定する。続いて、彼ら一人ひとりの発言に注目する。ネットワークの中心が肯定的な言葉を選んでいる間は、運動は活気にあふれている。しかし、"hate"（嫌い）、"not"（違う）、"lame"（無能）、"never"（絶対にない）など否定的な言葉が増えてくると勢いを失い、エコノミスト誌が言う「自分たちの運動のばかばかしさに対する不満や、デモの参加者がビールを万引きするなどの不適切な行為」が現れ始めると、運動の終焉は近い。ウォール街占拠から始まった「オキュパイ運動」を覚えているだろう。

社会不安の目的を解析する手法は、イスラエルの国境紛争で最も動揺しているエジプトの町や、干ばつが続く奥地で水不足が深刻な地域を特定する際に使われるテキスト分析に似ている。テクノロジーを使った諜報活動ではなく、大義のある情報分析だ。

ネットワークの思考の流れを追跡するソフトウエアは、人々の考えだけでなく「影響されやすさ」も考慮する必要がある。どのような考えが主流になり、何が広まって、誰が先導しているのかを確認するのだ。ＡＯＬやツイッターが登場するはるか昔から、テレビやラジオは議論の「テーマ」を簡潔なフレーズで表現して印象付け、私たちは他人の考えを自分の考えのように語っていた。フェイスブックの「いいね」やPing［訳注　iTunesで曲やアルバムにコメントする機能］、リブログ［訳注　タンブラーなどのブログサービスでほかの投稿を引用する機能］、リツイートは、誰かの考えをいとも簡単に繰り返すことができる。ツイッターに投稿される1日5億件のつぶやきのうち、27・5%がリツイートされるのだ。[*6] 人々は誰かの考えを右から左へと流していく。

フェイスブックのデータ分析チームは、この現象を独自の手法で検証した。2009年にアメリカで話題になった医療保険改革(オバマケア)について、ある立場を表明する発言が、ネットワークの中でどのように進化するかを追跡したのだ。

> 治療を受けるカネがないために死ぬ人がいてはいけない、病気になったから破産する人がいてはいけない。賛同する人は今日一日、この投稿を自分の意見として掲示してください。

データ分析チームが用意したこの投稿は、一字一句変えられずに47万回転載された。さらに、修正版が12万1605件生まれ、延べ約80万回以上、転載された。修正版を見て自分の考えと少し違うと思った人はさらに修正し、多様なバージョンがソーシャルな交流の枠を越えて広がった。これらの投稿について政治的な偏向を数値化すると(最もリベラルがマイナス2・0、最も保守的がプラス2・0)、アメリカ人の政治的指向の興味深い分布だけでなく、政治信条がど

|図9-2|

	政治的偏向度	
治療を受けるカネがないために死ぬ人がいてはいけない…	-0.87	リベラル
ジャバ・ザ・ハットにカネを払えないために炭素冷凍される人がいてはいけない…	-0.37	
ショットガンを買えないためにゾンビに殺される人がいてはいけない…	-0.30	
明日死ぬことを心配するべき人はいないが、癌患者は…	-0.02	
ビールを買えないためにビールを飲めない人がいてはいけない…	+0.22	
政府が医療保険に手を出したために死ぬ人がいてはいけない…	+0.88	
オバマケアに治療を制限されたために死ぬ人がいてはいけない…	+0.96	
政府が税金を徴収して無駄遣いするために死ぬ人がいてはいけない…	+0.97	保守的

のように言葉で表現されるのかもわかる。図9-2のいちばん上といちばん下は、矛盾する内容を同じ構図で語っている。

私たちは、いつ、どのくらい残酷になれるのかを知らない

1950年、アメリカのテレビ全盛期が幕を開けた頃、アメリカ政治学会は世論調査の結果がもっと両極に分かれなければならないと主張した。共和党と民主党の違いが薄まり、有権者にとって明確な選択肢がないと考えたのだ。政治学会の望みはかなえられたが、ランプの精霊のおとぎ話のように、多くの後悔も生んだ。あれから60年余り、アメリカの社会は党派対立がかつてないほど深まっている。そのことは言葉を追跡すればわかる。議会でも活字でも党派的な発言が繰り返される現象は、政治の膠着状態と連動しているのだ。私たちの政治的見解が分裂しているという事実は、私たちが同意できる唯一のことかもしれない。

この矛盾を私があらためて噛みしめたのは、ジャスティンのツイートをめぐる騒動の後にフェイスブックにアクセスしたときだ。私は自分の投稿に、ブレイトバート・ドットコムというサイトの記事のリンク先を掲載した。ティーパーティーの扇動者、アンドリュー・ブレイトバートの有名なサイトだ。彼の記事の多くは残念な内容だが、ジャスティンの騒動は過剰反応だと指摘した数少ない人物でもあった。私は以前から、無批判な怒りは政治右派の悪習だと思っていた。滑稽なクリスマス論争〔訳注　クリスマスは宗教色の濃い行事なので、公共の場ではとくに「メリークリスマス」ではなく「ハッピー・ホリデー」を使うべきだという主張〕や、オバマが「国民から銃を取り上げげた」という思い込みについて聞くたびに、こんな言い分を支持するなんて愚かな人たちだ、極端

すぎる話しかできないのかとあきれていた。しかし、ツイッターの事件を通して、「左派」も独善的な無知を振りかざすのだと知った。私にとって目を開かされた経験であり、最初から決めつけていた自分を恥じた。

このように、人々の怒りが生んだデータはきわめて重要な意味を持つ。怒りは、誰もが生まれながらに持っている矛盾を体現する（だからこそ、私たちは怒りを研究せずいられない）。最も反撃できそうにない相手を最も激しく攻撃し、何よりも、他人を引きずり下ろすことによって自分が上に立ちたいという欲望の隠れみのになる。ガンジーは言った——「同胞の屈辱を自分の名誉に感じるのはなぜか、私はいつも不思議でならない」

不思議でなくなる日は近いと思いたい。人間が残酷であるという事実だけでなく、どんなときに、なぜ、どのくらい残酷になれるのかを理解したとき、私たちはその先に進めるのだろう。私たちはなぜ、黒人政治家が当選すると"nigger joke"と検索し、「#痩せている」のハッシュタグに興味をそそられて、目が落ちくぼみ肉がそぎ落とされた画像をのぞき、地球の本当の年齢をめぐって罵倒し合うのか。私たちはなぜ、自分が好きなもので自分を定義するように、自分が嫌いなもので自分を定義するのだろうか。

What Makes Us Who We Are

PART 3

自分らしさは どこにある？

Chapter 10 アジア人にしては背が高い

大学に出願書類を提出した際、私は自分についてエッセーを書いた。読者の多くもきっと書いただろう。募集要項でどのようなエッセーを書きなさいと指示されていたかは、覚えていない。私はエッセーを通してクリスチャン・ラダーという人間を説明し、入学審査の担当者は私のエッセーが気に入ったかどうかを判断する。近年は、コモン・アプリケーション［訳注　オンラインで複数の大学に出願できる共通願書］にこんなふうに書かれている――「自分に関するエッセーは、あなたを一人の人間として知ってもらうために役立ちます」。

そのような状況でも、私はメロドラマの主人公になって酔うタイプだ。大学に進学したら愛犬と離ればなれになるのが悲しい、というテーマでエッセーを書いた。フロスティとは私が6歳のときから一緒に育った。犬の年齢は人間とは違い、あっという間に年を取る。私の家族は引っ越しを繰り返したから、フロスティは私の子ども時代を一つに結び付ける最後の砦だった。野球チームのクラブハウスも、近所のプールも、友人も、住む町が変わると変わり、ヒューストン、クリーブランド、ルイービルと各地を転々としたが、フロスティはずっと一緒だった。しかし、次に自分が引っ越すときは、一人だけで行かなければならないとわかっていた。

M・C・エッシャーのだまし絵のTシャツ（特大サイズだった）を愛用していた私は、哀愁に身を委ね、エッセーを添えて大学に願書を提出した。以来、自分について書く機会はあまりなかったが、ビッグデータを通じて人間を理解する仕事に携わる身として、17歳の自分を振り返り、なぜあのようなエッセーを書いたのだろうと考えずにはいられない。なぜフロスティについて、年を取ることについて書いたのか。バスケットボールや野球の話でもよかったはずだ。17歳の私は、テニスやローティッセリー・ベースボール［訳注 実在の選手やチームを使ったシミュレーションゲーム］や、いろいろなことに興味があったはずだ。「あなたはどのような人ですか？」というお題に、どうして私はあのように答えたのだろう。それ以上に知りたいのは、ほかの学生がどのように答えたのかということだ。

あれから20年。私は「あなたはどんな人ですか？」という問いに答えるために書かれた数百万篇のエッセーを手にしている。この膨大なテキスト——単語数は数十億語にのぼる——を使えば、大学入試のプロセスを逆からたどることができる。一つひとつのエッセーが理想の答え（すなわち「大学進学に適したもの」）と一致するかどうかを検証するのではなく、すべてのエッセーを合わせた中から理想の姿が浮かび上がるのだ。堅牢なデータセットがあり、分析の条件を正しく設定すれば、質問する必要さえない。データがすべてを語る。人は自分をどのように説明するのか。定型的な表現と、非定型的な表現はどのようなものか。自分という人間を言葉で説明しようとするとき、人はどのようなアイデンティティを表現しようとするのか。

この章では、黒人や白人、アジア人、女性、男性など、さまざまなグループを検証する。あるグループを分析する際に問題となるのは、個人的な先入観や推測が必ず入ることだ。社会科学において、知識は水と同じように、器の形になりやすい。データベースにあるすべての自己紹介をもとに、それを書いた人のイメージを描くためには——民族性や性別、考え方の輪郭を描くためには——「私たち」の主観的な要素を排除して、「彼ら」だけを抽出するアルゴリズムが必要になる。

自己紹介のテキスト分析

Ｏｋキューピッドのユーザーが書く自己紹介のエッセーは、サイトの文例を参考に、自分を簡潔に説明したものだ。

「私という人間は……」
「私がとても得意なことは……」
「私について人から真っ先に言われることは……」
「私がいつも考えていることは……」

自分をよく見せようとする点は、大学に出願するエッセーと似ている。受験生と似たような不安を抱えながら、エッセーに取り組む人々が目に浮かぶ。長さに制限はなく、書き出しのパターン以外のガイドラインもない。Ｏｋキューピッドに集まった自己紹介は、累計32億語。ほかの巨大なテキストデータの塊——たとえば、グーグル・ブックス——と違って、すべての単語に、書いた人の年齢や居住地域、人種など、人口統計学的な背景がある。ただし、たとえば「アジア人女性」のグループを膨大なテキストから抽出する際は、どのような人がどのような単語を最も多く使うかを数えればいいわけではない。単語が使われる回数を純粋に数えると、1位が"the" 2位が"of" 3位が"and" 4位が"…"と続く。基本的に、第3章で紹介したオックスフォード・イングリッシュ・コーパス（OEC）の上位100語と同じだ。アジア人女性も白人男性も、英語を話す人は、自分のことを語る際に同じ代名詞や冠詞、前置詞を使う。したがって、あるグループだけに見られる「特別な」傾向[*1]を探すためには、テキストを整理する

図10-1

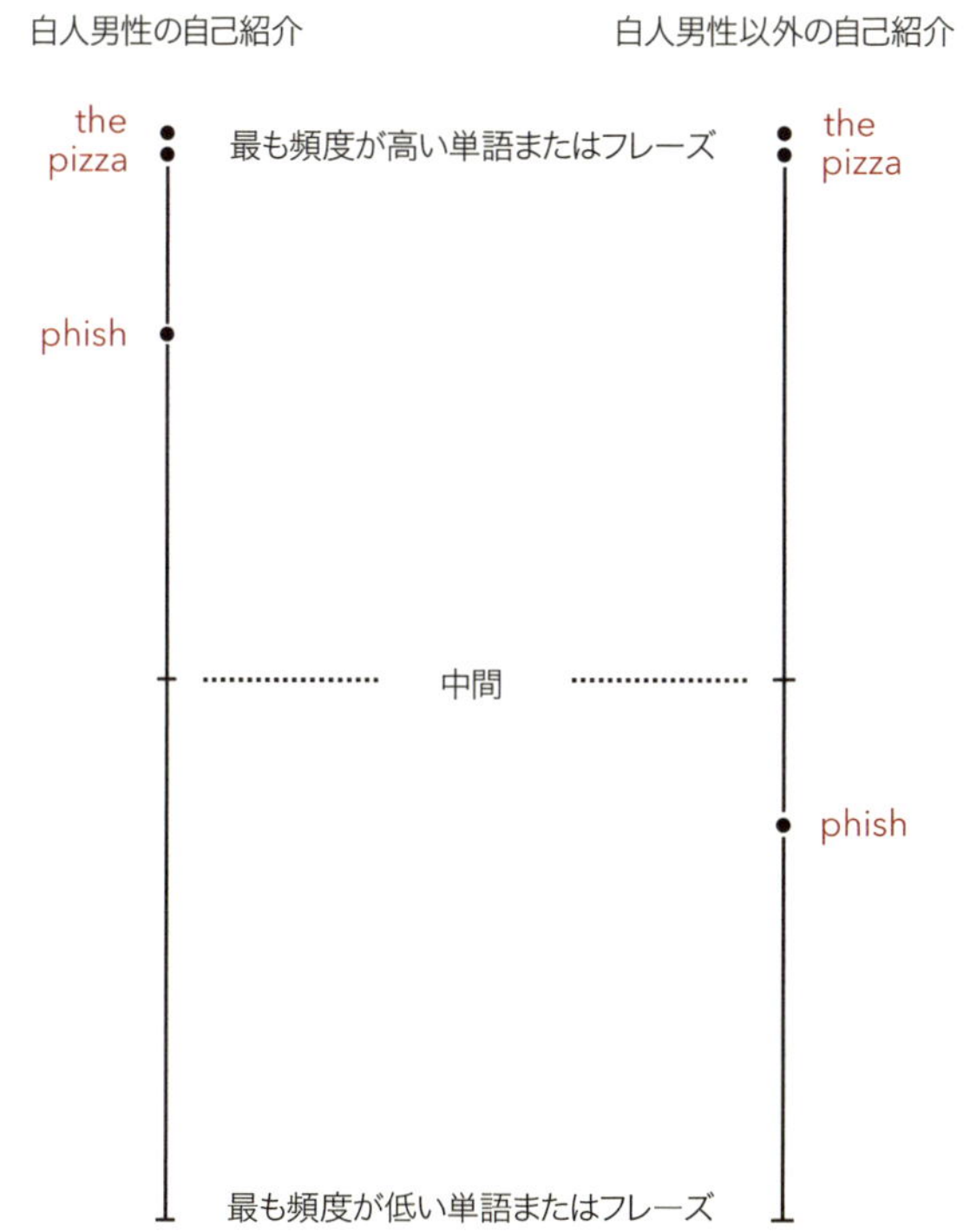

手法を少々工夫する必要がある。

実例として、白人男性の場合を見ていこう（白人男性を選んだのは、私がいちばん理解できるグループだからだ）。最初に、白人男性が書いた自己紹介だけを抽出する。続いて、「白人男性」と「それ以外の人」という二つのデータセットについて、単語（とフレーズ）が使われる頻度のリストを作成する。全体で延べ約36万個のうち、例として三つの単語――"the""pizza""phish"（バンドの名前だ）――の順位（頻度のランキング）を比較すると、図10-1のようになる。

少々誤解を招きやすいグラフなので、単語の数が少ないうちに説明しよう。なお、"phish"はひとまずわきに置いておく。彼らの音楽が若者に多くの誤解を与えたかどうかは別の話だ。グラフを見ると、"pizza"と"the"が使われる回数はほぼ同じだ。ピザは食べ物の王様であり、"the"は間違いなく英語で最もよく使われる単語だ。私たちのデータでは、"the"は当然ながら1位だが、"pizza"もすぐ後の上から3番目に位置している。意外な結果に、データか分析手法のどちらかが間違っている気もするが、単語が使われる頻度のランキングは正しい。これは、私たちが同じ言葉を繰り返し使うという奇妙な特性によるものだ。つまり、私たちが書く文章の大半は、ランキング上位のごく少数の言葉だけで構成される。裏を返せば、単語が使われる回数は、ランキングの最上位グループから少し離れただけで一気に減る。

自己紹介に使われる言葉の人気度は、ジップの法則に従う

このような単語の人気（頻度の順位）と実際に使われる回数の関係は、「ジップの法則」*2に従う。言語の使

われ方の特徴は、多くの数学と同じように、奇跡と偶然の間にある。すなわち、大量のテキストにおいて、単語が使われる頻度の順位（1位が最上位）と使われる回数を掛けた値は、すべての単語で同じになる。実に上品な（ジップの法則に基づく）関係だ。

順位×回数＝一定

ジップの法則は、聖書や60年代のポップソングの歌詞、英語の著作の標準的な語彙集（オクスフォード・イングリッシュ・コーパス）にも、そして自己紹介文にもあてはまる。**図10－2**のとおり、ジェイムズ・ジョイスの小説『ユリシーズ』のようにかなり特異なテキストにもあてはまる。

順位と回数が一定の関係にあることは、言語の特徴であると同時に、人間の思考の特徴でもある。図10－2を見てわかるとおり、"Ireland"（アイルランド）、"Zurich"（チューリッヒ）など任意の固有名詞や、"'s"のような表記にも同じようにあてはまるのだ。

ジップの法則が、都市の大きさと所得分布の関係などさまざまな社会構造にもあてはまることは、この法則と人間の経験との深い結び

|図10-2|

単語	順位	使われている回数	順位×回数
's	10	2,826	28,260
is	20	1,435	28,700
what	30	975	29,250
has	100	289	28,900
wife	200	140	28,000
Ireland	300	90	27,000
college	1,000	26	26,000
morn	5,000	5	25,000
builder	10,000	2	20,000
Zurich	29,055	1	29,055

付きを物語る。私たちが日常的に使う言葉の大半は、限られた語彙を繰り返しているため、単語が使われる回数は順位が下がるにつれて急激に減る。Ｏｋキューピッドのデータでも、"the"はほぼすべての人の自己紹介に登場するが、"pizza"は14人に１人。"phish"は、白人男性の自己紹介における順位は上位20％だが、使われる回数は２００人に１人以下だ。

順位と回数の関係がわかったところで、次は順位の特性を利用して自己紹介のテキストを分析する。**図10－3**は、図10－1を縦軸と横軸のグラフで表したものだ。例としてわかりやす

|図10-3|

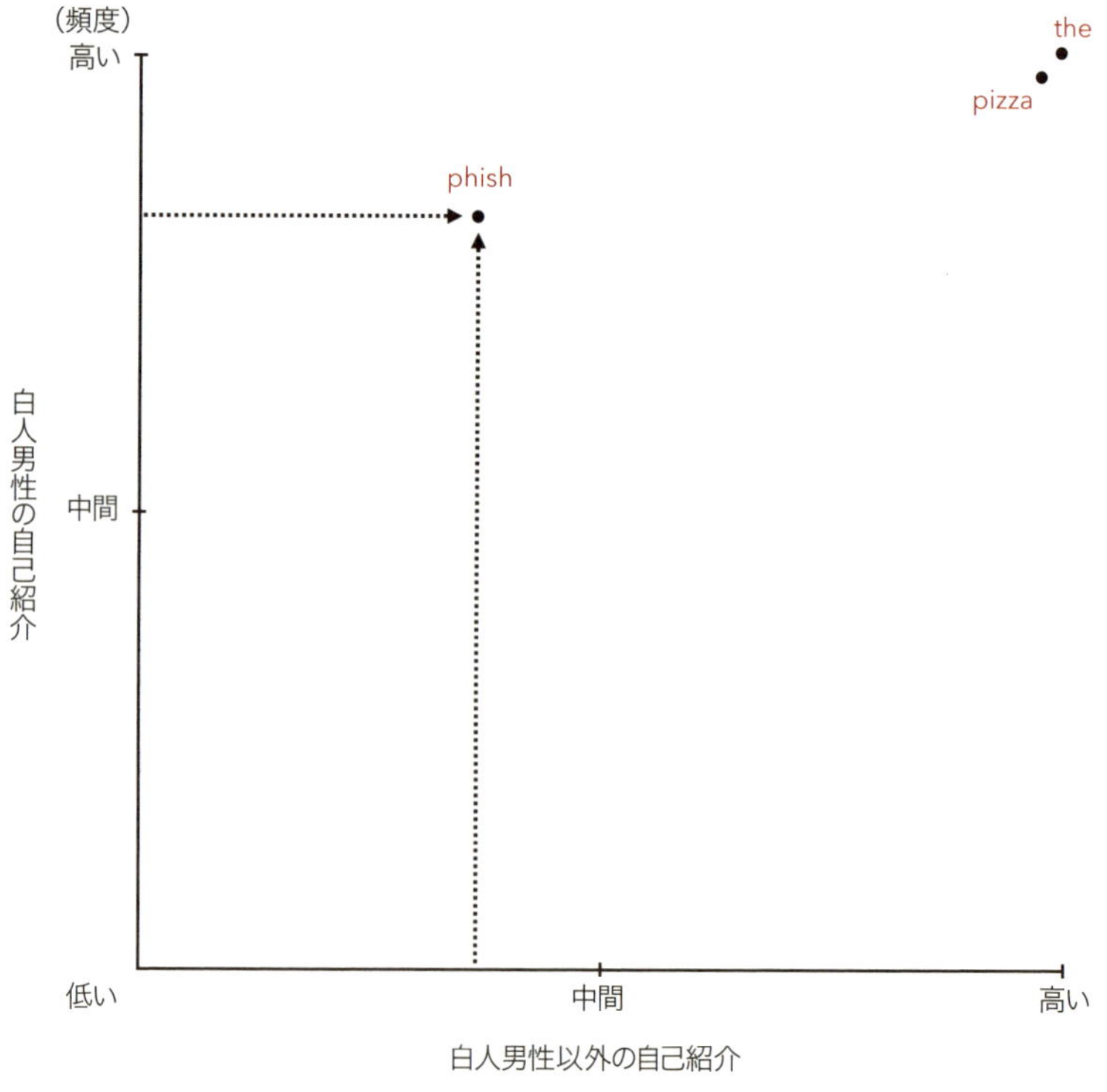

いように、"phish"がそれぞれの軸でどの順位にいるかを点線で示している。

グラフ上の単語の位置には二つの意味がある。すなわち、上に行くほど白人男性が使う頻度が高く、右に行くほど白人男性以外の人が使う頻度が高い。もう少し単語の数を増やすとわかりやすいだろう。

図10－4のグラフで斜めの点線の近くにある単語は、白人男性もそれ以外の人も同じ頻度で使う。右斜め上に行くほど、普遍的に頻度が高くなる。ただし、私たちが求めているのは普遍性ではない。あるグループ――ここでは白人男性――の

図10-4

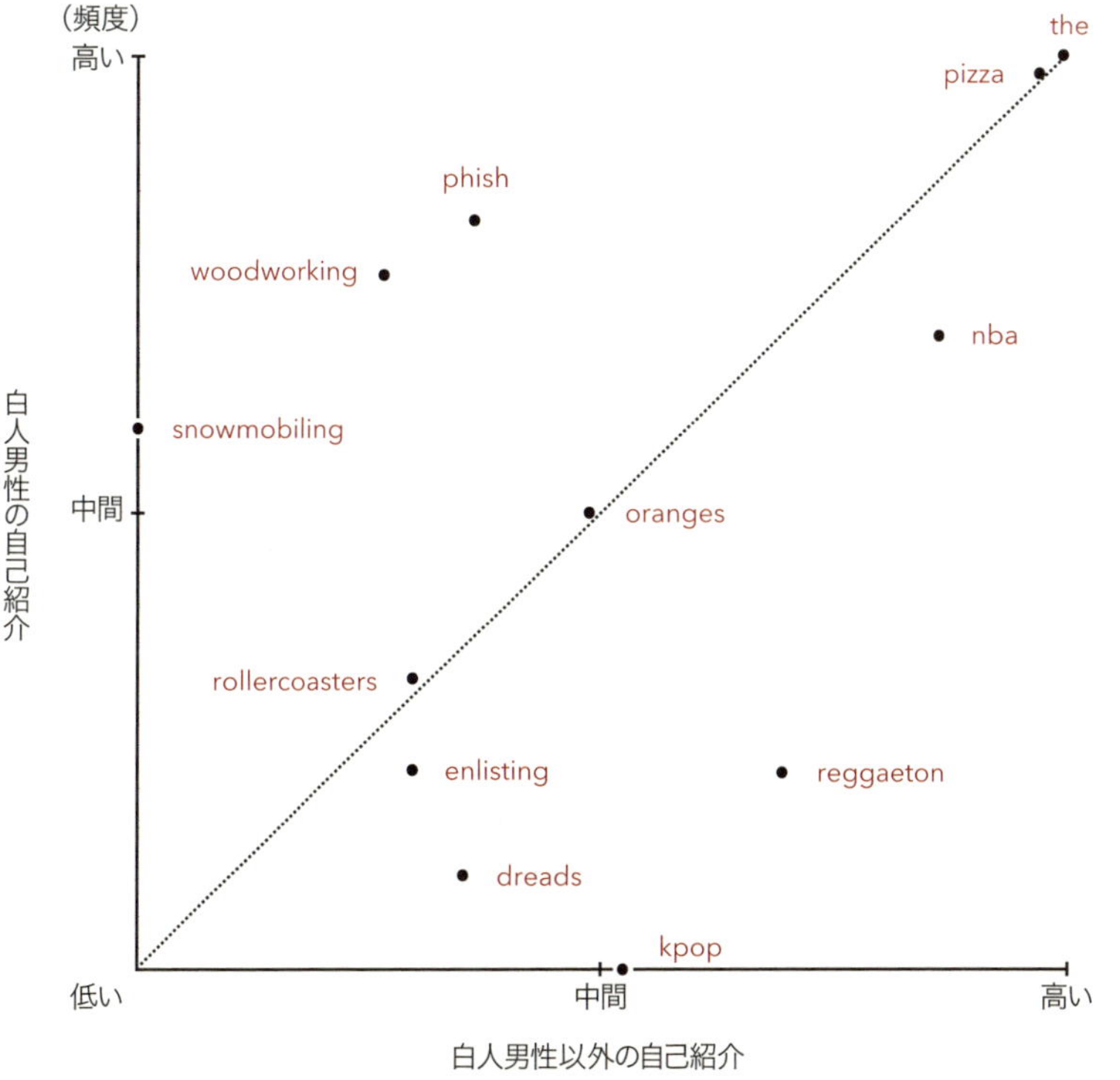

特徴を知りたいのだ。そこで、グラフの左上に注目しよう。左上に行くほど、白人男性は頻繁に使うが、それ以外の人はあまり使わない言葉になる。左上の隅に近いほど、白人男性「だけ」を象徴する単語と言える。縦軸のいちばん上に位置する単語があるとしたら、すべての白人男性の自己紹介に使われていて、かつ白人男性以外の自己紹介にはいっさい登場しないことになる。白人男性の究極のアイデンティティを表していると言えるだろう。この枠組みで考えるとき、左上の隅からどのくらい離れているかということがデータに意味を与え、人が自分をどのように表現するかを理解する手助けとなる。

すべてのデータセットには独特の傾向があるため、分析のツールを新しく作ることも多い。その場合、新しいメソッドを一般的な結果と照らし合わせて確認すると望ましい。新しい船を造る際は、海に出たら起きることを想定して、船底に穴が空いているかどうかをなるべく岸に近いところで確認する。図10－4で、"Kpop"（韓国のポピュラー音楽）と"dreads"（ドレッド）が左上、すなわち私の分析における白人男性らしさのエリアにあるとしたら、データも分析の手法もがらくた同然というわけだ。しかし、グラフを見てわかるとおり、うまく機能しているようだ。

アジア人はどうして『ノルウェイの森』が好きなのか？

自己紹介のデータセットに含まれるすべての単語とフレーズをグラフにすると、図10－5のようになる。左上の丸で囲んだ点は、"my blue eyes"（私の青い目）。最も白人男性らしい自己表現だ。白人男性らしさを定義する単語やフレーズの一覧表を作る際は、この左上の点から少しずつ離れていけばいい。たとえば、左上の点から近い順に30個は、典型的な白人男性を表す30個の言葉となる。幾何学が私たちの決まり文句を浮き彫りにする。

白人男性だけでなく、データセットのすべてのグループについて同じ分析を行ったところ、それぞれのグループの特徴を表す語彙のリストができた。性別、民族、性的指向によってグループを分けると、図10－5と同じようなグラフが2×4×3で24通りできる。そのすべてが、左下から右上に向かって先細りになる同じ形状を描く。すなわち、グラフの右上にある単語やフ

|図10-5|

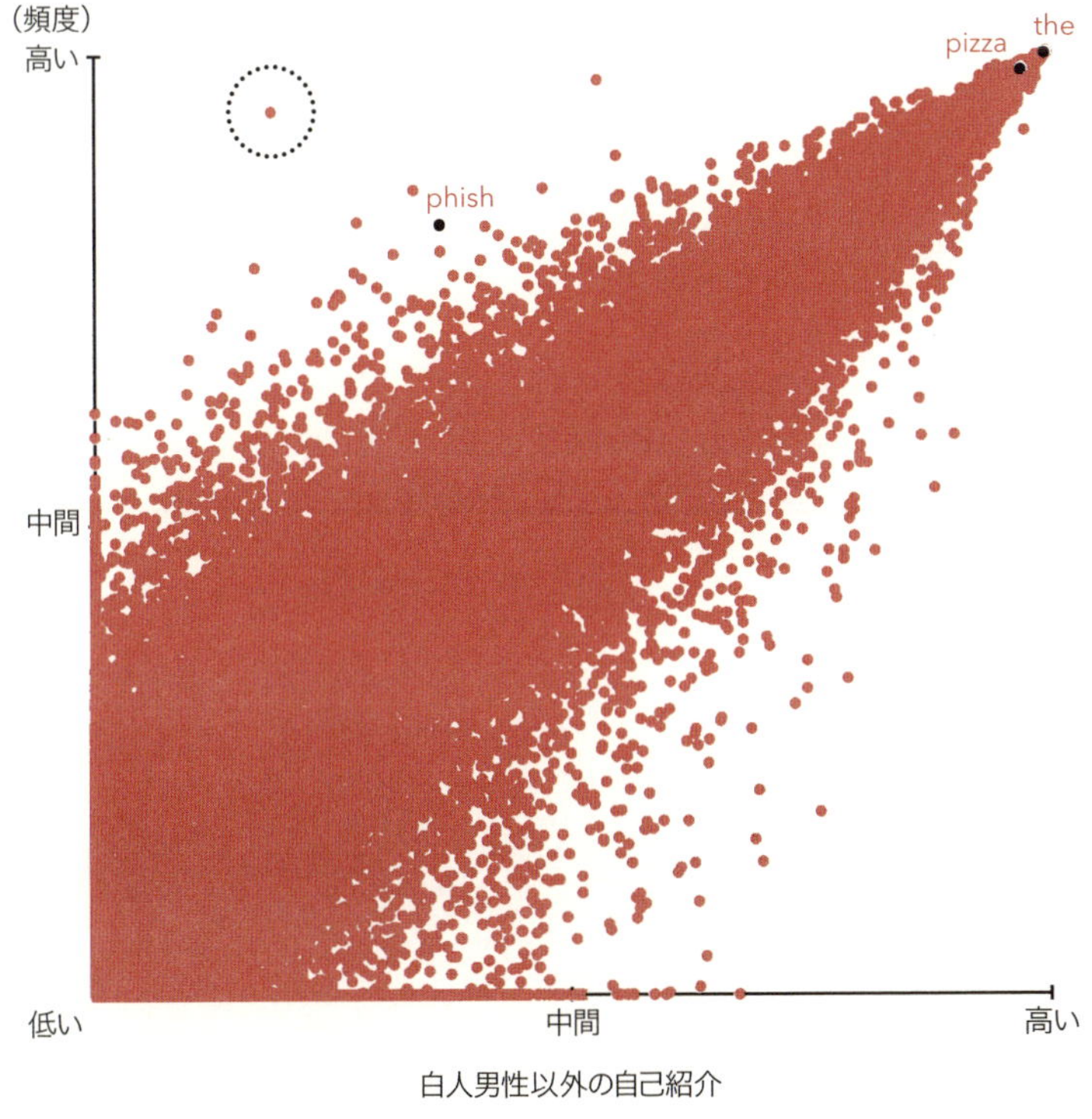

|図10-6|
頻度の高い単語

白人男性	黒人男性	アジア人男性	ラテン系
my blue eyes	dreads	tall for an asian	colombian
blonde hair	jill scott	asians	salsa merengue
ween	haitian	taiwanese	cumbia
brown hair	soca	taiwan	una
hunting and fishing	neo soul	cantonese	merengue bachata
allman brothers	jamie foxx	infernal affairs	mana
woodworking	zane	seoul	banda
campfire	paid in full	infernal	puertorican
redneck	nigga	shanghai	colombia
dropkick murphys	luther vandross	boba	gusta
they might be giants	coldest winter	kbbq	puerto rican
brewing beer	tyler perry	kpop	tejano
robert heinlein	swagg	badminton	corridos
tom robbins	jerome	kimchi	bachata merengue
townes	dreadlocks	chungking express	hector
old crow medicine show	spike lee	chou	espa
mystery science theater	holla at me	viet	por
skis	menace to society	jiro	salsa bachata
sailboat	brotha	dash berlin	aventura
around a fire	shottas	ucsd	english and spanish
caddyshack	boomerang	beijing	musica
blond hair	nigerian	hk	espa ol
bill bryson	heartbeats	norwegian wood	como
wheelers	anthony hamilton	jiro dreams of sushi	fiu
pogues	gud	lin	pero
barenaked ladies	wayans	philippines	soledad
mst3k	dickey	noodle soup	espanol
truckers	isley	malaysian	amor
jethro tull	interracial	for my next meal	muy
canoe	nigeria	gangnam style	reggaeton

レーズほど、普遍性を表す斜線に近づく。性別・民族・性的指向のグループに関係なく、自分について最も大切だと思うことは共通しているのだ。共通しないこと、すなわちそれぞれのグループの特徴は、男女別に四つのリストのとおりだ。*3

図10-6は男性がよく使う言葉だ。白人男性以外の三つのリストには、私が聞いたこともないバンドや小説、映画の名前もあり、正直なところ、ウィキペディアで調べるまで何のことかわからなかった。これらのリストはOkキューピッドの会員が自由に語った言葉をそのまま掲載しているが、いくつか大きな傾向も見られる。たとえば、白人は主に髪と目で、アジア系は出身国で、ラテン系は音楽で、自分を差別化する。ただし、白人男性以外のリストは、白人男性である私には理解できない文化を表している。スパイク・リーも北京も上海も、もちろん言葉としては誰もが知っているが、これらのリストは「内側」からの視点を語っている。文化の「外側」にいる人々が、グーグル検索のオートコンプリート機能や、知識として調べただけでは選べない言葉だ。

「アジア人はどうして『ノルウェイの森』が好きなのか?」と疑問をもつことは、固定観念のせいではない。アジア系以外の人は村上春樹の小説も映画もよく知らないからだ。私も最初はビートルズの曲のタイトルだろうと思った。この章を書く前に『ノルウェイの森』を観たかと聞かれたら、「当時はミュージックビデオを作っていなかったよ」と答えていただろう。このリストは、いわばそれぞれのグループの合い言葉だ。グーグル・トレンドで調べ、無数のハッシュタグを検索しても、推測だけでこのようなリストを作ることはできない。データの本質を見るために、予備知識なしで作成したアルゴリズムが必要な場合もある。

続いて、図10-7は女性がよく使う言葉のリストだ。基本的な発想は男性と似ているが、もう少し感傷的

|図10-7|

頻度の高い単語

白人女性	黒人女性	アジア人女性	ラテン系
my blue eyes	soca	taiwan	latina
red hair and	eric jerome dickey	tall for an asian	colombian
blonde hair and	haitian	philippines	una
love to be outside	imitation of life	taiwanese	cumbia
mudding	zane	beijing	banda
campfire	coldest winter ever	coz	tejano
four wheeling	nigerian	boba	merengue bachata
phish	interracial	filipina	gusta
hunting fishing	rb and gospel	cantonese	puertorican
campfires	five heartbeats	asians	colombia
green eyes and	anita baker	wong kar wai	mana
redneck	crooklyn	shanghai	vida
auburn	neosoul	seoul	bachata merengue
ride horses	octavia butler	macarons	amor
old crow medicine show	housewives of atlanta	viet	musica
grateful dead	luther vandross	kimchi	english and spanish
mountain goats	zora	for my next meal	espanol
love country music but	waiting to exhale	singapore	salsa merengue
gillian welch	anthony hamilton	malaysian	todo
country girl	chrisette	hk	por
christmas vacation	locs	malaysia	mariachi
bill bryson	outside my race	noodle soup	marc anthony
riding horses	kem	cambodian	espa ol
eric church	octavia	norwegian wood	novelas
barn	real housewives of atlanta	hong kong	como
allman	calypso	chungking express	pero
willie nelson	know why the caged	rachmaninoff	venezuela
harley	did i get married	southeast asia	soledad
brunette	spike lee	vienna	mas
flogging molly	braxton	mandarin	tacuba

図10-8

頻度の低い単語

白人男性	黒人男性	アジア人男性	ラテン系
slow jams	borges	sence	southern accent
trey songz	social distortion	layed	from the midwest
robin thicke	tallest man on earth	layed back	ann arbor
smh	gaslight anthem	sence of humor	midwestern
musiq	snorkeling	truck driver	gumbo
merengue	belle and sebastian	6'4	freakanomics
laker	xkcd	realy	equity
ig	diet coke	anything else you wanna	discworld
kevin hart	surfboard	like what u see	shanghai
raised in nyc	totoro	and my son	scallops
hip hop rap rb	magnetic fields	u like what u	slopes
kpop	gogol bordello	care of my kids	university of michigan
george lopez	dropkick murphys	makeing	assessment
neo soul	rebelution	welder	parentheses
rb and hip hop	peru	hunting fishing	snowboarder
neyo	horrible's sing along blog	care of my son	nyt
knw	wakeboarding	wanna know anything else	dominion
gud	herzog	else you wanna know	msu
follow me	my blue eyes	raising my son	ellipses
jordans	guitar and sing	ask and ill	maple
handball	dr horrible's sing along	comedys	nigerian
soulchild	coachella	dnt	kenya
ne yo	dr horrible's sing	woman who wants	john irving
bachata	yo la tengo	i'm a single father	over a decade
basketball	airborne toxic event	somthing	cheesesteaks
paid in full	yosemite	careing	wall street journal
mos def talib	feynman	writting	alternatively
mangas	coppola	and my daughter	mistborn
abt	wind up bird	haveing	weber
utada	kar	brown hair	gravitate toward

|図10-9|

頻度の低い単語

白人女性	黒人女性	アジア人女性	ラテン系
filipino	belle and sebastian	bbw	midwestern
neo soul	tanning	god my children	cincinnati
musiq	bruins	single mother of two	classically
slow jams	tahoe	grandson	kenya
rich dad poor dad	simon and garfunkel	god my daughter	neal
corinne bailey rae	magnetic fields	mother of three	shanghai
bailey rae	sf giants	human services	financial services
salsa bachata	flogging molly	degree in criminal justice	classically trained
aaliyah	head and the heart	single mom of two	southern belle
jpop	dodgers	notice my eyes and	cutting for stone
smh	wavy	wanna know just ask	in new england
salsa merengue	naked and famous	mexican and chinese	antarctica
nujabes	social distortion	they are my world	kavalier
48 laws of power	mountain biking	being the best mom	full disclosure
musiq soulchild	portugal. the man	raising my children	gravitate toward
neyo	camera obscura	a better life for	brussels
2ne1	rancid	associates degree in	toronto
esperanza	yo la tengo	curly hair and	march madness
mangas	paddle boarding	madea	cambridge
zane	armin	im a single mom	adventures of kavalier
n.e.r.d	santa cruz	mexican and italian food	creole
coldest winter ever	ecuador	i'm a country girl	meetup
mines	ccr	ellen hopkins	parentheses
ratchet	the dog park	people notice my eyes	arbor
aventura	bbqing	my name is ashley	curl up with a
malcolm x	origami	brittany	for my next meal
asians	handshake	at a daycare	singer songwriters
carne	gabriela	my family my cell	ann arbor
hw	line is it anyway	want a man that	raleigh
earphones	sunblock	me and my son	interpreter of maladies

かもしれない。

一連の分析をする過程で、これらのリストを作成するアルゴリズムに柔軟性があることに気がついた。逆方向から分析を行い、自己紹介で最も使わない言葉を抽出することもできるのだ。こちらのリストも、あえて使う言葉と同じくらい多くのことを物語る。図10－8が男性、図10－9が女性について、それぞれのグループはほとんど使わないが、ほかの三つのグループは頻繁に使う言葉のリストになっている。

私が最も意外だったのは、ラテン系の男性が「使わない言葉」だ。ヒスパニック系と白人のアイデンティティは、人口統計上は融合しやすく、近年は米国勢調査局も二つを識別する方法に頭を悩ませている。しかし、これらのリストの言葉に自分が「あてはまる」「あてはまらない」を選ばせれば、アイデンティティの違いが浮かび上がるのではないだろうか。また、「最もアジア人らしくない」のは、スペルミスのある言葉や、労働者階級の職業、シングルファーザーなど社会的地位が低いものを指す言葉が多い。「6・4」［訳注　天安門事件を指す］も、アジア人は自己紹介に使わない。

女性のリストも、男性のリストと同じようにさまざまな特徴を物語る。一つだけ、プロとして言わせてもらえば、「黒人女性が最も使わない言葉は？」と訊かれて“tanning”（日焼け）とはじき出すアルゴリズムは、適切に機能していると言えるだろう。

使う言葉から読み取れる男女の根本的な違いは？

この章は人種に関する話が中心だが、その理由は、前述のとおり人種を分析的手法で考察する機会がめったにないからだ。さらに、私のデータセットはタブーとされる問題を扱うのにうってつけだ。とはいえ、人間の最も重要なグループ分けは性別だ。最初の人間が地球に生まれ落ちた瞬間から永遠に存在する要素であり、それだけ長い歴史があるからこそ、性別による役割分担はあらゆる概念より普遍的で頑迷なのだろう。人種差別もかなり根深いゆえに見過ごしがちだが、人種という概念は、時代と場所の産物でもある。アイルランド人と東ヨーロッパ人は、1900年代まで「白人」と見なされていなかった。メキシコでは何世紀もの間、マヤ系先住民族とスペイン系の混血が主要な民族グループであり、政治的に敵対していた。しかしアメリカ出身の人にとって、彼らは基本的にどちらも「ヒスパニック」だ。それに対し、性別はあらゆる文化と時代に共通する人間の文化である。

Ｏｋキューピッドは、少なくとも本書で使っている分析の手法に関しては、男女の違いを追求する理想の場ではない。性別は、出会いサイトを利用するプロセスに組み込まれている。たとえば、（ストレートの）女性の自己紹介から読み取れる最も顕著な特徴は、男性の交際相手を探していることだ。性別と自己紹介は切り離せないため、つねに同じ結論になる。性別による違いを分析するために理想的なデータは、その人が男性か女性かには基本的に関係のないフィールドで収集されるものだ。そこで、中立的なフィールドとしてツイッターに注目した。図10-10は、Ｏｋキューピッドの自己紹介の分析と同じ手法で、ツイッターから男女がそれぞれ最もよく使う言葉のリストを作成した。

このリストに凝縮された男女の姿を想像すると、悲しくなるかもしれない。しかし、これはそれぞれのグループの特徴を見つけ、共通しない要素を抽出するための手法だ。これが「数学的なアメリカの男性」なのだ。リストには男女の違いを強調する言葉が並んでいるが、基本的な語彙（“pizza”“the”など）は共通して使わ

|図10-10|

頻度の高い単語（ツイッター）

男性	女性
good bro	my nails done
ps4	my sissy
james harden	mani pedi
mark sanchez	my makeup
my beard	my purse
cp3	girls night
in 2k	my hair for
bynum	prom dress
the squad	girls day
bro we	retail therapy
manziel	thanks girl
in nba	my future husband
year deal	to dye
iverson	dress shopping
yeah bro	too girl
kyrie	happy girl
hoopin	bobby pins
free agent	wanelo
tim duncan	my boyfriend and
scorer	my belly button
offseason	my roomie
hof	girlies
xbox one	dying my
david stern	cute texts
yds	girl crush
fantasy team	my boyfriends
gameplay	eyebrows done
gasol	curl my
lbj	my hubby
bro u	us girls

れている。実際、心理学者の間では、男と女は根本的にきわめて似ているという考え方が広まっている。ロチェスター大学の研究者たちは最近の論文で、「男は~~火星~~地球から、女は~~金星~~地球から」来たと結論づけている「訳注　論文のタイトルは、男女の違いから恋愛論を説いた『ベスト・パートナーになるために：男は火星から、女は金星からやってきた』（ジョン・グレイ著　三笠書房）をもじっている」。

共感やセクシュアリティ、科学的傾向、外交性など122種類の性格を1万3301人について統計的に分析した結果、男性と女性は基本的に、異なるグループではないことがわかった。

男と女は違うのか、同じなのかは、よくわからない。女性が自分の外見にこだわり、男性はカウボーイのようなライフスタイルを送るといった社会は、確かに問題がある。一方で、男と女がまったく同じ世の中は、あまり楽しそうではない。人種グループ別の語彙のリストも同じだ。文化の違いは、取るに足りないものもあるが、社会を豊かにする。

火星人と金星人のたとえは、空が昔から科学の拠り所であり続けることを思い出させる。アリストテレスはエーテルの概念を証明するために天空を見上げ、ニュートンは火星の動きから万有引力の法則を導き出した。アインシュタインをアインシュタインたらしめたのは、太陽と月だ。彼は1919年の皆既日食で一般相対性理論を実証した。もちろん、本書では宇宙のように壮大なテーマを扱うわけではないが、先の論文が「火星」と「金星」を実線で消したのは早計だったと思いたい。地球以外の惑星がなかったとしたら、宇宙は退屈きわまりないではないか。

Chapter 11

どんな人と恋に落ちたいですか？

数年前、ＭＩＴ（マサチューセッツ工科大学）の二人の学生が授業の課題として、フェイスブックのデータを使ってソフトウエアを作成した。名付けて「ゲイダー」。ある人について知りたいときに周囲の友人を見て経験的推測を働かせるのと同じように、社会的なつながりに含まれるゲイとストレートの友人の割合が、本人の性的指向について信頼できる指標になるという。本人を直接、知る必要さえないのだ。ボストン・グローブ紙は当時、「友人付き合いを公にすることによって『カミングアウト』ができるかもしれない」と書いている。性的指向を明らかにしているプロフィールを使ってソフトウエアに学習させたところ、男性が同性愛者かどうかについて、78％の精度で判定できるようになった。通常の予想をはるかに上回る成績だ。具体的な条件なしで推測するプログラムなら、正解率は10％、8％、いや2％くらいだろうか。

世の中に同性愛者はどのくらいいるのか、本当の人数や割合は誰も知らない。この事実は、ＭＩＴの学生たちが、同性愛者かどうかを「推測する」ソフトウエアを作ろうと思った理由の一つでもある。過去の推測にはかなり幅がある（推測とはそういうものだと思われていた）。[*1] １９４８年と１９５３年に発表されたキンゼイレポート[*2]は、具体的な数字を科学的に算出しようという最初の試みの一つで、サンプルの成年男性の10％、成年女性の最大６％は同性愛の経験があるとする結果に、多くの研究者が眉をひそめた。その後に行われた調査は政治的な動機が絡むものも多く、調査データや、実験用の不自然な設定に基づくデータをもとに、1％から15％までさまざまな数字が挙げられている。[*3]現代では、異なる視点からより適切な推測が可能になった。同性愛者に関するある調査が認めているように、「社会政策に有用な情報」となる数字だからこそ、推測の精度を上げることが重要だ。１９５２年以降に行われた米大統領選は、４回を除いたすべてにおいて、有権者の５％が判断を変えていたら結果がひっくり返ったと考えられる。したがって、あるグループが国民の１％を占めるのか、５％か、それとも10％なのかは、政治的な計算にとって大きな意味を持つ。同性愛者の数に道徳的な重みはないが――全米で同性愛者がたった一人しかいなくても、ほかのすべての国民とまったく同じ権利を有する――人口に占める割合は政治的判断を左右する。

さらに、烙印を押され続けてきた歴史を背負うグループとして、人数の根拠が示されることにより、個人では声を上げられない場面でも主張しやすくなる。一方で、同性愛者には普通のマイノリティとは異なる点がある。本人の意思で、少なくとも外見はストレートに見せることができるのだ。自衛本能か自己表現かという苦しい選択を、同性愛者以外が迫られることはほとんどない。ただし、同性愛者であることを隠すことは、個人としての犠牲だけでなく社会にもコストが生じる。秘密主義は時代遅れの態度を野放しにし、野放しにされた偏見はいつまでも続くのだ。自分のアイデンティティを隠さざるをえない状況では、不寛容が皮肉な論理を振りかざす。あるグループの大部分の存在が社会に認識されていなければ、グループ全体が軽んじられるだけだ。一方で、目に見えれば、社会は受け入れやすくなる。同性愛者は、控えめな推測でも、髪が生まれつきブロンドの人――全人口の約2%と言われている――と同じくらい「めずらしくない」。それでも同性愛者のほうが社会に受け入れられておらず、外見を隠さざるをえない場面はブロンドの髪より多い。セレブのグラビア写真が並んだ雑誌を見るときは、そのことを思い出してほしい。

住む場所と性的指向の関係

データの話に戻ろう。ここでもグーグル・トレンドが、人々が公言できないと思っていることを暴露する。グーグルのデータアナリスト、セス・スティーブンズ・ダビドウィッツによると、アメリカではポルノに関する検索の5%が、「男性の同性愛の描写」を探している。これには「同性愛者のポルノ」のように直接的な検索キーワードもあれば、同性愛者のポータルサイトとして知られる「ロケット・チューブ」など、関連性の高いキーワードも含まれる。さらに重要なのは、この5%という数字が全米の州で共通していることだ。つまり、同性愛の指向は、男性の政治的・宗教的な境遇に影響を受けないのだ。州によって数字が変わらないことは、いくつか大きな意味を持つ。まず、同性愛は遺伝子とは関係ないという主張が揺らぐ。ミシシッピ州とマサチューセッツ州のように大きく異なる環境で生まれ育った男性について、同性愛のポルノを検索する割合が同じなら、同性に魅かれることに対し、外的要因と思われる影響はほとんどないということの強力な裏付けになる。

検索に関する州別の割合がほぼ同じであることは、同性愛について以上に、不寛容について多くを物語る。統計の専門家として知られるネイト・シルバーは、ニューヨーク・タイムズ紙で政治に関するコラムを執筆していた2013年前半に、彼を有名にした世論調査の統計モデルを使って、同性結婚に関する全米の住民投票のデータを分析した。大統領選と同じように、各州のデータを集計して現在の世論を確認したうえで、社会の態度がどのように変わるかを推測した。その結果、2020年までに44州で同性婚が合法化されると見られる。

シルバーの分析で興味深いのは、政治的な世論調査をほかのデータソースと関連付ける手法で、ここではギャラップの世論調査で自分の性的指向について回答したデータを用いている。性的指向に関する自己申告と、同性婚を認めるかどうかに関する州ごとの最新データを照らし合わ

|図11-1|

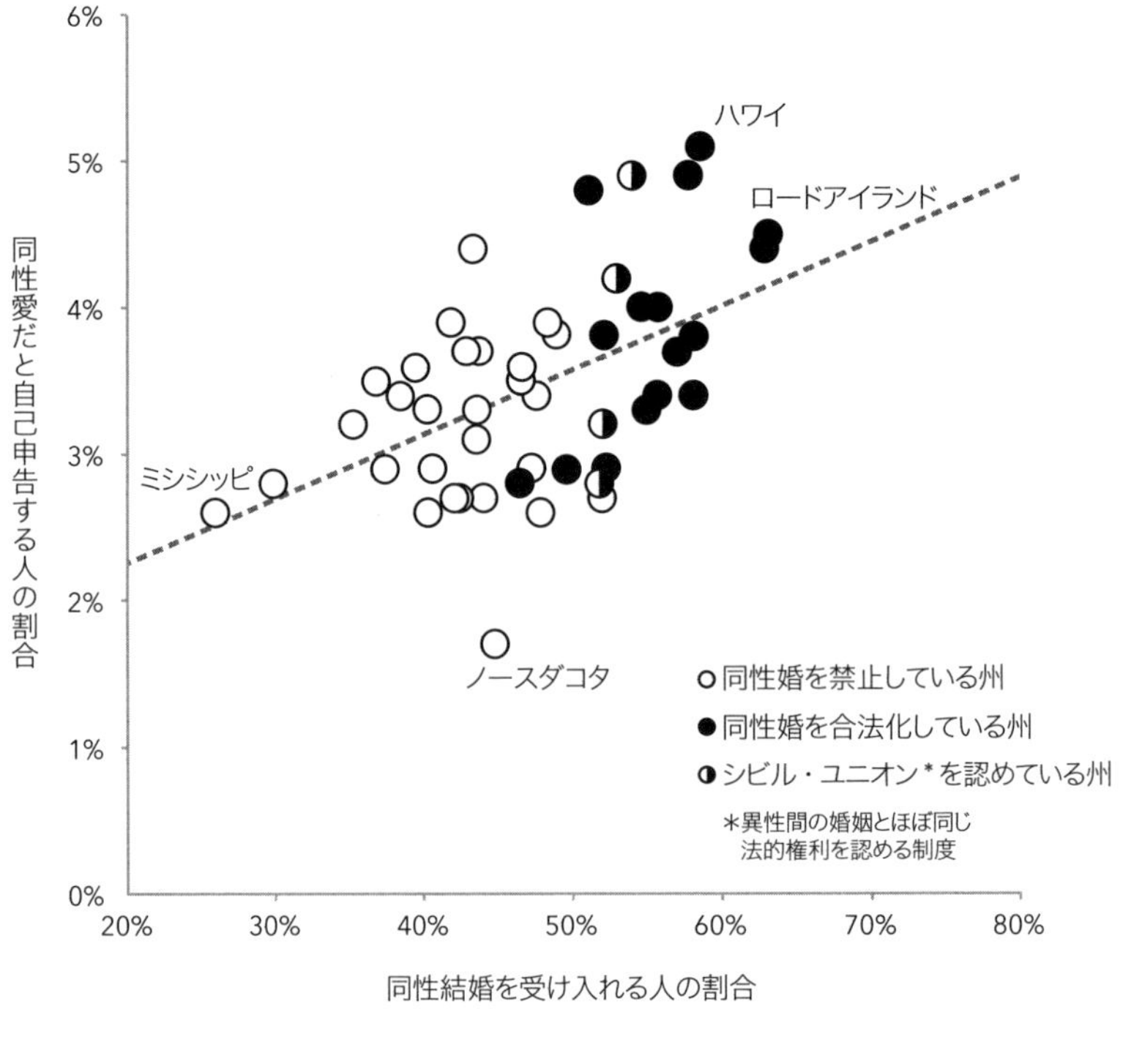

せているのだ。それをもとに私が作成した図11－1のグラフは、同性婚に対する各州の法的な立場を3種類の丸で表し、極端な値には州の名前を記している。

横軸を見てわかるとおり、シルバーのデータによると、同性婚に対して最も不寛容なのはミシシッピ州、最も寛容なのはロードアイランド州だ。縦軸はギャラップの世論調査データをもとに、自分は同性愛者だと認める人の割合を示し、最小がノースダコタ州の1・7％、最大がハワイ州の5・1％。そして、斜めの傾向線のとおり、同性愛を受け入れる人が多い州ほど、同性愛を自己申告する人の割合が高いことがわかる。ここで注目すべきなのは、傾向線をたどって「同性婚を100％受け入れる」地点に到達すると（言い換えれば、完璧に寛容な世界を統計的に想像すると）、社会的な圧力がない状況で自分は同性愛者だと認める人の割合が約5％になることだ。これは、社会的圧力を理論上受けていないグーグル・サーチが示唆する数字と同じである。

この傾向線は、同性愛者が自分を受け入れてもらいやすい土地に住んでいるという意味ではない。それを裏付けるのは、グーグルの検索頻度が各州でほぼ同じであることと、フェイスブックの地理的移動のデータだ。フェイスブックの同性愛者のユーザーの出身地と居住地が異なる場合、ギャラップの調査で自分は同性愛者だと認める人の割合が二つの土地で違っていても、それが転居の理由と考えられるケースは少ない。同性愛者は、より寛容な土地への転居が、不釣り合いなほど多いわけではないのだ。一方で、本当の自分として生きるためにサンフランシスコやニューヨークを選ぶ人が一人いても、数十人がいまも自分を否定して生きている。

二つの無関係な推測が導き出した5％という数字を前提に、現代のデータ社会の三大勢力——ネイト・シルバー、グーグル、フェイスブック――を使って、ギャラップの伝統的な世論調査の協力も得ながら、同性愛者に関する数字を異なる視点で見ていこう。たとえば、ギャラップの調査でノースダコタ州の人口の1・7%が自分は同性愛者だと認めているが、その陰で、同性愛者であることを知られたくない人が約3・3%いると考えられる。ニューヨークでは人口の約4%がゲイを公言しているが、隠している人も約1%いるだろう。ほかの州も似たようなものだ。推測5%という数字が各州でほぼ変わらないにもかかわらず、同性愛者であることを認める人数が州によって異なるということは、アメリカ人がひっそりと生きているという意味でもある。ヘンリー・デイビッド・ソローは、「多くの人は静かな絶望の中を生き、心に歌を秘めたまま墓に入る」と言った。沈黙は魂の逃げ場であり、そのことはデータが物語るとおりだ。

データは、濡れ衣が生まれる過程も明らかにする。グーグルのステファンズ・デビッドウィッツは次のように語っている。

アメリカでは、「私の夫は……」で始まる検索の続きで最も多いのは「ゲイ?」だ。2番目に多い「浮気をしている?」より10%多く、「アルコール依存症?」の8倍、「鬱?」の10倍にのぼる。

この質問が最も多く検索される地域は、抑圧的な地域でもある。たとえば、検索の頻度が最も高いのはサウスカロライナ州とルイジアナ州で、頻度が高い25州のうち21州は、同性婚を受け入れる人の割合が全米平均を下回る。このようなデータが出てくるのは、同性愛を社会の地下に追いやろう(あるいは「矯正」しよう)と躍起になる人がいるからだと思うかもしれない。経済学には、インフレ率と失業率を足した悲惨指数(ミザリー・インデックス）という概念がある。社会学の悲惨指数があるとしたら、自分らしく生きられない土地に住んでいる人の割合ではないだろうか。そのような状況が同性愛者の解放につながることはない。

同性との性的経験はありますか？

残念ながら、グーグル・サーチは、アメリカの女性同性愛者の人数の推測には役立たない。女性同士のポルノを検索するストレートの男性が多く、データが歪められるからだ。しかし、同性愛への寛容・不寛容のデータにおけるシルバーの手法を援用すると、Ｏｋキューピッドのデータから興味深い傾向が見えてくる。私の推測によると、恋愛相手を求めているアメリカの同性愛者のうち、２０１３年は4分の１以上がＯｋキューピッドを利用している。*4 オンラインデートでは、同性愛者は自分の性的指向について、平均よりオープンだと考えられる。少なくとも、ウェブサイトに自分のプロフィールを登録しようとしているのだ。ただし、多くの人がインターネット全体に自分の性的アイデンティティを公言したくはないだろうから、Ｏｋキューピッドの同性愛者の会員は、同性愛者ではない会員に対してプロフィールを「非公開」にすることもできる。実際、同性愛の男性の59％、同性愛の女性の53％が「非公開」を選んでいる。このデータからも、同性愛に対する州の寛容さと同性愛をオープンにすることについて、図11－2のとおり、先のグラフと同じような関係がわかる。ただし、女性のほうが顕著な傾向が見える。

同性愛者が外見を「装う」問題を抜きにすると、Ｏｋキューピッドの会員は、同性愛者もそうではない人も同じような振る舞いをする。たとえば、相性度のための質問で、ドラッグの経験や人種に対する偏見、性的興奮を強調する表現を使う割合は、同性愛者もストレートの男女も同じだ。どのような関係を求めるかも変わらない。

むしろ、性的態度に関して例外的なグループがあるとすれば、ストレートの女性だろう。彼女たちは比較的「堅物」だ。ストレートの男性の6・1％、男性同性愛者の6・9％、女性同性愛者の7％が、カジュアルなセックスをする相手を求めていることを隠さないのに対し、ストレートの女性は0・8％しかいない。[*5]（ストレートの）女性にとって、性的に積極的な言動は、ほかのどのグループよりもタブー視されていることがわかる数字だろう。

セックスの経験人数の自己申告

図11-2

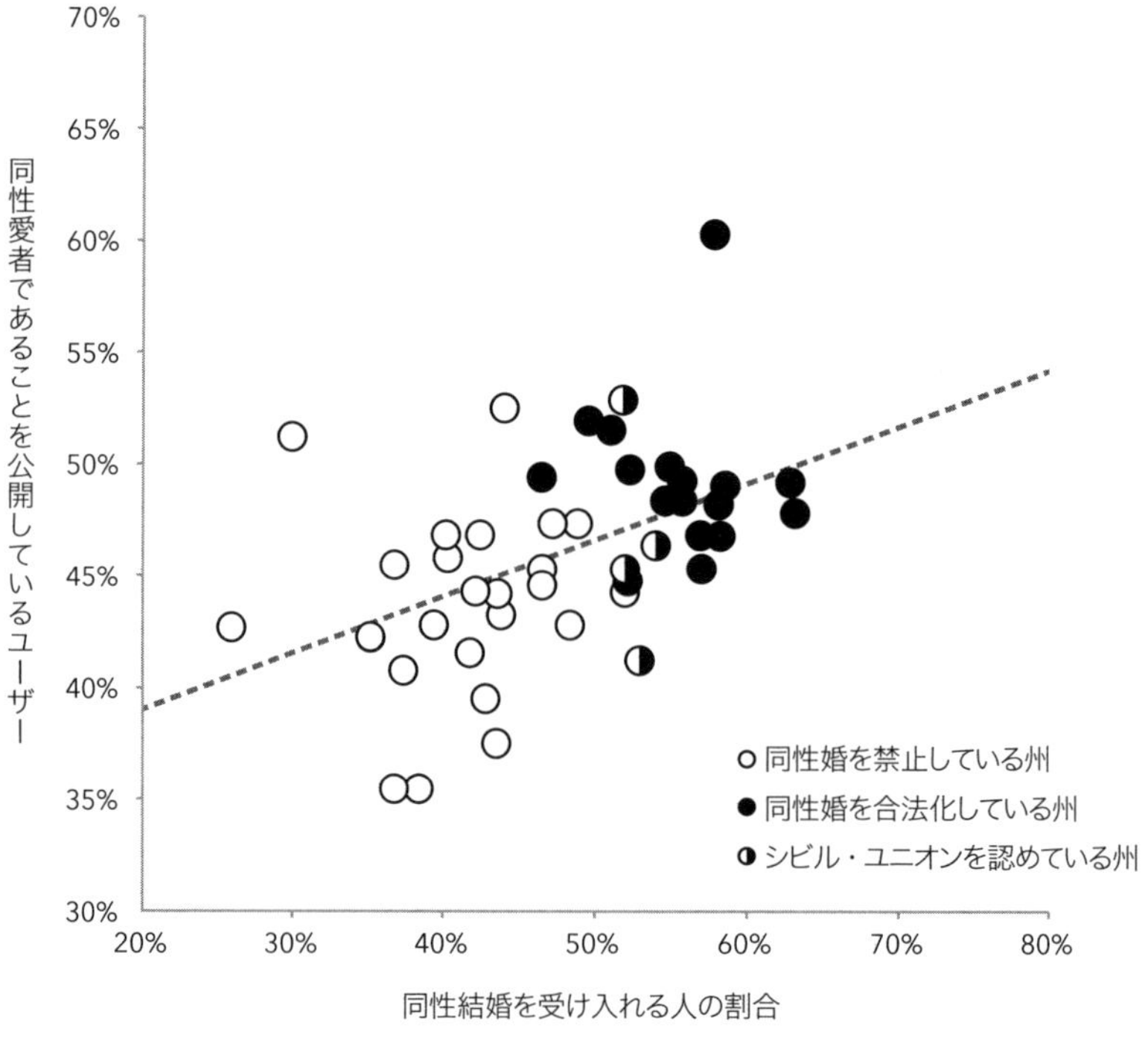

も、四つのグループでほぼ変わらない。同性愛の男性とストレートの女性の中央値は4人、同性愛の女性とストレートの男性は5人だが、実質的な差はわずかだ。[*6] 大きな違いがあるとしたら、経験人数が極端に多い人についてだろう。ここに同性愛に対する偏見が見え隠れする。手当たり次第とも言える男性(経験人数が25人以上と答えた人)は、同性愛者がストレートの2倍にのぼる。面白いことに、セックスにも、富や言語と同じように格差が存在する。同性愛の男性の場合、経験人数が多い上位2%が、同性愛の男性が経験するセックス全体の約28%を占めているのだ。

「同性愛」「ストレート」というグループ分けが、個人のアイデンティティをどのように形成するかを知るために、自己紹介に登場する「単語ランキング」の手法を使おう。前章と同じように、自己紹介のテキストから、同性愛の女性だけの特徴は何か、同性愛の男性とストレートの男性は何が違うのかなど、それぞれのグループを際立たせる要素を推測する。すべては本人の言葉が語っているのだ。恋愛の振る舞いのデータからわかるように、私たちが「どのように」人を愛するかは、四つのグループであまり違わない。しかし言うまでもなく、「誰を」愛するかは異なる。

図11-3から、いくつか一般的な傾向を見ていこう(詳細は読者がそれぞれに解釈してほしい)。たとえば、ストレートの男女がよく使う言葉は、パートナー(になる可能性のある人)に関するものばかりだ。ストレートの女性は、自分がどのような男性を求めているかという話が中心になる。ストレートの男性の話題が女性からそれるのは、子どもの有無についてだけだ。ストレートの男女の語彙リストは、マッチョな男性と可憐な女性のアピールであり、王道の恋愛小説を読んでいるかのようだ。

同性愛の女性の言葉は、より内向的で、自分に関する表現も多いが、ストレートの男女とかなり似ている。

|図11-3|

頻度の高い単語

同性愛の男性	同性愛の女性	ストレートの男性	ストレートの女性
first wives	i am gay	knows what she wants	honest man
velvet rage	old lesbian	i have no kids	man to share
tales of the city	i'm a lesbian	treat a woman	to meet a man
you're a nice guy	i am a lesbian	care of herself	a man who knows
anything on bravo	femme side	never been married	care of himself
music madonna	attracted to women who	daughter family	meet a man who
music britney	lesbian friends	for a good woman	find a man who
ltr oriented	are femme	treat a lady	who knows what he
romy and michelle's	butch femme	good women	meet a man
new guys	lesbian movies	my kids my family	man who knows how
barefoot contessa	single lesbian	hello ladies	a nice guy who
kathy griffin	u haul	type of girl	honest guy
single gay	butch but	woman that can	a man who has
the comeback	are feminine	real woman	are a nice guy
hiv positive	femme who	my son family	christian man
density of souls	elena undone	woman to share	like a man who
modern family glee	the butch	my daughter family	a guy who has
ab fab	not butch	intelligent woman	man that knows
most gay	movies imagine	god my kids	love jesus
muriel's	music brandi	girl that i can	a man who will
christopher rice	walls could	meet a woman who	man that has
muriel's wedding	lesbian romance	have no children	true gentleman
other gay	femme women	son family	you are a gentleman
flipping out	debs	with the right woman	guy to share
find mr	feminine women	treat her	nice guy who
guy to date	you're femme	right lady	like a guy who
sordid lives	soft butch	great woman	a guy that can
stereotypical gay	my future wife	a woman who can	christian woman
flight attendant	hunter valentine	nice woman	for a good guy
are you there vodka	lesbian looking	i like a woman	you're a gentleman

同性愛の女性もストレートの女性と同じように、自分が求める関係を象徴的に記している（「女らしい人」「私の未来の妻」）。使う言葉が違うだけだ。

同性愛の男性のリストは、ほかの三つとかなり異なる。ポップカルチャーに関する言葉が大半で、自分の身近な人や家族への言及は比較的少ない。彼らはほかの三つのグループに比べて、セックス以外のことにアイデンティティを見出すようだ。

ただし、この分析手法はグループの違いを際立たせるためのものだが、別のデータによれば、その違いはあいまいなようだ。Ｏｋキューピッドのデータの中でもとりわけ興味深いのは、自分はストレートだと申告した会員だけが答える、ある相性度の質問だ。

同性との性的経験はありますか？

図11−4のとおり、女性の51％、男性の18％は同性との性的経験があるか、やってみたいと思っている。同性愛者の人数に関するもっともらしい推測に比べて、はるかに大きな数字だ。性的指向は、ウェブサイトの便宜上の分類より実際は流動的で、同性とのセックスを自分のアイデンティティの一部と見なすかどうかは別にして、私たちは同性とのセックスを比

図11-4

同性との性的経験はありますか？

	女性（人）		男性（人）	
はい／楽しかった	22,308	26%	12,070	7%
はい／楽しくなかった	6,153	7%	10,100	6%
いいえ／関心がある	14,896	17%	7,632	5%
いいえ／まったく関心がない	42,286	49%	137,455	82%
	85,643		167,257	

較的よくあることと捉えているようだ。

本当はバイセクシャル？

Ｏｋキューピッドの登録時にプルダウンで表示される選択肢には「バイセクシャル」もあり、女性の約8％、男性の約5％が選んでいる。ただし、バイセクシャルに関しては、「本当の」性的指向ではないという考え方もあり、悩ましい。バイセクシャルの人は、自分が同性愛者であることを正面から受け止めていないだけだというのだ。本当の性的指向を隠すために、バイセクシャルを自称するのかもしれない。これについて、ピッツバーグ大学公衆衛生大学院のある研究チームが、やや冷淡ながら的確に述べている。「自分はゲイまたはレズビアンだと答える人は、バイセクシャルに対してかなり否定的な反応を示した……性的マイノリティのコミュニティの中で、バイセクシャルは大きな汚名を着せられている」

エセックス大学のゲラルフ・リーガーが、ノースウェスタン大学とコーネル大学の心理学者と共同で2005年に発表した論文によると、刺激に対する性器の反応をもとに判断すると、バイセクシャルと自己申告した男性のほぼすべてが同性愛者だった。ストレートと言える男性も一部いたが、男女両方に対して実際に肉体的な性的興奮が表れた男性は、ごく少数だった。男性のバイセクシャルとは、性的興奮そのものというより、性的興奮の「解釈にすぎない」とリーガーは指摘した。この結論に、当然ながらバイセクシャルのコミュニティは激怒した。リーガーは後に、この問題を再考したとして、男性のバイセクシャルは「好奇心の問題」かもしれないと述べている。「他人の裸や他人のセックスを見たい、ポルノ映画を観たい、乱交に加わってみたいという興味」は、男女両方に性的魅力を感じるという自己申告と、片方の性にしか肉体的な反応が表れないという事実の溝を埋める。バイセクシャルの人々はあらゆるセックスを受け入れるが、体は違いに敏感なのだろう。

リーガーの基本的な考え方は、Okキューピッドのデータも裏付けている。**図11-5**は、バイセクシャルと自己申告しているユーザーが、実際にメッセージを送った相手の性別を示す。バイセクシャルの男性と女性の大多数が、どちらか片方の性別だけを対象にパートナーを探しているのだ。「男性だけ」あるいは「女性だけ」にあてはまる人は、送信するメッセージの95%以上はどちらかの性別のみだ。これは集計上のトリックではない。グラフを見れば明らかなように、バイセクシャルの人のうち、両方の性別にアプローチする人の割合はごく一部だ。バイセクシャルの自己申告が、外部から見た振る舞いを反映していないというリーガーの主張は、論理の流れはともかくこのケースにはあてはまる。興味深いのは、男性のバイセクシャルがメッセージを送る相手が変化することだ。若いバイセクシャルの男性は半分以上が男性だけにメッセージを送るが、その割合は年齢とともに減り、30代半ばになると女性にしかメッセージを送らなくなる。この変化を考えると、バイセクシャルが同性愛者の仮面になっているというリ

|図11-5|

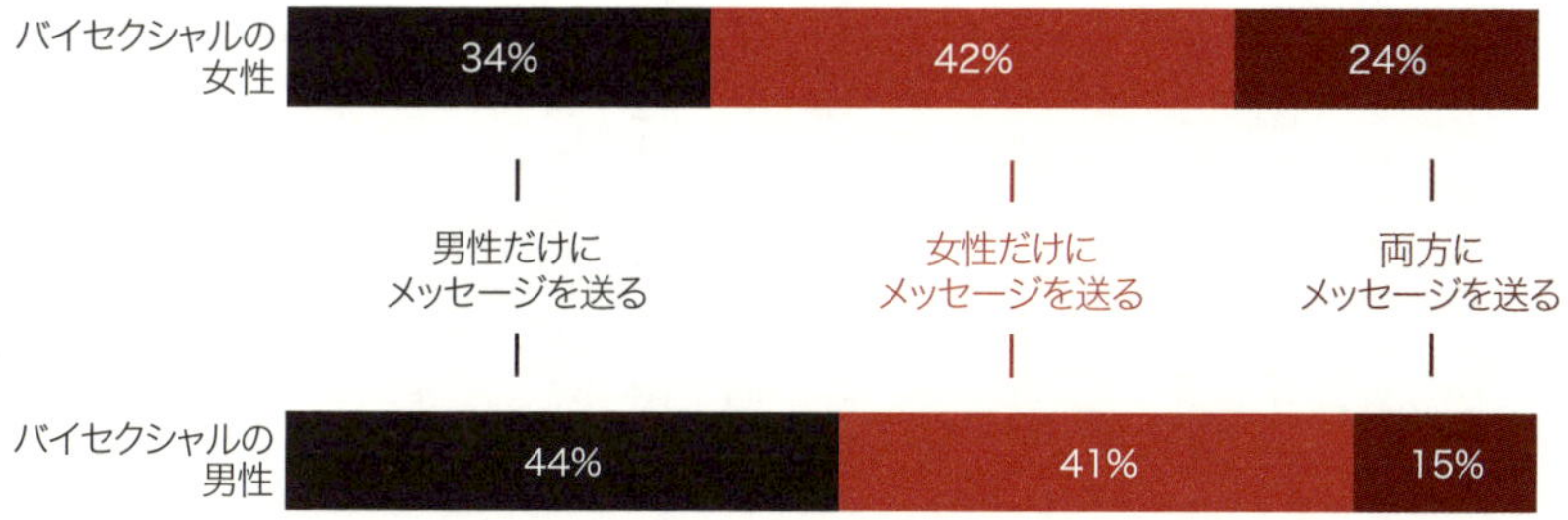

ーガーの推測もうなずける。男性だけに関心を持つ男性は、年を取るにつれてバイセクシャルを名乗ることをやめ、「ゲイ」と呼ばれることに居心地の良さを感じるようになるのかもしれない。もっとも、確かめるためには長期にわたるデータが必要であり、いまはまだ不十分だ。

カミングアウトが普通になる日は近い

ただし、自分はどのような人間かを名乗ることと、どのような振る舞いをするかは別の問題だ。後者を理由に、前者を機械的に否定するべきではない。自分をどのように表現するかは、究極的には個人の自由であり、自称するカテゴリーを、研究者やウェブサイトの定義と一致させろと求めるのは的外れだ。不一致があるとすれば、定義に問題があるのだ。誰でも自分にふさわしいと思う愛し方をする権利があり、それを表現する言葉のほうが追い付かなければならないときもある。

ブックは50種類以上のジェンダーの選択肢を発表した。「男性」「女性」の代わりに、「トランスジェンダー」「中性」などを選べるようになったのだ。ボストンのバイセクシャル・リソースセンターのエリン・ルーストローム会長は、性的指向とゲラルフ・リーガーの研究についてニューヨーク・タイムズ紙で次のように語っている。「残念ながら、セクシャリティと恋愛を性的な刺激に矮小化する主張です。研究者は、バイ（セクシャル）の恋愛を小さな箱に閉じ込めたいのです——男性と女性に等しく魅力を感じることがバイセクシャルだ、と。ばかばかしい。彼らはバイセクシャリティをさまざまな形で表現できるからこそ、素晴らしいのです」。ルーストロームには、ぜひＯｋキューピッドのデータにも触れてほしかった。

これらのことは、Ｏｋキューピッドのバイセクシャルの男性会員が自己紹介で使う「典型的な」言葉からもわかる。語彙リストの上位30の中には、パンセクシャル［訳注 全性愛。性別や性的アイデンティティにとらわれないこと］、クロスドレッシング［訳注 異性の服装をまとうこと］、ヘテロフレキシブル［訳注 異性を恋愛対象とするが、同性愛も理解するし抵抗がないこと］という言葉がある。反対に、最も使われない言葉には、「家族と仲がいい」「仕事を心から楽しんでいる」といった表現がある。自分はよそ者の中でもよそ者だという、孤独や不信感の表れかもしれない。

女性の場合、バイセクシャルはもう少し主流に近い。少なくとも、歌手で女優のマイリー・サイラスのような著名人がカミングアウトしていることによって、新たなイメージが作られている。おそらくマーケターが「セックスの話題は売れる」と目をつけたからであり、現代のポップカルチャーのスターにとって、ゲイやレズビアンを連想させてファンの垣根を取り払うことは、当たり前なのかもしれない。サイラスの場合（私も確証はないのだが）、バイセクシャルというカミングアウトはレコードを売るための衣装にも思える。キッスのジーン・シモンズのフェイスペイントと変わらない。また、オンラインで男性をだます詐欺師は、偽のアカウントでバイセクシャルに「変装」することが多い。フェイスブックのプロフィールでは偽アカウントの58％が、「女性のバイセクシャル」を名乗る。真正なアカウントの場合はわずか6％だ。Ｏｋキューピッドではそこまで顕著ではないが、バイセクシャルの項目とともに特定の項目をいくつか選ぶと、サイト管理者から要注意アカウントとしてマークされる。

一方で、Ｏｋキューピッドの本物の正直なプロフィールを見ると（もちろん、大半が本物だ）、バイセクシャルの女性とストレートの男性の夢は連動している。自己紹介のテキスト分析から、バイセクシャルの女性の大半が、自分の男性の恋人や夫と3人のプレイを誘っていると考えられるのだ。

バイセクシャルの女性の語彙リスト（図11-6）をラップの歌詞に乗せてビートを刻めば、ヒットチャート1位は間違いない。性的アイデンティティを商売にたとえることは確かに下品だが、性的マイノリティが抑圧ではなく共存の対象と見なされるなら、希望の持てる兆候なのだろう。セクシャリティに関する状況は急激に変わっている。性的指向の自己申告と寛容のデータを分析する手法を開発したネイト・シルバーは、性的マイノリティの受け止め方に対する過去10年間の大きな変化を浮き彫りにした。アメリカでは2004年以降、同性婚を認める傾向が加速している。シルバーは次のように述べている。「同性婚を支持する人が国民の過半数を占める日も近いという推測も、もはや楽観的すぎることはない」

同性愛者は昔から変わらずに存在するが、19世紀後半から、人々は政治的な理由で自分が同性愛者であることを公表するようになった。数年後には「カミングアウト」という言葉が生まれた。現代では、同性愛の男女が長年追い求めてきたオープンな人生と恋愛も、社会にほぼ理解されている。その変化を象徴するのは

|図11-6|

頻度の高い単語

バイセクシャルの女性

bi female
bisexual female
me and my husband
me and my man
my boyfriend is
hubby and
we are a couple
i am bisexual and
me and my boyfriend
fun couple
couple we
married couple
we are not looking
fun with me and
do have a boyfriend
my bf and
female to join
girl to join
another couple
bi woman
my boyfriend my
i am bi sexual
my hubby and
join me and my
female for
my boyfriend and i
we are looking to
a triad
no single
send us

セレブたちのカミングアウトだが、私がけっして名前を知ることがない大勢の人々の告白も大きな後押しとなっている。彼らの決断が、同性愛に対する寛容の目盛りを少しずつ押し上げてきた。性的マイノリティの人数を推測することが世論調査や研究の対象でなくなり、進取の気性に富んだ大学生が自作のアルゴリズムを使って別のことを計算する日が近づきつつある。オープンな世の中になって、「推測」する必要がなくなる日も近い。

Chapter 12

居心地のいい場所はどこですか？

私が通っていた中学校は昼休みが長かった。仲間とつるむのが楽しい年頃で、ランチの後はチャイムが鳴るまで、思い思いに時間をつぶした。7年生に進級して数日が経つと、いくつかのグループに分かれるようになり、配置は3年間、変わらなかった。カフェテリアの入口に近い順に、こんな具合の序列だった。

・超クールなヤツ（ほとんどが街の裕福な地域に住んでいる）
・プレッピーなヤツ
・REMやCure（大学が運営するFMラジオ局）を聴く連中（当時はインディ・ロックがまだなかった）
・ローラースケート族
・ヘッシャー（ヘビメタ好きをそう呼んでいた）
・私と友人たち
［茶色の大きなゴミ箱］

・交換留学生と学習障害がある生徒

明らかに、偶然の配列ではなかった。ゴミ箱の周りには自然とピラミッドの最下層の生徒が集まり、プラスとマイナスの境目になった。私たちはペンシルポップ〔訳注 両端を持った鉛筆を、対戦相手が鉛筆でたたいて折るゲーム〕をやり、アニメの『ティーンエイジ・ミュータント・ニンジャ・タートルズ』の魅力を議論した。基本的な力関係にのっとって、誰もがそれぞれの場所に落ち着いた。

デジタル時代の素晴らしい長所の一つは、プラスキ・ハイツ中学校の裏庭のように、物理的にも社会的にも複数の次元が存在することだ。紙の上は2次元、時空は4次元。ひも理論によると、人間の物理的な存在は10次元から26次元の間のどこかに位置するという。私たちの感情の宇宙には、さらに多くの次元があるだろう。私たちの内面の風景と外面の世界を結び付けるとき、新たな奥行きが生まれる。

本書では、人と人のやり取り――出会いサイトでアプローチをする、自己紹介をする、相手を評価するなど――に注目する際に、物理的な場所は基本的に無視してきた。しかし、ウェブサイトやスマートフォンは大量の位置データを収集する。ツイッターの投稿には緯度と経度が記録され、フェイスブックはあなたの出身地や学生時代を過ごした町、現住所について尋ねる。あなたがいまこの瞬間、どこの建物にいるかを、多くのアプリが知っている。そして、アイデンティティや感情、振る舞い、信仰などを物理的な空間と重ねることによって、新しい理解が生まれる。位置があなたという人間をどのように形づくり、私たちが古い地球に新しい境界線をどのように描いてきたかが見えてくるのだ。

多くのコミュニティの境界線は、何らかの指示あるいは偶然によって、もしくはその両方によって引かれてきた。アメリカと旧ソビエト連邦が朝鮮半島を38度線で二分したのは、交渉の準備をしていた米軍の士官が「ナショナルジオグラフィック」の地図を見たとき、緯度38度の直線が目についたからだ。同じ1945年7月に連合国がドイツの分割占領を決めた際に引かれた線は、基本的にそれぞれの国の軍隊が駐留していた場所に応じていた。アメリカの州の多くは勅令や議会の法律によってつくられ、土地を実際に見たことがない人々が境界線を決めた。アフリカやインド亜大陸（半島）、中東など、帝国主義が大地を踏み荒らした地域では、正確な地図を作成しなかったことがいまも致命的な問題となっている。「人間の意思」を反映した地図が描かれることはめったになく、描かれるとしても、「イギリス委任統治領パレスチナ」として現代の歴史に登場したイスラエルのように、どの民族の誰の意思かという問題が起きるのは当然だ。

行政的な境界とは異なる境界線

ウェブサイトでは、行政的な境界線と自然の境界線を考慮しなければならない。情報という流動的で、無限で、抽象的な「通貨」を扱うときに、多くの恣意的な制限がある物理的な世界は、基本的に煩わしい。OkキューピッドでもK、距離をもとに相性を診断するアルゴリズムにとって、河川はつねに頭痛のタネだ。ニューヨーク市のクイーンズ地区とマンハッタンは1キロ足らずの距離でもあり、川を隔てた別世界でもある。これをコンピュータにどのように説明すればいいか。難しいのは、オンライン上にいる私たちが、世界の一部でもあり、世界から隔離されてもいることだ。しかし、この二元性ゆえに、物理的な空間を新しい境界線で再編成することもできる。プレートテクトニクスが分かつ線や、羊皮紙に書かれた法律が引く線より、意味のある境界線になるだろう。

図12 - 1は、地域限定の情報交換サイト「クレイグスリスト」における全米の境界線だ。それぞれのエリアに一つずつクレイグスリストのサイトがある。ある地図製作者は「クレイグスリスト合衆国」と呼んだが、私は「合衆国」に違和感を覚える。むしろ、それぞれのエリアがミニ王国を形成している「区割り」のようなものだろう。

この白地図に新たなコンテンツを加えると、面白い地図になる。たとえば、クレイグスリストには出会いサイト代わりの掲示板があり、「あの人にもう一度会いたい」という投稿コーナーが設けられている。

僕たちは34丁目からマンハッタン方面行きのQラインに乗った。ピーコートを着た君の瞳は、オードリー・ヘップバーンの瞳のように輝いていた。何回か目が合ったね。これを読んだ

|図12-1|

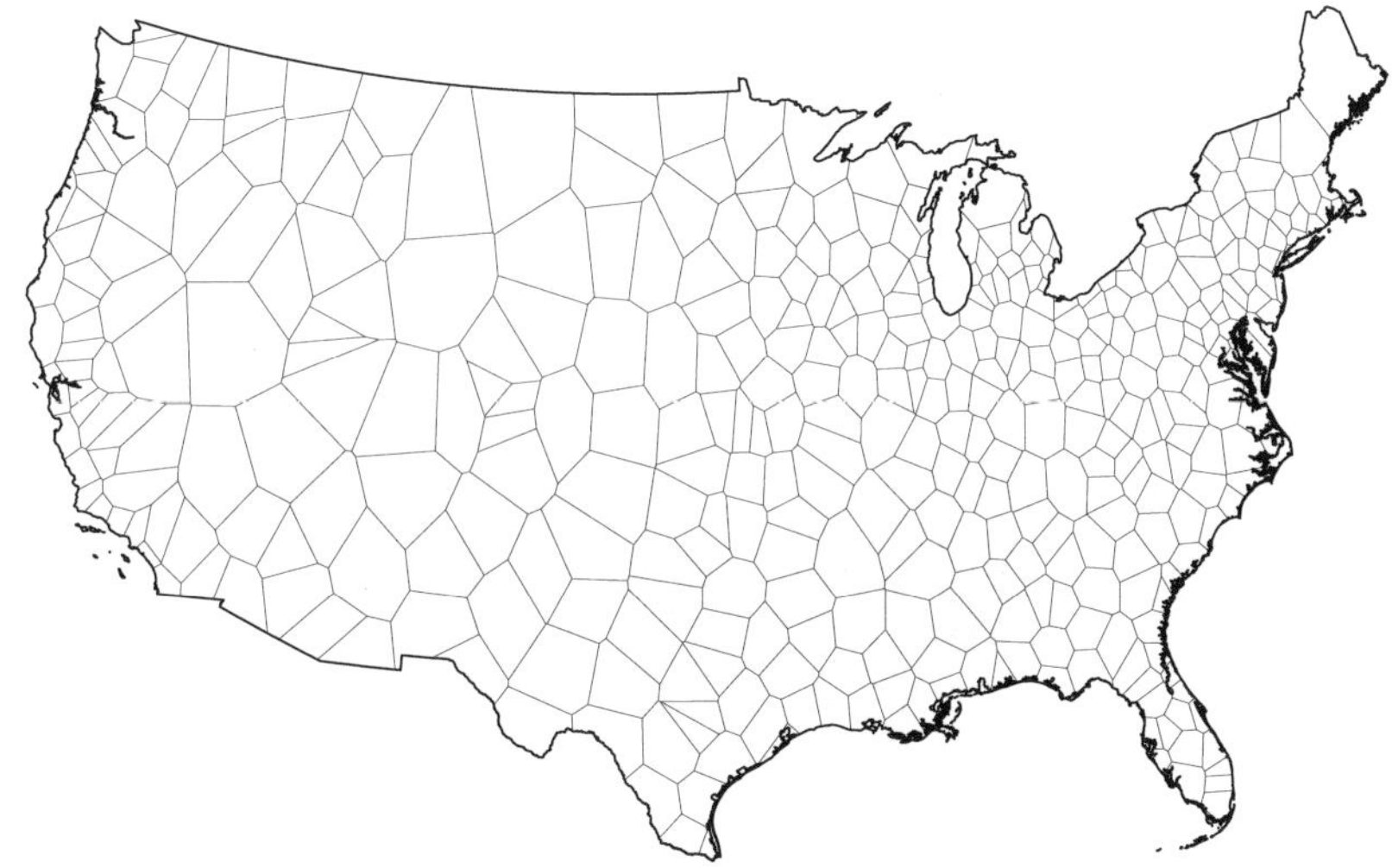

らメールをください。

マンハッタンは地下鉄、ポートランドはバス、カリフォルニアならスポーツジムで「目が合う」のが定番だ。それ以外の地域は、大型スーパーのウォルマートで恋が芽生える（図12-2）。

従来の地図製作者には描けない、衛星写真には写らない世界だ。行動学の地図と物理的な地図を一つにまとめた、新しい地図が生まれた。

クレイグスリストは、地域限定サイトを開設したい市場を選んで、あらかじめ境界線を引く。一方で大半のウェブサイトは、データとして生成された位置情報を収集する。後者のデータのほうが、本当の意味で世界の地図を描き換えることができる。人間が体感する景色に合わせて等高線を引き直し、境界線を変えるのだ。

図12-2

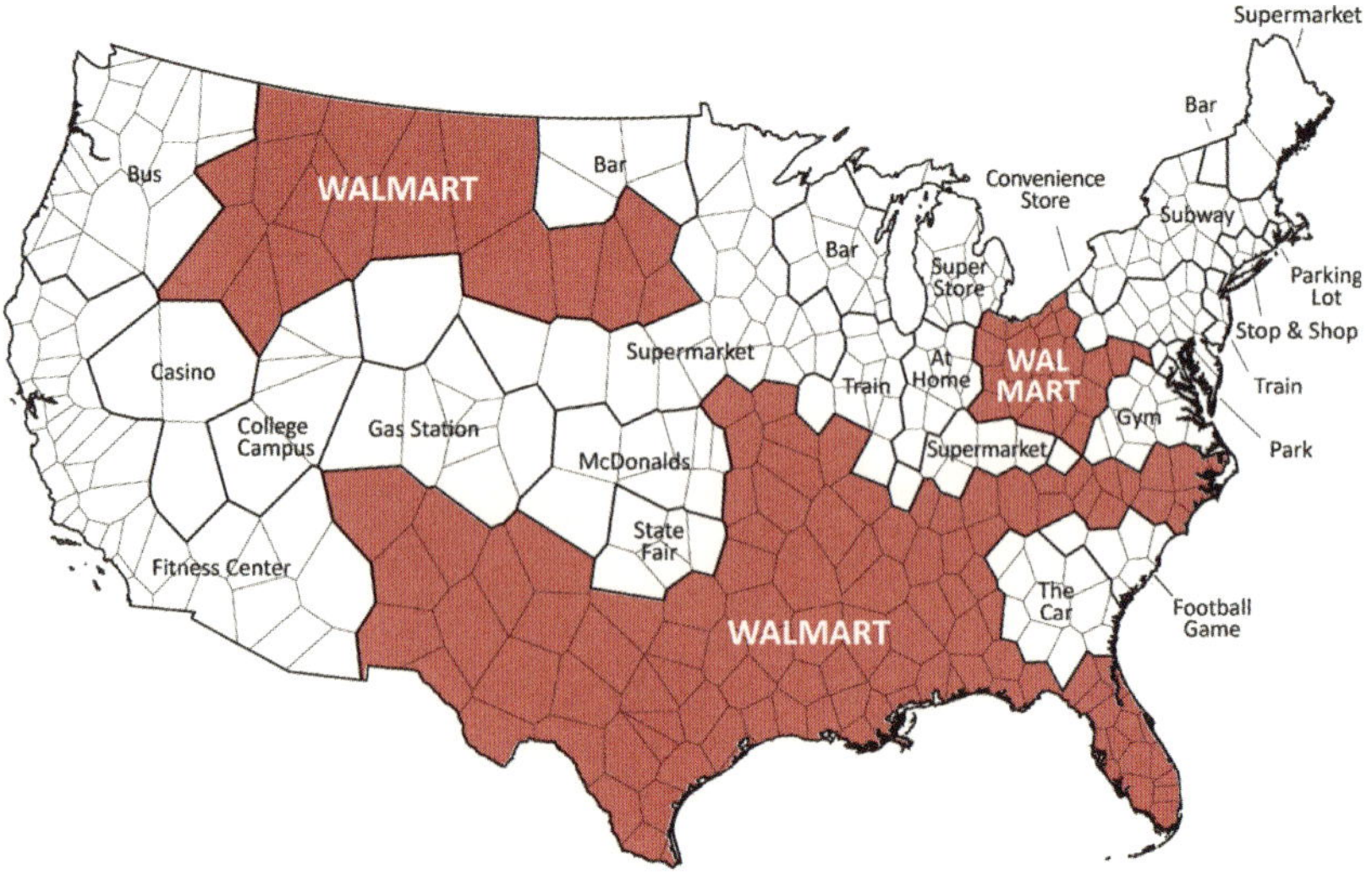

フェイスブックが分けた全米7地域

数年前にあるエンジニアが、フェイスブックのデータを使ってアメリカを七つに分けた。2億1000万人分のプロフィールをもとに、政治的な境界線ではなく、友達の共有を視覚化して大まかなグループに分けたものだ。「パシフィカ」は北西部の太平洋沿岸、「ソカリスタン」はカリフォルニア［訳注　ソカルは南カリフォルニアを指す］、モルモン教徒と関係があると思われる「モルモニア」、中西部の広大な「ノマディック・ウエスト」、テキサスのダラスを中心にアーカンソー、オクラホマ、ルイジアナを含む「グレート・テキサス」、アトランタを中心とする南東部の「ディキシー」、ミネソタからオハイオ、ニューイングランドの大西洋沿岸にかけて広がる「ステイアットホーミア」の七つだ。

GPS機能を搭載したスマートフォンは、地図製作の世界に革命を起こしている。ケンタッキー大学の地理学者マシュー・ズークは、同大のデータサイエンティストとともにDOLLY（デジタル・オンライン・ライフ・アンド・ユー）プロジェクトを立ち上げ、2011年12月以降のツイッターの「すべての」投稿に地理情報を付加し、検索できるデータベースを作成している。延べ数十億個の相互に関連する感情表現に、それぞれ緯度と経度の情報が付いている。きわめて多目的なリソースであり、ようやく活用が始まったばかりだ。ズーク自身は、いくつか個人的な分析を試みている。たとえば、2012年2月に、レキシントンの研究室が地震で揺れた。ズークはDOLLYのデータベースを使って心理的な余震を分析した。図12－3は物理的な震源地と、ツイッターの反応の濃淡を重ねている。驚きの等高線が、地面の揺れと重なって広がっていくのがわかる。

ズークの分析によると、感情の震源地は、ケンタッキー州ハザードの地震の震源地からすぐ北西に位置する。単純な話に聞こえるかもしれないが、きわめて新しい発見だった。たとえば、クレイグスリストの地図は1970年代でも作ることができただろう。実際、「あの人にもう一度会いたい」のコーナーは、新聞の伝言板にヒントを得ている。インターネットがない時代でも、その気になれば、全米の100大都市の日刊紙をめくって1カ月分の単語リストを編集し、地図に手書きで書き込んでいけば、先の地図とかなり似たものができる。フェイスブックのデータに基づくアメリカの7地域のグループ分けも、理論上は数十年前でも可能だった。数百万人にインタビューをした結果を取りまとめて、それぞれの人が申告した人間関係を1枚の地図に書き写せばいい。

図12-3

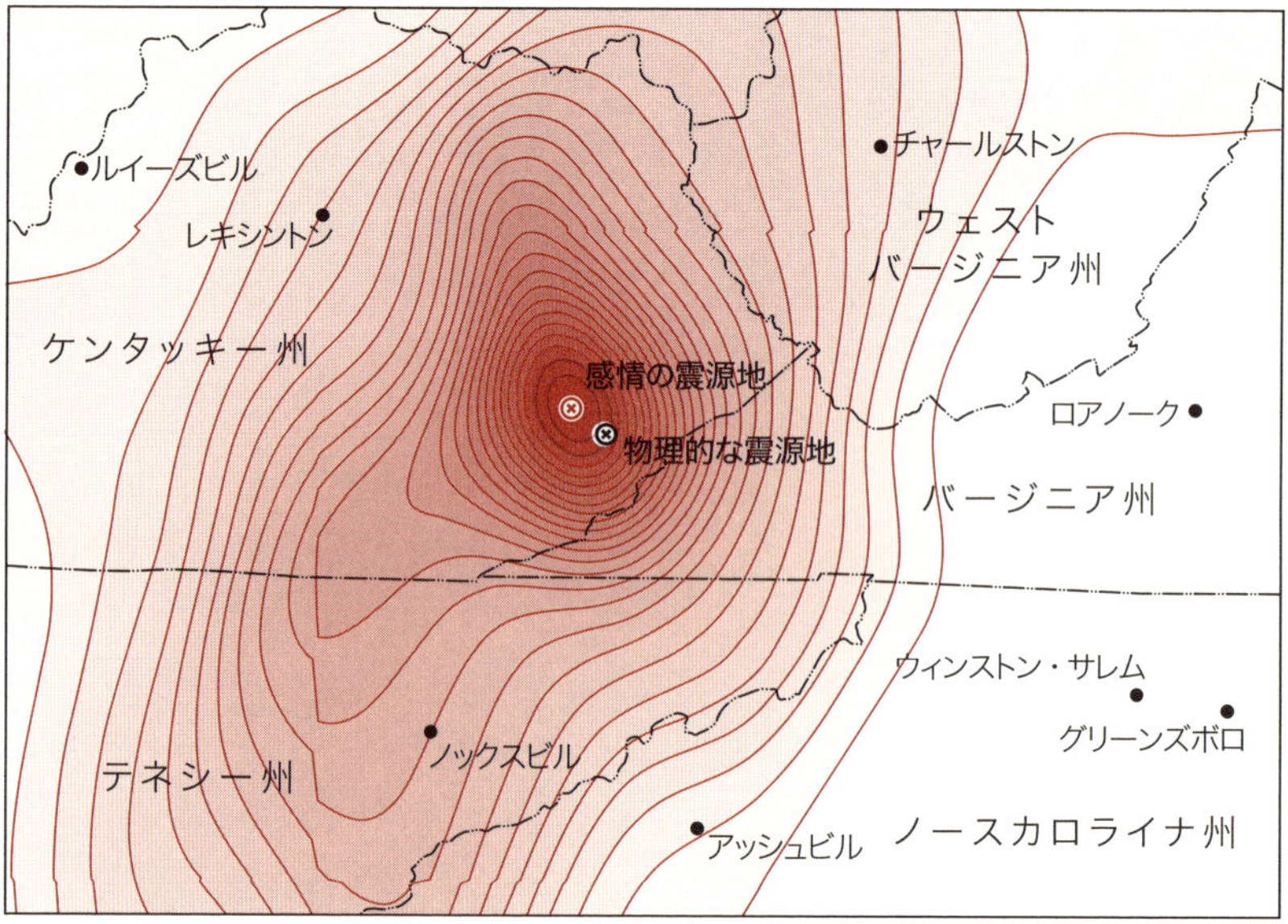

しかし、ズークの地図は、数秒間だけ続いた出来事に対する瞬間的な反応を示している。地震後にケンタッキー州の「すべての」住民を調査しても、意味のある報告書は作成できなかっただろう。人々の感情が記憶とともに変わるだけでなく、地震後の報道や人との会話が、なすすべもないほどデータを汚染するからだ。スマートフォンがあれば地震計は必要ないという意味ではないが、ズークの地図は、従来の震度表示よりはるかに直接的に地震の「衝撃」を反映している。地震の状況がわからないうちに被害者に確実に支援を届けようとするとき、ツイッターの反応が描く等高線は、震源地を中心とする従来のモデルよりはるかに役に立つだろう。*1

一つひとつのツイートは一瞬だが、集まれば、束の間の現象以上のことを描き出す。DOLLYを使ってオランダの祭り「シント・マールティン」のデータを追跡したユーチューブの動画も、その実力を証明している。シント・マールティンはハロウィンの原型とも言われ、子供たちが歌いながら家々を回って菓子をもらう。DOLLYのデータを見ると、オランダ北部の人口が多い地域だけでなく、ベルギー西部でも行われている。文化的な関係の深いオランダ語圏のフランドル地域が、ツイート上で再びつながったのだ。GPS情報を付加されたデータポイントを可視化すると、ハプスブルク家の影が浮かび上がった。

DOLLYのようなソフトウエアの威力を考えたら、長期にわたるデータが存在しないことが残念でならない。現代の研究の資料にとって、時間はさながら幻肢を思わせる。ツイッターには数多くの多元的な可能性があり、地球上のあらゆる感情と場所のデータがそろうが、リソースとして機能するようになってからまだ2、3年だ。ヨーロッパは歴史的に地理と文化と言語の結び付きが不安定で、たとえばアルザス・ロレーヌ地方はドイツ、フランス、ドイツ、フランスと統治国が変わるたびに、時々の政府が自分たちの文化を住民に押しつけた。アルザス・ロレーヌ地方という家のペンキを、次々と塗り替えるかのように。カリブ海地域は15世紀後半にアステカの兵士が攻め入り、彼らの宗教が、そして言語が、地域を支配した。DOLLYは、数十年をかけて文化が衰退し、分裂していく様子をたどるために開発された。[*2] あとはDOLLY自身が数十年の時を重ねるだけだ。

文化地理学的な洞察は、ほかの情報源から導くこともできる。そのほとんどにツイッターの即時性はないが、代わりに別の深みが生じる。たとえば、サイトがユーザーに直接質問することによって、境界線を再定義するだけでなく、作られた境界線が実際には存在しないことも明らかになるかもしれない。

性的オープンさと地域性

図12－4は、「国旗を燃やすことは違法か?」という質問に対する回答100万件をOkキューピッドで収集し、その発信地点を地図作成ソフトで解析したものだ。行政的あるいは自然の境界線ではなく、緯度と経度の情報に従ってデータを図示している。ここに表れているのは、まさに国家に対する信条の違いであり、「都会」と「田舎」という二つのアメリカである。互いの領域に侵食している地域も見受けられる。田舎のコミュニティはハドソン川上流とカリフォルニア北部のワイン地帯に迫り、大都市のカネと大都市の選択肢を示している。

同じように、同性愛者は全米にあまねく存在するというグーグル・トレンドの結果をもとに地図を作成すると、同性愛に関する検索行為には、国境も州や郡の境界も関係ない。図12－5は、デジタルコンテンツの

図12-4

図12-5

共有サイトとして人気の高い「パイレイト・ベイ」で、同性愛のポルノをダウンロードしたIPアドレスの分布を示している。[*3] この地図も、人が住む所に人の結び付きがある。

地図の描き方は、データの種類の数だけある。国旗やポルノについてどのように思うかという心理的な次元を描く地図は、ほんの一例だ。もちろん、ほかのやり方もある。抽象的な概念と客観的な概念を、データで結び付けるのだ。たとえば、Ｏｋキューピッドの会員に清潔さについて質問したところ、シャワーを浴びる頻度は図12－6の地図のとおりになった。

全体的な傾向は気候の裏返しにすぎず、暑い地域ほどシャワーを多く浴びる。しかし、詳細を見ると、二つの特徴がある。ニュージャージー州の色が薄いのは、周囲の州より潔癖症だからで、ジムや日焼けサロンに通い、洗濯や身繕いにこだわる姿が目に浮かぶ。一方で、バーモント州の清潔の哲学は正

図12-6

シャワーを浴びる頻度

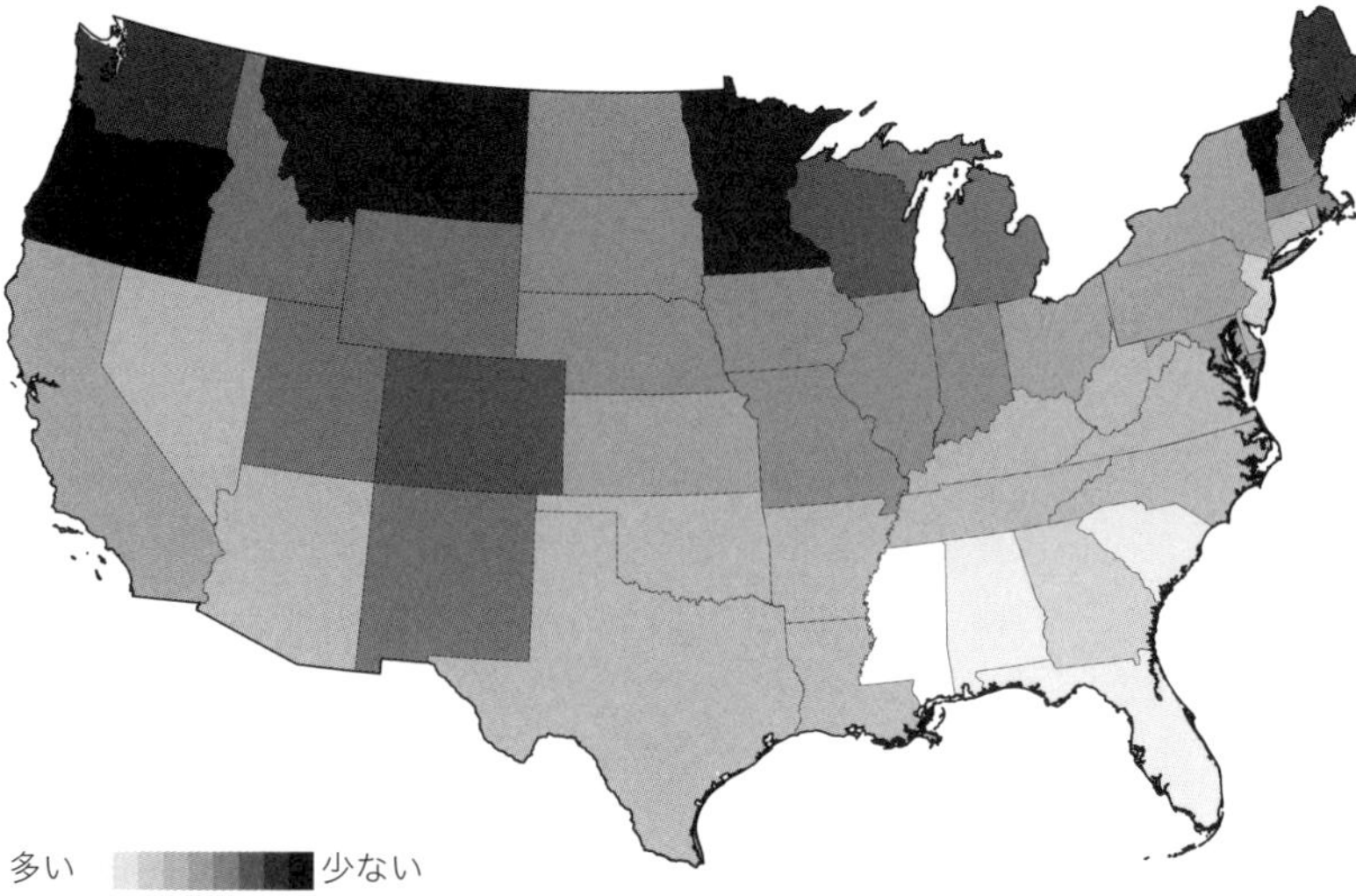

反対だ。イメージとは裏腹に、全米で最もシャワーを浴びない州は、隣接する州の中でも際立っている。グーグルによると、バーモント州の動物は、アメリカの馬の中でも歴史のある品種のモルガンホース。先祖は白いたてがみをなびかせていたに違いない。

政治や天気、ウォルマート、地震は物理的な世界と強い関係があるが、私たちのデータの中には、純粋に内面の地図を描けるものもある。ほとばしる恋の情熱に、理論上は州の境界など関係ない。しかしここでも驚くことに、地理的な境界線があるのだ。

図12-7のパターンは、Okキューピッドのデータに繰り返し表れる。アメリカの北部の中央あたりと西部は、より性的にオープンで、冒険的であり、積極的だ。太平洋沿岸の北部なら、そのような慣習にとらわれない振る舞いも予想できるが、濃い赤色の州の多くがイメージを裏切っている。とくに色が濃いノースダコタ州とサウスダコタ州では、Okキューピッドのユーザーは評判どおり政治的に保守派

図12-7　いま、あなたにとって大切なのは愛か、セックスか

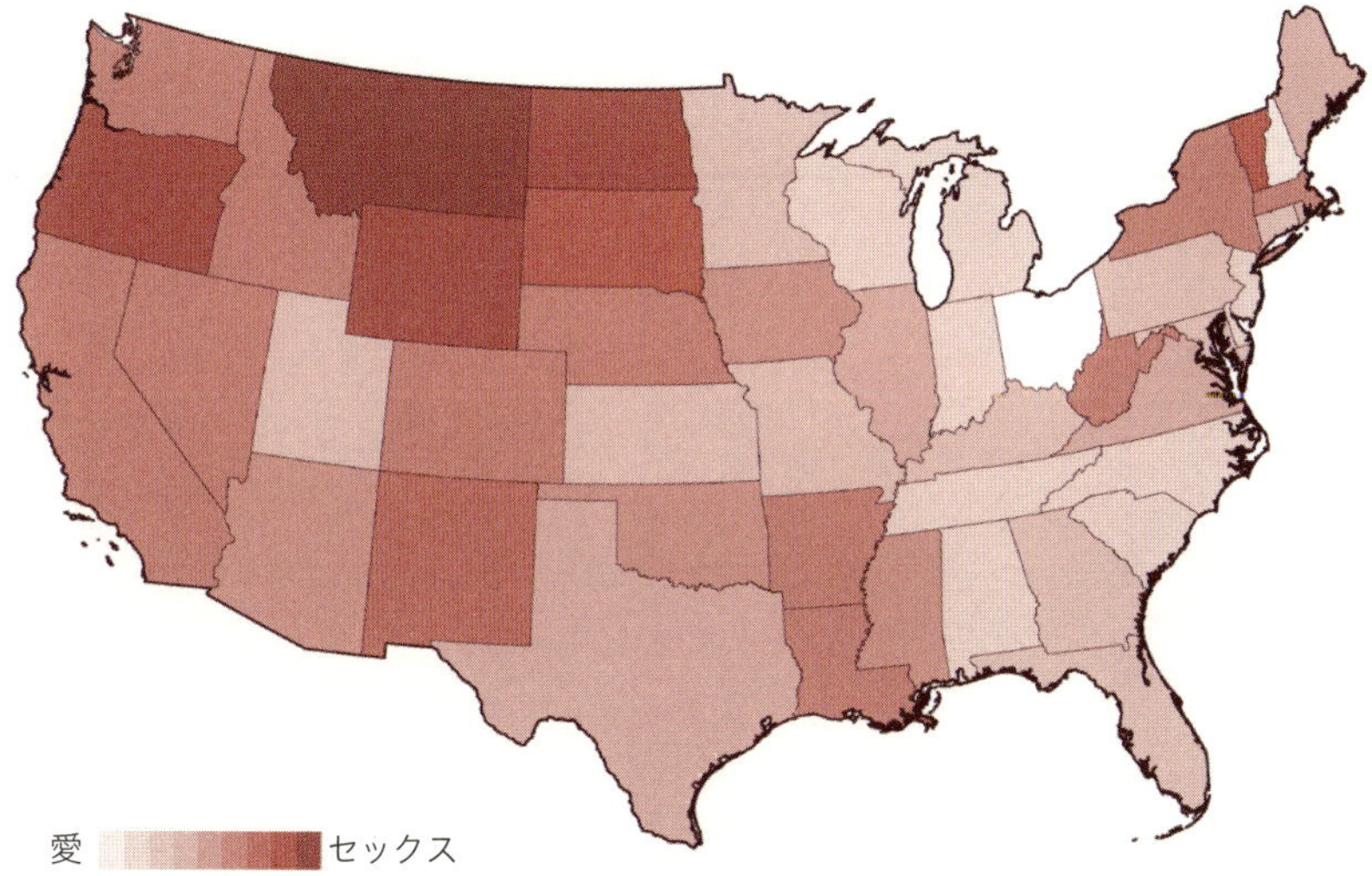

だ。自己紹介の文章もほかの州と大きくは変わらない。あらゆる指標を考えると、この2州の色が濃いことはおかしいのだが、データを見ると不思議なくらい性的な情熱を持っている。この意外なパターンは、インターネットのデータのさらなる力を証明している。地理学を反映するというより、地理学を変えるようなコミュニティが存在するのだ。

このデータは、パーティーで羽目を外すのにぴったりな場所を教えてくれるわけではなく、もう少し地味な事実を物語る。すなわち、サウスダコタ州のピエールのような町でセックスの相手を探すなら、地元では選択肢に限界があるのだ。そこで、出会いサイトの出番だ。これは恣意的に選択したデータに基づく分析ではあるが、生身の人間で満足できない人は、代わりとなるデジタルコミュニティを作ろうとする。出会いサイトには、似たような性的興味を持つ人のコミュニティがある。恋愛以外のさまざまな目的を持つ人が集まるサイトなら、二人で（ときには三人で）いちゃつく相手を探している人ばかりではなく、もっと豊かなコミュニティを得られるだろう。

巨大掲示板サイト「レディット」上の合衆国

ソーシャルニュースの掲示板サイト「レディット」は、インターネットの原点でもある野心を実現している。遠く離れた人と話をして、議論を交わし、共有して、ニュースを広め、笑い合う。空間の概念を打ち砕き、人と人の親密な関係を築くのだ。アメリカで最も人気のあるサイトの一つであり、「インターネットの最前線」と自負するとおり、大手のキュレーション・サイトにあふれるおかしなクチコミ情報は、多くがレディットで生まれている。ハフィントン・ポストで(私がこの本を執筆しているときに)人気を集めている動画ニュースのタイトルは、「この鹿は自分がおならをしたことを誰にも見られていないと思っていたが、世界中が知っている」。森の中で鹿がおならをする瞬間の十数秒の動画が流れる。あの鹿のおならを最初に見つけたのも、レディットに違いない。

奇妙なことに、これだけ大きな影響力を持ちながら、レディットの運営会社は何もしていない。アプリやゲームを提供しているわけでもなく、語るほどの社歴もない。ニューヨークにある事務所はシェアオフィスの一画で、私の寝室より狭い。サイトはユーザーの投稿がそのまま列挙されていて、ユーザーが互いに投票して、コメントを付け、コメントにコメントを返し、自分の投稿を修正し、また投稿する。世界で最も大きな友達グループが、世界で最も長いカウチに並んで、一日中盛り上がっているかのようだ。「レディッター」同士は、実際に会ったことがないのはもちろん、本当の名前もまず知らないが、匿名性が親密な絆を損なうことはない。2011年の感謝祭の前日に、ベイエリアに住む40歳の女性が、一人で過ごしていると投稿した。2、3時間で500件以上の返信が届いた(もちろん、翌日のディナーへのお誘いも多かった)。一つの投稿があっという間に広まり、さまざまな街に暮らすレディッターがつながったのだ。

サイトでは数千件の「サブレディット」が自己組織されている。サブレディットはユーザーが自由に立ち上げることができ、作成者や承認されたユーザーが管理者となって、それぞれのテーマに沿った投稿やコメントが付く。広大なオープンスペースで、ゼロから立ち上げるバーチャル・コミュニティだ。「ゲーム」「テクノロジー」「音楽」「NFL(ナショナル・フットボール・リーグ)」などわかりやすい話題もあれば、レディットにしかない地域特有のテーマもある。

〈5歳の子どもに説明するかのように〉

「ヒンズー教と仏教では死ぬと生まれ変わるけれど、人口の増加はどのように数えるの?」という質問に、5歳の子どもに説明するつもりで答える。


〈iama〉

ニュージャージー州のクリス・クリスティ知事の「AMA!(私に何でも質問してくれ!)キャンペーンにあやかって、自分の専門分野(何でもかまわない)について質問を募る」


〈今日学んだこと〉

「今日学んだこと。退屈な街オレゴンと、愚鈍な街スコットランドが、観光促進のために『タッグを組んで』いた」


〈レディットに聞こう〉

「レディットの元喫煙家のみなさん、禁煙に成功した『本当の理由』は?」


〈どちらが勝つか〉

「スーパーマン・プライム対スーパーマン」

図12－8は人気のあるサブレディット上位200件を私が地図化したもので、「レディット合衆国」と言えるだろう。クレイグスリストの地図と似ているが（実際に似たようなアルゴリズムを使った）、地理的な場所ではなく、関心を可視化した「レディットの集団心理地図」になっている。ピースが大きいほど、地図の中央にあるほど、そのサブレディットの人気が高い。位置関係がコミュニティの結び付きを表している点は、クレイグスリストの地図と同じだ。

語彙データの地図と言われても馴染みがないだろうから、まず自分がよく知っているテーマを探してみよう。私は、トレーディングカードゲーム（TCG）の「マジック・ザ・ギャザリング」の愛好家だ。magicTCGは地図の上部で、MensRights（男性の権利）、whowouldwin（どちらが勝つか）、mylittlepony（私の小型スポーツカー）など、悲しいくらい相性のいい言葉に囲まれている。スポーツ系のnfl（全米プロフットボール・リーグ）、nba（全米プロバスケットボール連盟）、formula1（フォーミュラ1）はいちばん下に、pokemon（ポケモン）関連は左側に集まっている。右下のBritishproblems（イギリスの問題）の隣には、australia（オーストラリア）やsoccer（サッカー）がある。わがOkキューピッドは右上だ。

中央にあるのは人気の高いサブレディットで、ほかのすべてのサブレディットからあまり離れていない。赤色の濃さは、サブレディット同士の結び付きの強さを表す。色が濃いほど、投稿者がほかのサブレディットと重なっていない孤立したスレッドという意味だ。全体に抽象的な地図だが、ある人がどこに住んでいるかではなく、何に興味を持ち、何を面白いと思い、何を重要だと思うかによって位置が決まる。いわば集合意識の地図だ。

図12-8

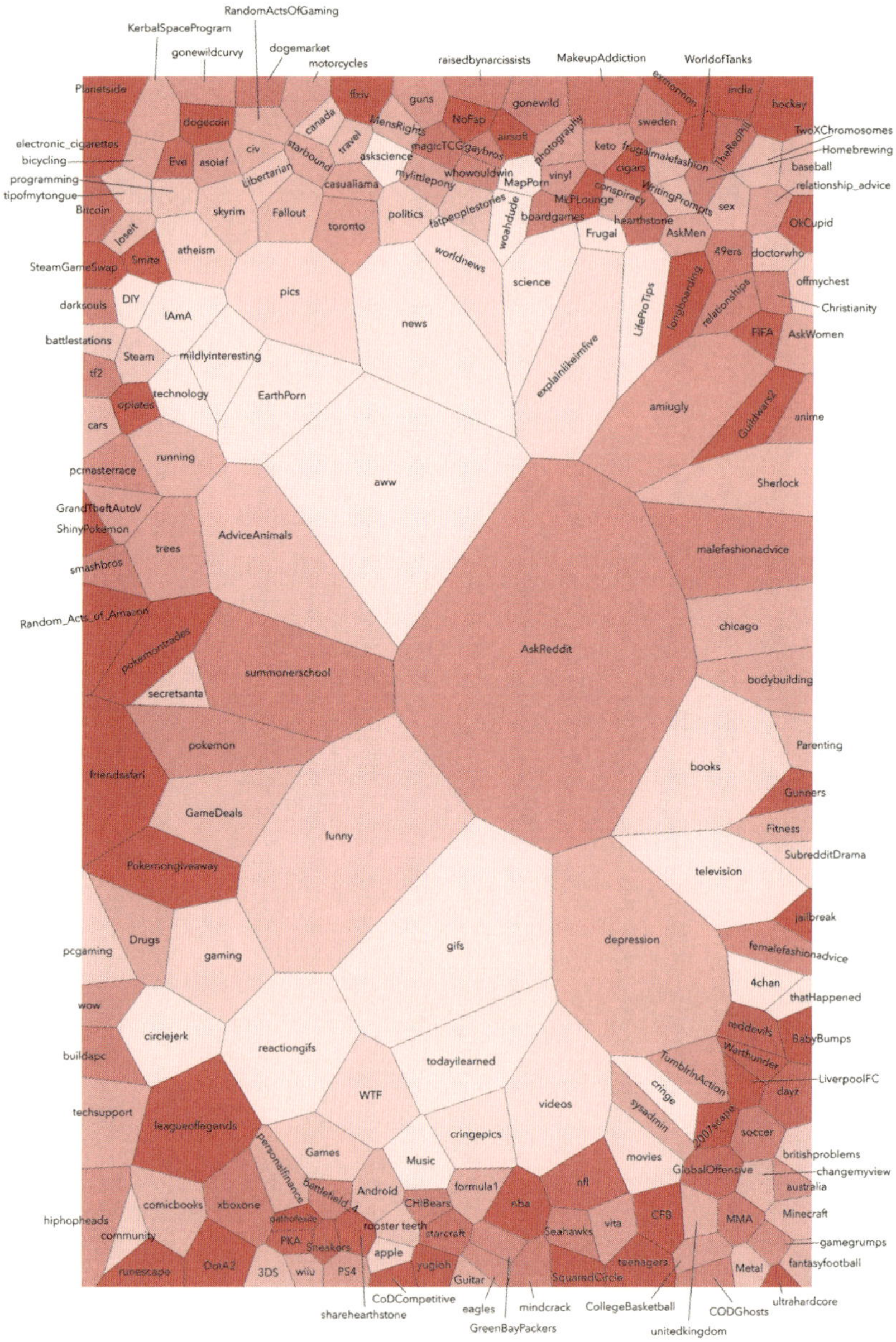
RandomActsOfGaming
KerbalSpaceProgram
gonewildcurvy
dogemarket
motorcycles
raisedbynarcissists
MakeupAddiction
WorldofTanks
Planetside
dogecoin
canada
ffxiv
guns
gonewild
exmormon
india
hockey
MensRights
NoFap
airsoft
sweden
TwoXChromosomes
Homebrewing
baseball
relationship_advice
electronic_cigarettes
bicycling
programming
tipofmytongue
Bitcoin
Eve
asoiaf
civ
starbound
travel
askscience
magicTCG
gaybros
photography
keto
frugalmalefashion
TheRedPill
Libertarian
casualiama
mylittlepony
whowouldwin
MapPorn
vinyl
cigars
conspiracy
WritingPrompts
MLPLounge
sex
skyrim
Fallout
toronto
politics
fatpeoplestories
woahdude
boardgames
hearthstone
AskMen
OkCupid
loseit
atheism
Frugal
49ers
doctorwho
SteamGameSwap
Smite
worldnews
science
offmychest
darksouls
DIY
pics
LifeProTips
longboarding
relationships
Christianity
IAmA
news
FIFA
AskWomen
battlestations
Steam
mildlyinteresting
explainlikeimfive
tf2
technology
EarthPorn
amiugly
Guildwars2
opiates
anime
cars
running
pcmasterrace
aww
Sherlock
GrandTheftAutoV
ShinyPokemon
trees
AdviceAnimals
malefashionadvice
smashbros
Random_Acts_of_Amazon
pokemontrades
chicago
AskReddit
summonerschool
secretsanta
bodybuilding
pokemon
friendsafari
Parenting
books
Gunners
GameDeals
funny
Fitness
SubredditDrama
Pokemongiveaway
television
jailbreak
Drugs
pcgaming
gaming
gifs
depression
femalefashionadvice
4chan
thatHappened
wow
circlejerk
reddevils
BabyBumps
reactiongifs
buildapc
todayilearned
TumblrInAction
Warthunder
LiverpoolFC
cringe
dayz
WTF
techsupport
videos
sysadmin
leagueoflegends
2007scape
personalfinance
cringepics
soccer
Games
britishproblems
Music
movies
GlobalOffensive
changemyview
battlefield_4
Android
formula1
nfl
australia
comicbooks
xboxone
CHIBears
nba
CFB
hiphopheads
Minecraft
rooster teeth
MMA
community
PKA
Sneakers
starcraft
Seahawks
vita
gamegrumps
apple
teenagers
fantasyfootball
runescape
DotA2
3DS
wiiu
PS4
yugioh
Guitar
SquaredCircle
Metal
CoDCompetitive
sharehearthstone
eagles
mindcrack
GreenBayPackers
CollegeBasketball
unitedkingdom
CODGhosts
ultrahardcore

現代人はなぜ移住するのか?

私の本棚に、コーネル大学のベネディクト・アンダーソン教授が書いた1冊の本がある。大学の講義のために読もうと思ったのだが、開くことはなく、引っ越しのたびに持ち歩いてきた。最近ふとページをめくったのは、ようやく書名の『想像の共同体』(*Imagined Communities* 増補版・NTT出版)があてはまる時代になったと思ったからだ。アンダーソンはナショナリズムと国造りについて語り、国家は「心の中で想像されたもの」ではないかと書いている。「最も小さな国でも、国民の大半は知り合うことがなく、顔を合わせることもなく、噂も聞かないが、それでも一人ひとりの心の中に共同意識のイメージがある」。この本が執筆されたのは1981年だが、インターネットにもあてはまるだろう。レディットは国家ではないかもしれないが、多くの共同意識が集まっている。興味深いことに、ほかの新しいデジタルコミュニティも同じように定義できる。第9章で紹介したサフィーヤとナターシャとジャスティンは、ツイッターで共同の暴力を浴びた。レディットでは帰属意識、共感、共有など、アメリカ人であることの良い側面が多く見られる。

私はブルックリンに住んで12年になる。『想像の共同体』を本棚から引っ張り出したときにはニューヨークのほこりをかぶっていたが、最初にこの本と旅をした行き先はテキサスだった。大学を卒業した後、私は数人の友人と同居していた。その一人で現在は映画監督のアンドリュー・バジャルスキーは、敬愛する映画人のリチャード・リンクレイターに一目会いたくて、テキサス州オースティンに引っ越すと決めた。残りの私たちは何の計画もなく、とにかく彼についていくことにした。

そんなことができたのは、友達の夢を一緒に追いかける以外にやるべきこともない、22歳の若者の特権だ。オースティンはかっこいい街だと聞いたから行ってみよう。そう思っただけだ。浅はかな考えの典型だが、クチコミと、いまよりいいものがあるという希望にすがった集団移動が、現代の世界を築いてきたことも事実だ。1900年代前半に大勢のアフリカ系アメリカ人が、人種差別の激しい南部を離れてデトロイトやシカゴ、ニューヨークなどを目指した大移動は、個人の小規模な移動が集積して文化の大変革をもたらした。カリフォルニアに開拓者が移住したゴールドラッシュも、アメリカ大陸に旧世界をもたらしたヨーロッパ人の移住も、基本は同じだ。1万3000年前にクロービス人が氷河を渡り、アメリカ大陸の地を初めて踏んだ光

|図12-9|

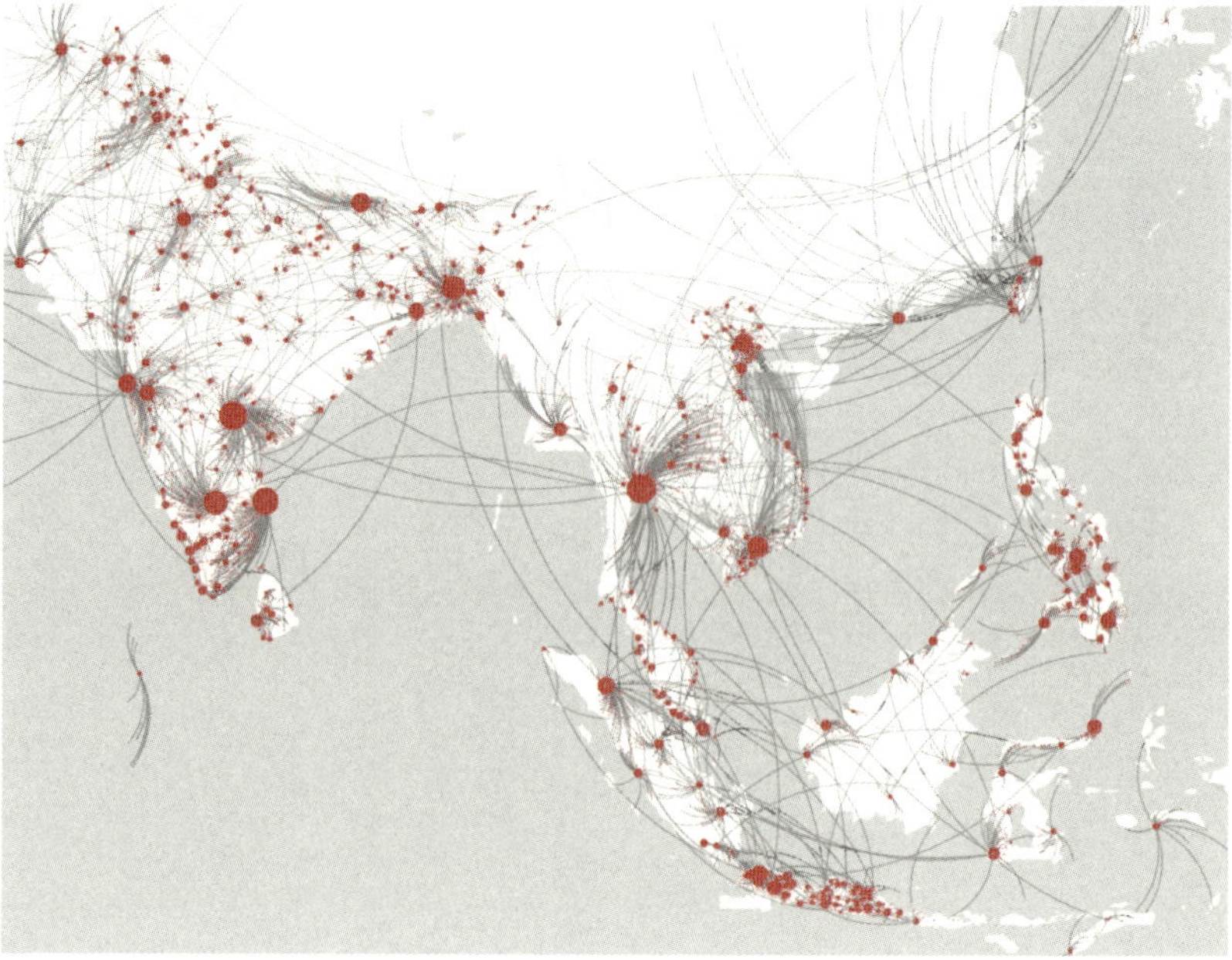

景が目に浮かぶ。コミュニティは、自分たちが存続できる安全な環境を求めて移動するが、同時に自分たちの心の中を反映する土地を求めている。

フェイスブックのデータサイエンス部門は、世界規模で現代の大移動――かなりの割合の住人が、ある程度まとまって別の地域に移り住む「協調移動」――を分析した。そのような大移動はアメリカでは行われなくなったが、世界の多くの地域では始まったばかりだ。図12-9は、フェイスブックの研究者が世界中の協調移動を可視化した地図から東南アジアを抜粋した。地図上の線をたどると、小さな町や村が丸ごと都市圏に移動していることがわかる。私個人の意見だが、1850年頃のイギリスも、50年後のアメリカでも、これほど急激な地域の変化は見られないだろう。

広い意味で、これらの移動の大半は経済的動機によるものだろう。シカゴやバンコクのような都会に行けば仕事がある。しかし、地図上の線と点はすべての個人的な移動を集約したもので、それぞれに事情がある。親が引っ越しを決めたのか。友人の後を追うのか。新しい都会でどのような人々と出会うのか。誰を残して引っ越すのか。すべての荷物を持っていくのか。何もかも置いていくのか。誰もがまだ読んでいない本を携えていくのだろうか。いったいどんな本だろう。

Chapter 13

ネットの中のあなたのブランド

イギリスの由緒あるビール、バス・ペールエールのロゴは英語圏で初めて商標登録され、その揺るぎない歴史が現代ではブランドの大きな魅力になっている。赤い三角形の下に「イギリスで第1号の登録商標」と記されている。ただし、バスが最古のビールという意味ではない。イギリスの商標法が施行された朝、醸造会社の従業員が列の先頭に並んだというだけだ。会社は役所の手続きが生んだ偶然を利用し、実際の品質をはるかにしのぐ評判（少なくとも、現代の茶色いボトルの中身から判断するとそう思える）を打ち立てた。バスのブランドはまさに、ブランディング行為によって築かれている。

バス・ペールエールの以前にも数多くのブランドやマークがあり（だからこそ、イギリス当局は規制を導入したのだ）、ラベルやイメージづくりの歴史は産業革命以前にさかのぼる。ブランドの起源は、肉に押した焼印だ。実に原始的な発想だ。砂漠の墓の遺跡からは、5000年前に封をされたブランドものの油とワインが出土している。あるラベルには、エジプト語で「チェヘヌの最高級油」と記された上に、王家の紋と黄金の搾油器の絵文字が描かれていた。「ビールの王様」バドワイザーの「選び抜かれたホップと米、最高の大麦」と記されたラベルと比べてみると、ブランディングは長い歴史を経て発展してきたが、多くのことが青銅器時代と変わらず、これからも変わらないのだろう。ブランドが演出する感情は、過去も未来も永遠に同じだ。

ブランドへの憧れと特権は時を超えた概念だが、近年はブランディングの対象としてまったく新しい領域が生まれている。人間だ。1997年に経営コンサルタントのトム・ピーターズは、ファスト・カンパニー誌に"The Brand Called You"（あなたというブランド）と題した記事を執筆した。パーソナル・ブランディングの時代が幕を開けた。

ピーターズは、自分の「長所に基づく理想の姿」を決めて、それを雇用主や同僚に売り込み、もっと広い世界にも所構わずアピールしろ、とはっぱをかけた。記事の最後の署名欄には、「トム・ピーターズは執筆、講演、ニューエコノミーの考察に関して世界トップレベルのブランド」という一節がある。彼は当時、世界トップレベルというだけでなく、自分をブランドと呼んだ唯一の人だった。ニューエコノミーの代弁者を名乗るのは、バス・ペールエールの「イギリスで第1号」の戦略を真似ている。本当に世界トップレベルになるまで、そのふりをしていればいい。ピーターズの記事は、セルフ・ブランディングは成功に直結するという概念を世に知らしめ、現代もマーケティングの講義で読まれている。

その数年後、ピーター・モントヤというコンサルタントがピーターズの提唱をさらに広げて、"The Brand Called You"（邦訳『パーソナル・ブランディング』東洋経済新報社）と題する本を執筆した。モントヤとピーターズは共同研究者ではない。それどころか、ブランディングの第一人者としてライバル関係にある。「自分ブランド」をどこでも大胆に売り込む才能にかけて、モントヤは魔法使いかもしれない。『パーソナル・ブランディング』には、ブランドの策定や戦略の具体的なポイントが箇条書きで記されている。その第1条は次のとおりだ。

1 あなたは人と違う。自分こそ新しいオリジナルだと思わせる差別化の能力は、パーソナル・ブランディングにおいて最も重要だ。

「リメイク版」はベストセラーとなり、モントヤはピーターズと同じように、現在も講演をするたびに盛況だ。ただし、自分のパーソナル・ブランドを売り込むことが、アメリカの会議場やホテルの講演会場だけの流行語で、アイスコーヒーやマフィンのかけらとともに、すり切れたカーペットに染み込んで終わりなら、本書であえて章を割いたりはしない。パーソナル・ブランディングの概念は社会にしっかりと根づいているのだ。著名人が公然と無礼な振る舞いをしたり、信用に傷がつくような失敗をしたりすると、あの人のパーソナル・ブランドはどうなるのだろうと思わ

|図13-1|

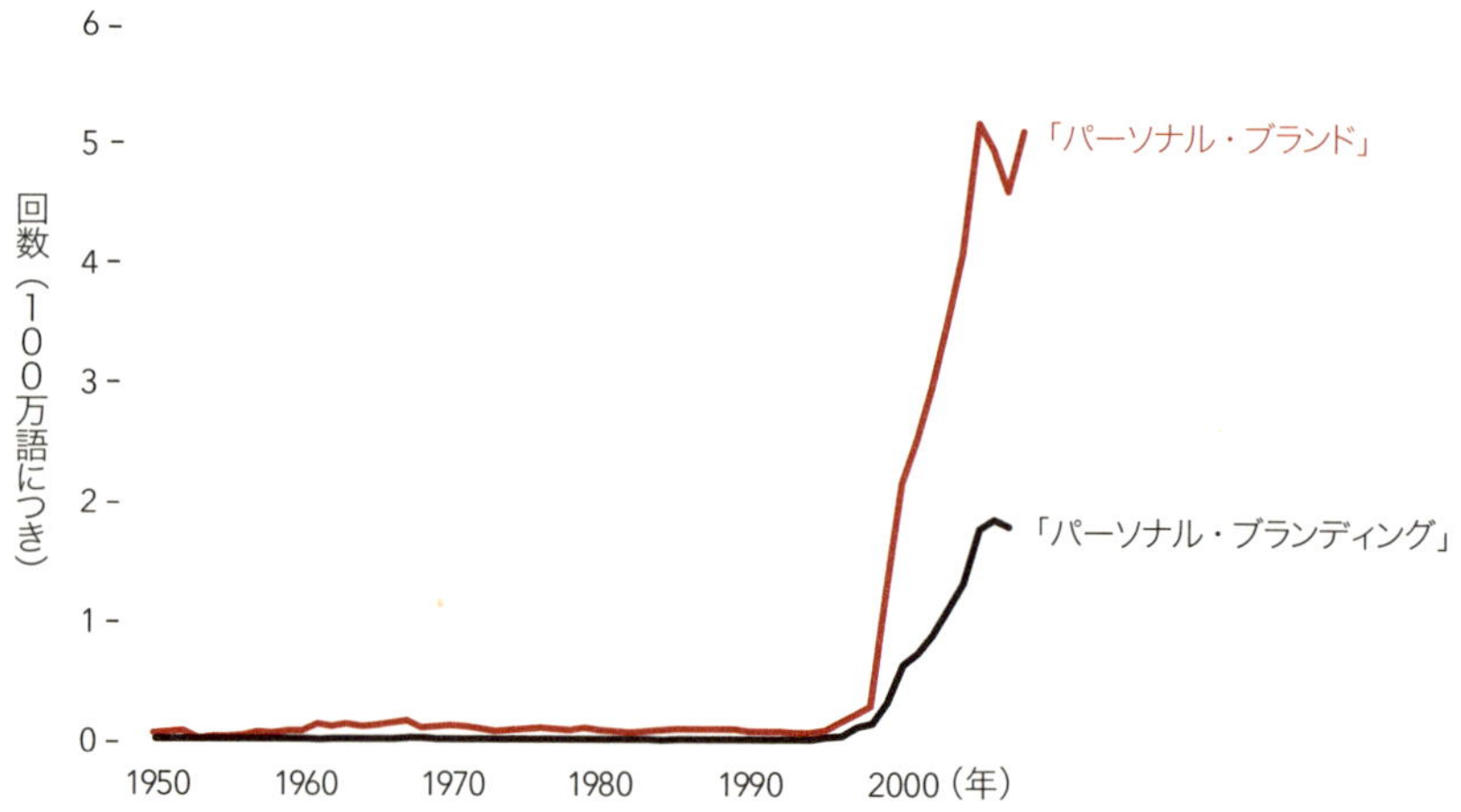

ずにいられない。ピーターズとモントヤは革新者だった。私の知っている聡明な人や、正当な評価にふさわしい成功者の中には、「私のブランド」という言葉を嫌みなく口にする人もいる。グーグル・ブックスのデータから、この概念が活字になった回数を見れば、その誕生と発展をたどることができる（図13－1）。

大勢のフォロアーを獲得するために

パーソナル・ブランディングの原理は、新しい概念ではない。モントヤもピーターズも、自己啓発系書籍の元祖と言われるデール・カーネギーのマーケティング戦略と発想は同じだ。デールは"Carnagey"という姓のスペルを、鋼鉄王のアンドリュー・カーネギー（親戚ではなかった）にあやかって"Carnegie"に変え、二人の後輩と同じように自分のセールスポイントを簡潔な箇条書きにまとめた。こうした演出が全体として成功をもたらすと考えたのだ。パーソナル・ブランディングの目的は、どんな時代の自己啓発セミナーや成功の条件とも変わらない。富と力を手に入れることだ。

現代のパーソナル・ブランディングの新しい点は、自分を人間ではなく商品として扱うことだ。ピーターズは次のように述べている。

今日から、あなたはブランドだ。あなたはあらゆる意味で、ナイキやコーク、ペプシ、ボディ・ショップのようなブランドと同じだ。まずは、自分がブランドマネジャーになったつもりで、ナイキやコーク、ペプシ、ボディ・ショップのブランドマネジャーと同じように考えてみよう——わが社の製品やサービスがほかと違う点は何か?

これがパーソナル・ブランディングの核心だ。キリスト教と印刷機が結び付き、フットボールのプロリーグとテレビが結び付いて発展したように、パーソナル・ブランディングのグローバルな展開にとって、ソーシャルメディアは理想のテクノロジーだ。フェイスブックやツイッター、インスタグラムなどのサイトは、あなたが世界に向けて自分を演出することを可能にした。この章では、そのプロセスをいまさら説明するわけではない。地球の裏側にいる見知らぬ人にメッセージを届け、ファンを獲得することができるのが、豊富な予算を持つ大企業だけだった時代は、そう昔のことではない。それがいまでは、私にもできるし、あなたにもできるし、誰にでもできる。最も難しいのは、誰かに耳を傾けてもらうことだ。

注目を集める手っ取り早い方法は、人々を楽しませ、興味をそそり、面白がらせることだ。ただし、本当に人を笑わせることのできるコメディアンがほんの一握りしかいないことには、理由がある。とにかく難しいのだ。素人がツイッターで、ウイットに富んだ発言や挑発的なフレーズでフォロワーを増やそうとしても、第二のジャスティン・ハルパーン(@ShitMyDaySays)になって300万人のフォロワーと書籍の出版契約を勝ち取るより［訳注 『父さんのSh*t(クソ)発言、つぶやきます』CCCメディアハウス］、第二のジャスティン・サッコ(第9章を参照)になる可能性のほうがはるかに高い。ツイッターがきっかけで大学進学が決まり、あるいはニューヨーカー誌の編集部でしゃれた肩書きを手にする若者が一人いたら、その陰で数十人が校長室に呼び出されているか、屈辱の沈黙にぶち当たるのがオチだ。

本書のテキスト分析のアルゴリズムを使えば、フォロワーを増やすために必要なものが、いくらかはわか

図13-2

頻度の高い単語

フォロワーが 100 人未満	フォロワーが 1000 人以上
#thehungergames	partnering
#upset	#heyboo
#worthit	vamping
#whyme	optimizing
roethlisberger	sourcing
workaholics	marketer
#wordsofwisdom	tweetup
#hurryup	visibility
#depressed	monetize
#wishmeluck	industry's
#getonmylevel	optimize
#studying	brownskin
#idiots	merchants
cincy	influencers
#collegeproblems	robust
#sunny	yeen
#notokay	guwop
#finalsweek	talmbout
#tebow	innovators
#silly	partnered
#impatient	bezos
#leavemealone	infographics
#holyshit	livest
#suckstosuck	strategist
pujols	entrepreneurial
#saveme	slideshare
#yeahbuddy	yass
pattys	amplify
#girlproblems	goodmorning
#killme	creatives

るだろう。図13-2は、フォロワーが100人未満の「完全なアマチュア」と、1000人以上いる「新進

気鋭のプロ」が、それぞれツイートでよく使う単語のリストだ。

左側のリストには、ツイッターにありがちな単純で束の間の関心事が並んでいる。それに対し右側は、マネジメントの専門用語ばかりだ。フォロワーが多い人は、企業の代表者のようにつぶやくのだ。ただし、右側にも、#heyboo［訳注　若者が恋人に呼びかける言葉］、"talmbout"("talking about"の略)、"yeen"("you ain't")"yass"("your ass")など、ツイッターのプロらしくない言葉もある。左側のグループと同じようなつまらない冗談や愚痴、独りよがりの発言だが、それを数千人のフォロワーに向けてつぶやいている。これらの発言の主は黒人が中心だ。右側のリストにこのような言葉が紛れていることから、アフリカ系アメリカ人のツイッターの特徴がうかがえる。ライターのファハド・マンジューはスレート誌でこれを「ブラック・ツイッター」と呼んでいる。

黒人、とくに黒人の若者は、ツイッターをほかの人とは違う使い方をする傾向がある。彼らはネット上でより緊密なクラスターを形成し、気軽にフォローやリツイートを返す。@＋返信の形でダイレクトにメッセージを返すことも多い。このような振る舞いは、意図的にせよそうでないにせよ、黒人、とくに黒人のティーンエイジャーが、ツイッターの会話を支配している理由でもある。

マンジューが「支配」という言葉を使ったのは、ツイッターの初期に、#uainthittinitright［訳注　ヒップホップ歌手ザ・ドリームの歌詞より］や#ifsantawasblack［訳注　もしサンタが黒人だったら。黒人の定番のジョーク］といったハッシュタグが、人気司会者の思慮深い発言やマーケティング戦略のキーワードと並んでトレンディング・トピックの上位に入るたびに、白人ユーザーがかなり困惑した事実を示唆している。ツイッターのユーザーの大半は、セレブやジャーナリスト、商品などの公式アカウントをフォローしているが、公式アカウントは個人にフォローを返さない。ツイッター文化の主流は、この一対多のコミュニケーションを中心に組織されている。いわば、ブランドを中心に組織されているのだ。しかし、黒人ユーザーは個人的なやり取りが中心で、相互のやり取りが多い。そのためフォロワーの数が多く、ネットで流行を生み出すインターネット・ミームを発信することも得意で、トレンドの上位を占める。

数が問題か

ツイッターの主流でブランドを築きたい——一人で大勢のフォロワーを引き連れたい——なら、ツイッターは「1パーセントの世界」そのものであることを理解しなければならない。ツイッターの最も貴重な資源であるフォロワーの分布は、富以上に格差が激しいのだ。私のサンプルデータによると、フォロワーの72％は、アカウントの上位1％に集中している。上位0・1％で半分強を擁しているのだ。100万人のフォロワーを獲得することは、100万ドルを稼ぐよりはるかに、はるかに難しい。2011年度の納税で100万ドル以上の所得を申告したアメリカ人は30万8890人。現在100万人以上のフォロワーがいるアカウントは、全世界で2643件だ。その半分はアメリカだろう。100万人のフォロワーがいるアメリカ人になれる確率は、億万長者になれる確率と同じくらいだ。[*1]

これらの計算は、フォロワーの数が正しいことが前提だ。そのことを確かめるために、私は自分のアカウントの一つでフォロワーを購入した。ツイッターウィンドなどのサイトで人数を指定して（私は1000人にした）支払い（17ドル）を済ませると、1日か2日後に突然、知らない友達が一気に増えた。カネで雇ったフォロワーは何もせず、ただそこにいるだけだ。しかし、かなり大規模なフォロワーを擁する人はほぼ全員が、少なくとも一部は購入したフォロワーのはずだ。セレブや政治家のように、人気を集めることが仕事という人はとくにそうだろう。人気があるように見えると、本当に人気が出るのだ。

2012年の米大統領選で共和党の予備選が行われている最中に、ニュート・ギングリッチは、「私のツイッターのフォロワーは、ほかの候補者のフォロワーをすべて足した人数の6倍だ」と自慢した。問題は、そのうち約90%をカネで雇っていたことだ。*2 ミット・ロムニーも（ほぼ間違いなく）フォロワーを買っていた。7月のある日に、わずか数分間でフォロワーが2万人増えたのだ。その直前と直後の人数の約200倍だった（図13－3）。

ここで重要なことが二つある。まず、他人のフォロワーを買うこともできる。21世紀版のニクソンのラットファッキング（選挙妨害）さながらに、対立候補を愚か者に見せることもできそうだ。もう一つは、オバマ大統領をはじめかなり多くの民主党議員も、フォロワーを買っているに違いないことだ。制度の抜け穴を利用する消極的な戦略は政治に不可欠なのだ。ただし、普通はロムニーの場合ほどわかりやすくない。

日常的にツイッターを利用しているアカウントの持ち主は、オバマやロムニーに寄付をする余裕はなくても、気軽に友達になれることは大きな魅力だろう。私がツイッターから無作為に抽出した五つのデータセットのうち二つは、#ffと#teamfollowbackのハッシュタグがそれぞれ1位と5位だった。#ffは"Follow Friday"のハッシュタグで、毎週金曜日に、自分のフォロワーに自分がフォローしている人をおすすめする。要するに人数稼ぎで、5年ほど前に流行したが、現在はアカウントに「おすすめユーザー」の機能が付いている。

#teamfollowback（チームフォローバック）は、政治家ならカネでフォロワーを増やすところを、みんなで無料でやろうというものだ。あなたがチームフォローバックのアカウントをフォローすると、そのアカウントの別のフォロワーがあなたをフォローして、あなたもフォローを返し、みんなのフォロワーが増える。一昔前の「ウェブリング」のようなものだ。グーグルがすべてのサイトの玄関口になる前は、同じテーマを持つサイトをリンクでつないで一つの輪を作り、行き来しやすくするシステムが重宝されていた。チームフォローバックのアカウントの「自己紹介」はこんな具合だ。

> フォローを返してくれるフォロワーを見つけるお手伝いをします！　オリジナル＆ベスト　私たちのハッシュタグを広めてください
> #WILLFOLLOWBACK
> #TEAMFOLLOWBACK

|図13-3|　@MittRomney（ミット・ロムニーのアカウント）
2012年7月、1時間ごとのフォロワー数の変化

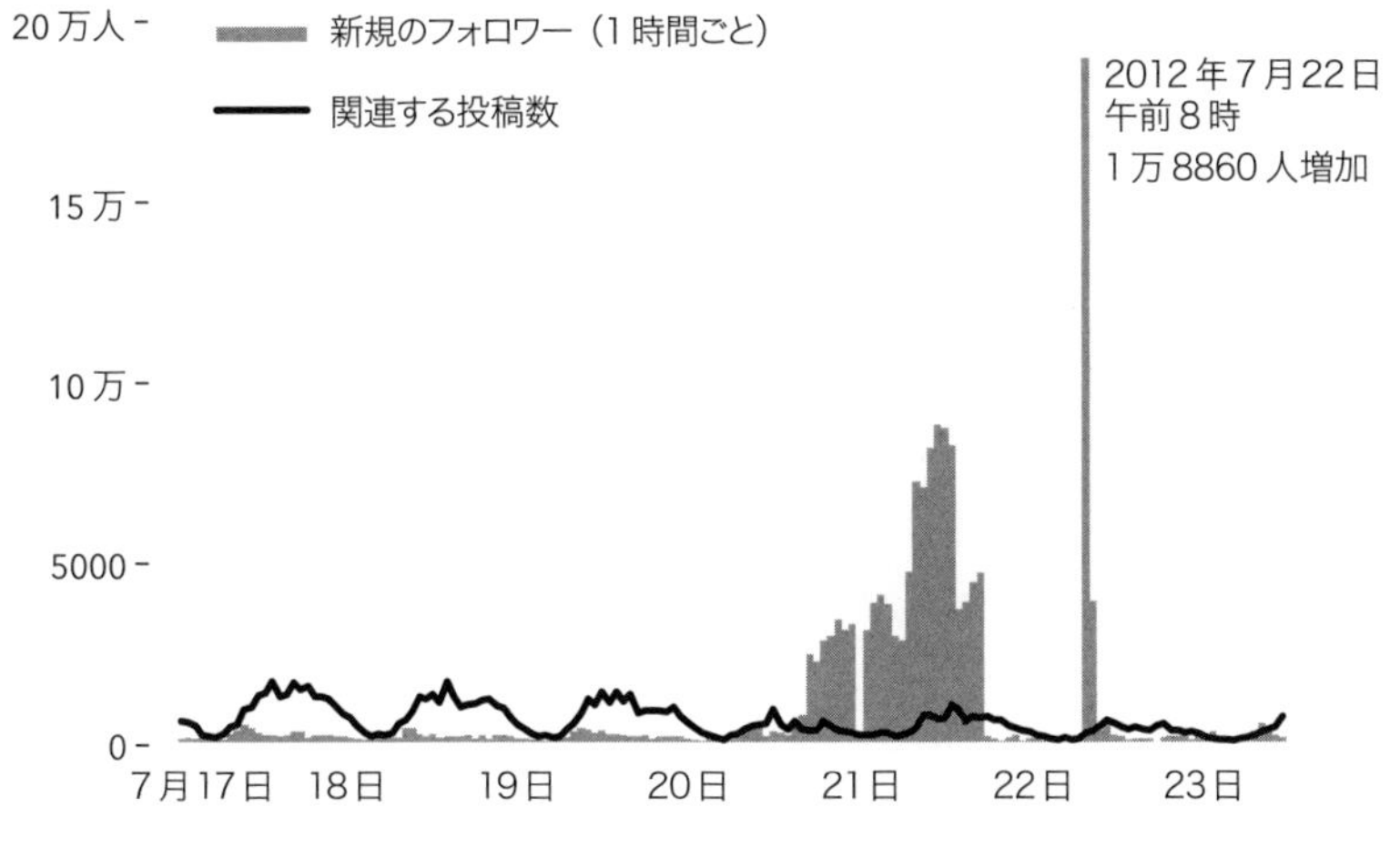

このように、セルフ・ブランディングは虚しい数字を追いかけることになりかねない。私はツイートを投稿する際に、伝えたい内容を意識するのと同じくらい、誰とどのくらいタイミングよく共有できるかを気にしている。フェイスブックに投稿した後に、そのままパソコンの前に座って新しいコメントを確認しようとしたことも何回かある。まるでインターネットを初めて使う人のようだった。ニューヨーク・タイムズ紙のテクノロジー担当のジェンナ・ウォーサムが、この精神状態を的確に説明している。「私たちがユーザーであり、プロデューサーであり、消費者でもあることが問題だ。自分に気がついてほしい、目の前の会話に重要な貢献をしていることを認めてほしいと夢中になる。『いいね!』やお気に入り、返信、会話などを通して、注目されたい、認められたいという欲求が高まり、私たちを駆り立てる。少なくともいますぐには閉じることができない、フィードバックの無限ループだ」

システム内部の人間として証言しよう――私たちネットサービス企業は、このループが回り続けるように製品を作っている。Okキューピッドでは、届いたメッセージやプロフィールページの訪問者の数、カップル成立の可能性を、小さなカウンターでリアルタイムに知らせている。このような数字は、とくに数字が増えると、ユーザーの興味を持続させる。ちょっとした刺激がなければ、ウェブサイトやアプリは退屈だと思われ、ユーザーが離れていく。毎週、毎日、毎時間のアクセス数は、広い意味でユーザー・エンゲージメント（サービスやブランドなどに対する顧客の愛着度）を表している。ハムスターが回し車の中をいかに速く走り続けるかであり、私たち業界が最も強い強迫観念に駆られている基準の一つだ。あなたにカウンターや合計数、ごほうびの数を見せるのは、増えたかどうかを確認しに戻ってくるとわかっているからだ。あなたのエンゲージメントが高まったらスライドに転写して、投資家へのプレゼンテーションで訴える。

あなたのネット上の価値を0～100で評価する

とはいえ、他人があなたを数字に還元すると、不快に感じるものだ。それなら、自分で自分を数字に還元するのも一つの手だ。個人データの分析で知られるクラウト社は、あなたのソーシャルメディアのアカウントをすべて調べ、ちょっとした黒魔術を使って、ソーシャルメディアにおけるあなたの影響力を0～100の指標で表す。パーソナル・ブランドは影響力がすべてだ。クラウトスコアは、あなたがどのように影響力を振るっているかを理解しやすくする。私の現在のクラウトスコアは、かなり心もとない34。チームフォローバックのアカウントは60で、私としては複雑な心境だ。チームフォローバックの存在意義は落第点に等しいが、クラウトスコアは私の知り合いの中で最も高い。

2012年にクラウドコンピューティング業界最大手のセールスフォース・ドットコムは、求人要項の「望ましいスキル」の一つに、クラウトスコア35以上を挙げた。必須条件ではなかったが、「チームの一員として……働けるスキル」などと並んで当然のように記されていたことを考えれば、その職種にとって重要な要素と見なされていたのだろう。同社のビジネスの柱は定量化で、データを通じた企業のマーケティングを支援している。[*3] したがって、採用に定量化の手法を導入しても不思議ではない。ただし、クレジットスコア［訳注　個人のクレジットヒストリーに基づいて計算される信用度の偏差値］のような数字でも、人事部門のプロセスに組み入れることが忌み嫌われる場合もあり、同社の求人要項がクラウトスコアに触れていることに多くの人が憤慨した。

テクノロジー業界のニュースサイト、ビートビーツに掲載された記事「セールスフォースで働きたいなら、クラウトスコアは35以上あるほうが望ましい」は、たった1語のサブタイトルで世間の反応を見事に要約した――「うわっ！」。しかし本当の問題は、私たちの誰もが数字に還元されるという現実だ。セールスフォースはオンライン・マーケティングの世界の流行仕掛人で、例の求人要項を発表した年に、フォーブス誌の「アメリカで最もイノベーティブな企業」に選ばれている。イノベーターとして受賞した企業が何か新しいことをやると、ほかの企業が真似をする。セールスフォースが採用にクラウトスコアを使えば、すぐにほかの企業も使うだろう。ソーシャルメディアのスタートアップが海のものとも山のものともつかない時代に、どこかの企業が考え出した二ケタの数字に押し込められて喜ぶ人はいない。

ただし、クラウトが使っている数値化のツールの多くは、私もデータを収集する際に使っている。つまり、読者のみなさんと私とこの本は、クラウトとセールスフォースの世界と隣り合わせなのだ。人間を数字に還元することは避けられない。アルゴリズムは粗削りだ。コンピュータは機械にすぎない。データサイエンスはアナログの世界にデジタルな意味を持たせようとしている。これは、マイクロチップの物理的な性質が生んだ構図だ。マイクロチップは小さな回路が整然と並んでいる。インターネットは「導管がつながっている」と比喩的に表現されるときもあるが、マイクロチップは正真正銘の回路だ。回路が閉じたり開いたりして電気を流す。一つの回路の状態は、すべてのドアと同じように、開いているか開いていないかの二つに一つ。「おそらく」というあいまいさは存在しない。このマイクロレベルの事実から、0か1しかない絶対主義がシステムの全体を駆け上がっていく。データの定義、型、クラスという最上位の情報は、C言語やＪａｖａスクリプトなどのプログラム言語の基礎となる。

したがって、情報の定量化は不可欠なプロセスだ。それでも就職にクラウトスコアが必要とされることに反発を覚えるのは、人間の情報だけでなく、人間そのものを数字に還元するという話につながるからだ。この点について、本書はセールスフォースの求人要項とも、クラウトの総合的なビジネスモデルとも立場が異なる。

人間性を煮詰めて、数字に置き換える

さまざまな数字が次々に登場しているが、数字だけで一人の人間のすべてを説明することは、けっしてできない。アインシュタインが高校時代に数学で赤点を取ったという逸話がある。実際は赤点ではなかった。いや、取ったのかもしれない。しかし、そうだとしても何が問題なのか。高校の代数学2で35点を取ったからといって、突然、優秀な学者でなくなるわけではない。数字や試験の点数、一つの測定値――IQ、身長、クラウトスコア、友達の数、Okキューピッドでメッセージの返信が来る割合。どのような数字も、一人の人間のすべてを語ることは不可能なのだ。だからこそ本書では、例として挙げる場合を除いて、基本的に個人のエピソードは登場しない。小さくて不完全なパーツをいくつも集めれば、一つにまとめて大きな絵を描くことができる。そして、データの全貌を明らかにするためには、大きなサンプルが必要になる。

たとえば、サイコロを振って上に出た数字は確認できるが、側面の数字は見えないとしよう。1回振ってわかるのは一つの目だけで、ほかの目はわからない。そこで何回も振ると、分布や平均を計算できるようになり、サイコロの六つの目がわかるだろう。物事の姿かたちは、データの集合から見なければわからない。

還元と反復は、データサイエンスやコンピュータサイエンスだけでなく、科学全体の長い歴史において基本的な行為だ。実験は、一連のプロセスを、コントロールできる単位に一つずつ還元して成り立つ。科学的な手法は研究者がコントロールできなければならず、そのために複雑さを切り落として核心を取り出し、これが重要だと明確にしていく。複雑な問題は、単純化しなければ反復できない。研究室の実験台でも、ノートパソコンの中でも、私たちが持っている知識の大半は還元することによって習得してきた。

そこで本書は、人間性を煮詰めて逸話を取り出すのではなく、数字に置き換えている。ひらめきに頼るのではない、地道な分析の積み重ねだと言えるだろう。データの隅の例外に何かを語らせ、アインシュタインに真理を見つけてもらうのではなく、区別や分類をしていないデータ全体から、個々のデータを理解するために必要な物語を抽出する。さらに、密度の高いデータクラスタや、人間の経験の共通点を折り重ねたデータの反復に注目する。いわば、科学の点描画法だ。一つひとつの点はあなたの小さな一部かもしれないが、全体が私たちを表している。

集合と還元は、広範な傾向に注目したときに、個人の英雄的な物語からは浮かび上がらない山や谷を見つけやすくする。ポール・マッカートニーとジョン・レノンが演奏を1万時間練習してビートルズが誕生したという事実は、練習と忍耐力の価値を物語るが、1万時間という数字に意味はない。私もギターをそのくらい練習した。世間に名前を知られることのない多くのミュージシャンも同じだろう。ジョンとポールを練習の虫から天才に変えたものが何であれ、それは彼らだけにあてはまる経験だ。それに対し、本書で挙げているすべての数字は、それぞれ背後に数百人、数千人の生身の人間がいるが、その中に名の知れた人はいない。そこが重要なのだ。「100万人に1人」は、素晴らしい芸術作品の根幹を表す。豊かな才能を持つ特別な人であり、その希少さが彼らを重要な存在にする。しかし数学では、つまりデータの世界と本書では、「100万に1つ」は正反対の意味を持つ。「1／1000000」は四捨五入に伴う誤差にすぎない。

定量化への反発は簡単に起きる

ただし、大きなデータセットを理解するためには単純化が必要だが、違う種類の還元が行われる懸念もある。人間が数字そのものに置き換えられるというより、ユーザーIDという非人間的な数字が細分化されたマーケティングのアルゴリズムに供給されれば、パーソナル・ブランディングではなく、他人のブランドのために利用されるかもしれない。データを商品として売るためには、あまりに多くの推測が必要となる。そのような推測が事実と一致していたという例は、ほとんど都市伝説の域だ。しかし、小売り大手のターゲットは顧客の購買履歴を分析して、ある女性が誰にも打ち明けていない段階で妊娠していることを突き止めた。問題は、この女性がティーンエイジャーだったことで、ターゲットは彼女の父親が住む家に妊娠関連の広告を送り始めた。

企業によるこのような介入は、ある意味で、ブランドが顧客と「関連」を持とうとする行為よりましだろう。2013年の夏に、ゼリーミックスで知られるジェロがマーケティングキャンペーンで#fml（fun my life／人生を楽しもう）というハッシュタグを採用した。ところが、これはネットの世界では“fuck my life”（人生最悪だ）の略でもあった。このタグを含むツイートを投稿した人は、頼んでもいないクーポン券とともに、人生を楽しもうという返信を受け取るはめになった。不治の病と戦っていたある男性の元にも、粉末ゼリーのアカウントから呑気な返信が届いた。

ピルース・ネルソン @suhrryp
病院で銀行口座の残高が消えていく。#fml

ジェロ@JELLO
@suhrryp 人生を楽しんでいますか？ もちろん、私たちも楽しまなくちゃ。promtns.co/dkTq Exp. 48時間以内にどうぞ

このような望まれない介入は、すべてが定量化されているソーシャルメディアの世界では、いとも簡単に起きる。ブランドマネジャーのパソコンの画面に、キャンペーン用のハッシュタグに関連するツイートが飛び込んでくると、彼はすかさずクーポン券を付けて返信する。そこで私たちは、私たちの生活に定量化をもたらしたテクノロジーを使って、定量化に反撃する。数年前にマクドナルドは#McDstoriesのハッシュタグを付けて、供給業者の心温まるエピソードを紹介するツイートをいくつか投稿した。ところが、多くの返信は#fml 流だった。

ムッザファザ @Muzzafuzza
マクドナルドには何年も行っていない。自分のクソを食ったほうがまし。#McdStories

マクドナルドはハッシュタグの拡散に宣伝費を投じていたが、自分たちの手に負えないほど一気に悪循環が広まり始めると、数時間後にいったんキャンペーンを中止した。1週間後、衣替えをした#McDStoriesはまだ暴れていた。ただし、マクドナルドのソーシャルメディアの担当者は、このような事態を予想できたはずだ。その数カ月前に、ウェンディーズが#HeresTheBeefのハッシュタグを広めようとした。店のキャッチフレーズから作ったもので、意図的な文脈はまったくなかったが、人々は気に入らないことを思いつくと牛肉に代弁させた。

ジェレミー・バウムハウア @jeremytheproduc
#HeresTheBeef 製薬会社はＨＩＶと癌を治す薬をすでに開発しているくせに、薬漬けで命をつないでいるほうがずっと儲かるからね

最近もマウンテン・デューが、クラウドソーシングの流行にあやかって、新発売の炭酸飲料の愛称を募集する「ダブ・ザ・デュー」キャンペーンを展開した。すべてが計算どおりに進み、十分な量のトランザクションを記録してネットのインフルエンサーの購買意欲を刺激できれば、ブログなどで無料で宣伝してもらえるはずだった。しかし、レディットと画像掲示板の４ｃｈａｎで投稿の人気投票が始まると、「ヒトラーは間違っていなかった」がしばらくトップを走り、「糖尿病になろう」が最後まで粘った。

インターネットは大混乱に陥りやすいが、その突発的で暴走しかねない特徴が、弱点を補う場面も多い。言うまでもなく、ブランディングの手段として、ヒトラー礼讃など言語道断だ。大切な商標にあからさまな

言葉を添えるはずがないのだから、悪ふざけにしても無駄だ。そういう私も、インターネットの愚かさや軽薄さに心地よさを感じるときもある。しかし、炭酸飲料で世間を挑発するというブランディングは喜べないし、成功例もまず聞かない。そして、私たちのニュースフィードやフォトストリーム、デジタルの壁に、さらには感情に企業のブランディング戦略が浸透しても、私たちの奥底には、テクノロジーには手の届かないところがある。私たちの人間性を否定するのは、数字ではない。数字に基づく計算が、人間であることをやめさせるのだ。

Chapter 14

ネットの中の足跡を追いかけると何がわかるか

2009年、フェイスブックに「いいね！」ボタンが登場し、コンテンツをシェアする方法が変わった。シェア自体は新しい発想ではなかった。かつては人気だった（いまは消えかかっている）ニュースアグリゲーターサイトのディグ（digg.com）や、ソーシャルブックマークサイトのデリーシャス・ドットコム（旧del.icio.us）にも、何年も前から気に入った投稿に投票するシステムがあった。ただし、主役はあくまでも投稿されたコンテンツだった。一方でフェイスブックは、コンテンツを作る際に、親指を立てた象徴的なアイコンを簡単に追加できるようにした。新しいコミュニティ内通貨が誕生したのだ。誰かの文章や音楽に直接カネを払うわけではないが、賛成の挙手をして、それを自分の友人とシェアする。2013年5月には1日に45億回の「いいね！」を記録。9月には累計1兆1300億回に達した。

同じ2013年に、MITの学生二人が「ゲイダー」を発表した（第11章を参照）。男性の性的指向を高い精度で推測するアルゴリズムだが、基本的な発想は単純だったし、ゲイの男性にゲイの男性の友人が多いことは、たいした秘密ではない。ゲイダーが革新的だったのは、マクロレベルのデータを利用して個人の小さな行動を分析したことだ。予測アルゴリズムは急速に進化している。利用できるデータが増えるにつれて、ますます賢く、ますます迅速になった。2012年にはイギリスのあるグループが、「いいね！」の傾向から推測できる本人の特徴とその精度について、研究を発表している（図14－1）。

繰り返しになるが、推測のもとになるデータは、フェイスブックの交際ステータスの最新情報やコメント、シェアなど、ユーザーが入力したテキストではない。「いいね！」のボタンだけだ。いまや科学は進歩して、あなたのクリックから両親の不仲がバレる時代だ。「いいね！」をクリックするパターンは、その人の知性に似ているかもしれない。このアルゴリズムがあれば、知能テストの質問に直接答えずに標準的なIQを予測することもできそうだ。

図14－1は、地球上にフェイスブックが存在しなかった時代を経験した後、フェイスブックに参加した人々から集めた3年分のデータを分析している。では、子どものころからSNSを使っている人についてはどれだけのデータがあり、その分析から何がわかるだろうか。これは長期的に蓄積されるデータの負の側面であり、実に興味深いダークサイドだ。アメリカでは長年、職場や学校、軍隊で、マイヤーズ・ブリックス

図14-1

「いいね!」から、その人が○○かどうかがわかる	（精度）
白人か、アフリカ系アメリカ人か	95%
男性か、女性か	93%
ゲイか、ストレートか	88%
民主党支持か、共和党支持か	85%
レズビアンか、ストレートか	75%
ドラッグを使っているか	65%
自分が21歳になる前に両親が離婚したか	60%

性格指標(ＭＢＴＩ)やビネー式知能検査などの診断テストが使われ、私たちを分類している。基本的に本人の同意を得て行われるが、最近は社会生活を営むうえで、必然的に「診断」される場合が増えている。採用面接の前に受験者のクラウトスコアが51だとわかれば、ＩＱとは違う指標になる。

雇用主が、あなたの知性やドラッグ経験を推測するアルゴリズムを使い始めたら、あなたとしてはそれを利用するしかない。前章で説明したように、自分のブランドをマネジメントするのだ。機械に勝つためには、機械と同じように振る舞う。機械を出し抜こうと考えてはいけない。そもそも、すべては推測から始まっている。ちなみに、知能と最も相関関係があると思われる言葉の一つは、「カーリーフライ(らせん状のポテトフライ)」。アルゴリズムの仕組みを理解して対応することは不可能だ。

あなたへの視線の出所

フェイスブックはあなたについてたくさんのことを知っているが、むしろ「職場の友人」のような存在だ。いつも一緒に過ごしているが、二人の関係には明らかな境界線がある。フェイスブックは、あなたのフェイスブックでの振る舞いしか知らないのだ。あなたのことをもっとよく知っているところはたくさんある。ｉＰｈｏｎｅを使っているなら、アップルはあなたのアドレス帳やスケジュール、写真、メモやメール、あなたが聴くすべての音楽、さらにはあなたが行くすべての場所を知っている――何歩でそこに着いたかも(スマホには歩数計がついている)。ｉＰｈｏｎｅを持っていない人は、「アップル」を「グーグル」や「サムスン」や「ベライゾン」に置き換えよう。活動量計のフューエルバンドを手首にはめているなら、あなたが毎晩、熟睡できているかどうかをナイキは知っている。Ｘｂｏｘを使っているなら、マイクロソフトはあなたの心拍数を把握している。[*1] クレジットカードで買い物をすれば、あなたのＰＩＩ（ネットワーク上で個人を特定できる情報）が、ＵＰＣ（アメリカの小売業向けバーコード）とＣＲＭ（顧客管理システム）の仮ＩＤを紐付けして、あなたが次に欲しくなりそうなものを予測するアルゴリズムが始動する。

もっとも、これらは「データ国家」アメリカのほんの一部にすぎない。全体像を描こうにも、それだけで何ページも費やすことになる。イギリスには全国に５９００万台の監視カメラがある。マンハッタンを東西に走る14丁目の通り沿いだけで４１７６台。それに人工衛星やドローンが撮影した映像が加わって、地面より上のデータを網羅している。どのカメラが何を撮影しているかはわからないが、米政府がある国民の居場所に関心を持てば、その人物を探し出すことができる。さらに、米国家安全保障局（ＮＳＡ）の元職員エドワード・スノーデンが暴露したように、監視カメラで捉えられない情報の大半も、内部ネットワークＮＳＡＮｅｔ（ホストの場所は非公開だ）に接続した画面から簡単に確認できる。

あまりに多くのことが世間の知らない所で起きているため、私たちがデータを理解する頃には、現実からかなり遅れている。私も本書の執筆に時間を費やしているうちに、本業のデータの世界から取り残されている。情報分析は私たちの人生を探るツールとして、さまざまな意味で情報そのものに勝る。あなたのブラウザのクッキーやクレジットカード番号を盗むハッカーは、メディアに格好の話題を提供するだけでなく、データを収集する側にとって最大の悩みのタネだ。ただし、彼らが知っているのは、あなたの人生のほんの小さな断片にすぎない。データマーケティング企業は銀行やクレジットカードの記録、購入履歴、納税などの記録を探り、人間の行動について、学者がウェブサイトのパターンから分析しても到底わからないことを発見する。一方で、国家の安全保障機関が収集する資源と専門知識は、包括的なデータマイニングのソフトウエアを構築する。

「マイニング（採鉱）」という名前こそ付いているが、これらのデータは天然資源のように自然に発生するものではない。データはどこかしらから生まれるものであり、そのどこかとは、往々にして「あなた」なのだ。企業や政府はあなたの私生活に関してとてつもない量の断片を集め、自分たちが管理しやすい形につなぎ合わせている。あなたが失うプライバシーが増えるほど、企業や政府が提供するものは効果的になる。

プライバシーに関する議論の根本的な問題は、あなた自身が、失うものと引き換えに何を得るかということだ。私たちはつねに、この交換条件を吟味している。著名人は私生活を売って、仕事でステップアップする。ヨーロッパのホステルやインドで電車の切符を予約するときは、追加料金と引き換えに個室を使うかどうかを選ぶ。そして、誤解を招く表現かもしれないが、男も女も多くの人が夜に外出するときは、スカートの丈や体にフィットした服装で自分をさらけ出すことと引き換えに、周囲の視線を得る。つまり、私生活と何かを交換することは、目新しい話ではない。交換する相手と中身が、デジタル社会では新しくなるだけだ。

理論上は、企業はあなたのデータがあればターゲティングの精度が上がり、マーケティング費用が減って、商品の価格が下がる。あるいは、少なくともフェイスブックやグーグルの場合、企業があなたのデータを売ることと引き換えに、あなたはきわめて便利なサービスを無料で使える。ただし、政府が介入する場合、私たちが見返りに得るものは、それほど単純な話ではない。

私たちはデジタルのパンくずを落としながら歩いている

政府が監視すれば、私たちの安全が高まるのだろうか。治安機関は私たちを本当に守ってくれるのだろうか。確かに2001年以降、アメリカ国内でアメリカ市民が犯罪組織による大規模なテロ攻撃に遭ったことはない。少なくともニューヨークの住人にとって、当局による監視体制の強化には何らかの意味があるのだろう。ただし、起きなかったことを理由とする主張には説得力がない。少なくとも、「計画されてさえいない脅威」ではなく、「実際に阻止された脅威」について知ることができないかぎり、何を言われても信じ難い。テキサスの砂漠を舞う砂ぼこりのように、テロの記憶はつねにあたりを漂っている。

しかし一方で、色分けされた「テロ警戒レベル」の話を聞くたびに、対テロ戦争で儲けている軍需産業の巧妙な広告に思えてならない。私たち市民は何も知らなくていいと思っている人や組織が、「知っておくべき基本的なこと」と称して発信する内容を、信じることができるだろうか。そのような情報を与えられていると、「どんな情報か」よりも「なぜその情報が出てきたのか」が気になってくる。NSAは、収集した膨大な量の情報をもとにどのくらいの数の犯罪を未然に防いでいるのか（そもそも実際に防いでいるのか）、私には知るすべがない。私たちはただ、NSAによる情報の監視が役に立っていると聞かされるだけで、どのような場面で、どのように機能したのかはわからないままだ。

とはいえ、国家による情報統制が防げなかった犯罪についても、解決に貢献していることは間違いない。2013年のボストンマラソンのゴール付近で起きた爆弾テロも、2005年にロンドンの地下鉄で起きた同時爆破テロも、街中の監視カメラが解決に導いた。[*2] 犯罪行為と被害が生じる時間が一致しない事件（被害が生じる段階よりはるか前に犯罪行為が行われる場合）はとくに、総合的なデータを検証する必要がある。このような捜査に関しては、情報機関の威力がメディアで報じられてきた。まさに監視国家の面目躍如だ。地面に血が流れているときに、プライバシーと治安のバランスについて議論する人はまずいない。しかし、国家の団結が叫ばれるような危機的状況ではない場合、政府が何をどこまで知っているのかを私たち市民が知るのは、元NSA職員のスノーデンのような内部告発のおかげだ。

NSAは米政府の象徴的な情報機関だ。私は勝手に個人的な親近感を抱いている。私がハーバード大学で数学を専攻した時代、学部の課程は非公式に2種類のコースに分かれていた。一つは、私のように数学が好きで、とても得意な学生が学ぶコース。もう一つは、ずば抜けた特殊な才能を持つ学生のためのコースだ。1年次に「数学25」という難しい科目があった（私の成績は思わしくなかった）。そして、そのクラスで超優秀な学生は、学部から特別に声をかけられて「数学55」なる難度の超高い授業を受けた。私がとりわけ苦労したいくつかの科目は、彼ら数学の天才児は履修する必要さえなかった。私が履修した上級レベルの科目では、ティーチング・アシスタントの多くが私より年下だっただけでなく（16歳もいた）、ティーンエイジャーのうちに大学院のカリキュラムをかなり終えていた。私が頭を鍛えられた「本当の分析」というクラスを、同級生（と呼ぶのもおこがましいが）の多くが中学生レベルで退屈だと思っていたのだから。そういうわけで、NSAに就職した「裏コース」の同級生を、ときどき懐かしく思い出す。

このような話をするのは、多くの人が、政府機関で働く人に対して「役人」という無機質なイメージを抱いているからだ。もちろん、民間部門でデータ分析に携わる人々は、基本的に公的情報機関のエリートと同じくらい優秀だろう。しかし、私たちを監視し盗聴しているのは、とてつもなく頭がきれる人々だ。彼らにファインマンやアインシュタインのような人間くささを求めることもできるが、彼らが取り組んでいる仕事は非人間的なほど強大な力を伴う世界だ。

アルゴリズムはデータを食べて育つという意味で、スノーデンはNSAがスーパーフードを食べて脂肪を蓄えていることを暴露した。いや、あらゆる食べ物と言うべきだろう。電話の通話やeメール、テキストメッセージ、写真など、電波に乗って送られるデータは基本的にすべて収集している。明らかに受け身の仕事ではない。リークされた資料の一つには、きわめて重要な目的は「インターネットを支配する」ことだと明記されてい

図14-2

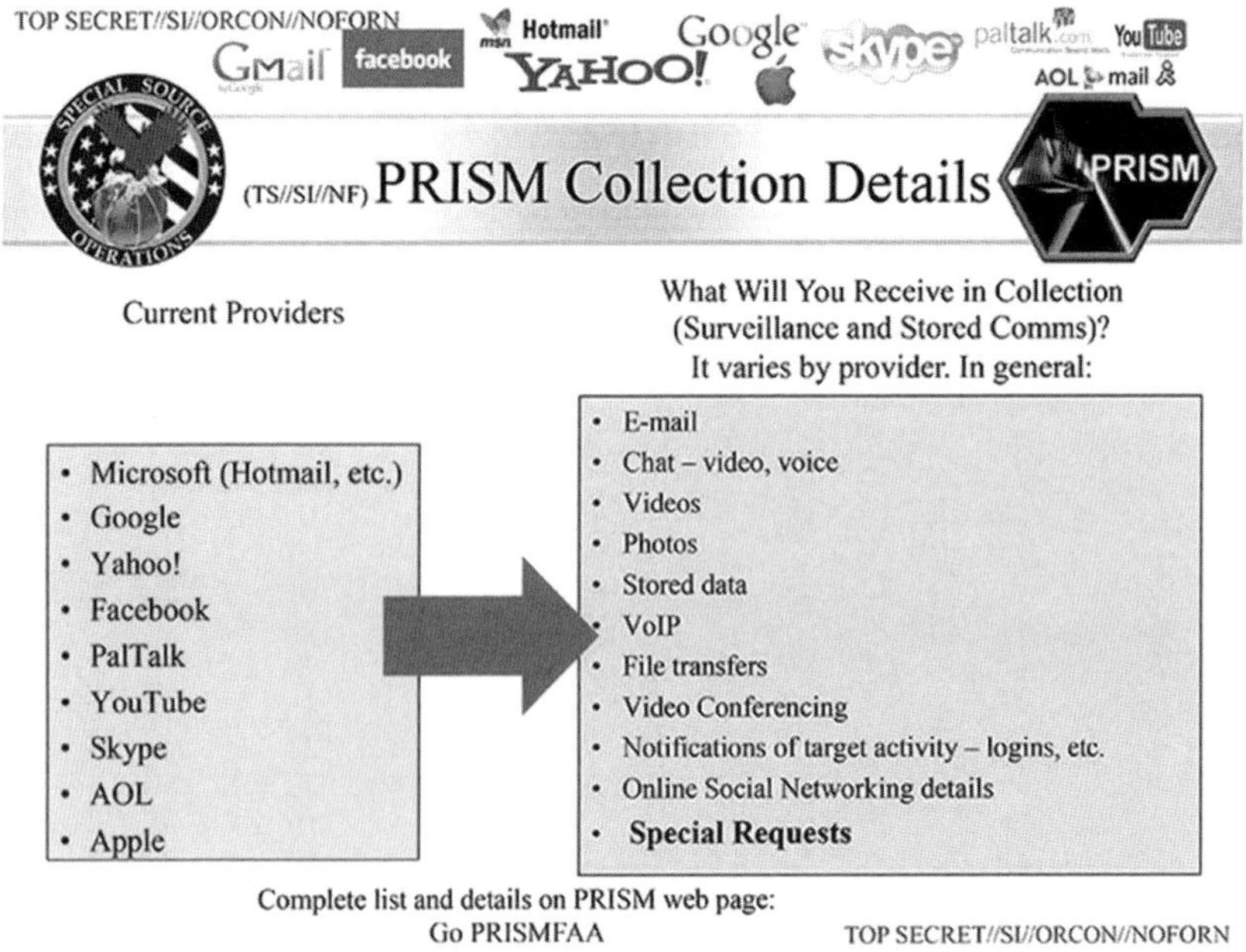

る。驚愕させられるのは、その厚かましさだ。スノーデンのリーク情報を受けてガーディアン紙とワシントン・ポスト紙が共同で報じたスクープの中には、PRISM（プリズム）という暗号名で呼ばれるNSAのインターネットシステムに関する極秘のパワーポイント資料もあった。図14－2のとおり、実に単刀直入な図式だ。

まさに「窃盗大作戦」だ。権力と武器を持つ人々が私たちのフェイスブックのアカウントを気にしはじめると、地球は暮らしにくくなる。しかし一方で、パワーポイントで資料を作成するエンジニアが私たちを監視しているかもしれないとは、まず思いつかない。

PRISMの個人データには、少なくとも理論上は、裁判所の許可がないとアクセスできない。それだけ侵略的なプログラムなのだ。PRISM以外の情報収集は、基本的に、通信に付随するメタデータに注目する。米政府のプライバシー・市民的自由監視委員会（PCLOB）は、別の監視プログラムについて次のように指摘している。

NSAは第215プログラムで監視する数百万件の電話番号について、それぞれの番号にかかってきた通話とかけた通話の相手、通話の所要時間、通話が行われた正確な日時の全記録を取得している。ある電話番号が追跡対象になると、その番号が連絡を取ったすべての電話番号について、さらにはそれらの電話番号がそれぞれ連絡を取ったすべての電話番号について、同じ情報を取得している。

ここで注意したいのは、これらの情報を収集する際に、通信の「内容」はまったく必要ないことだ。その意味で、本書で見てきたデータと大きな違いはない。本書では、個人の具体的な言動を集団のパターンとして表現してきた。NSAも同じで、彼らの説明によれば、あなたの通話のパターンが「テロの脅威」の特徴に一致したときに初めて、具体的な監視が始まるはずだ。なるほど、メタデータの収集は間接的ではあるが、だから侵略的ではないとは言えない。

デジタルの世界で、私たちは驚くほど多くの「パンくず」を落としながら歩いている［訳注　ウェブサイトの閲覧履歴をブレッドクラム（パンくずリスト）と呼ぶ］。本書でもさまざまなパンくずの跡を紹介してきたが、ほかにもたくさんある。たとえば、高級なデジタル一眼レフでもｉＰｈｏｎｅでも、デジタルカメラで撮影されたすべての画像には、Ｅｘｉｆ情報と呼ばれる短いテキストファイルが添付されている。Ｅｘｉｆには雑多な情報が数値データとして保存されており、撮影日時はもちろん、Ｆ値（レンズの絞り値）やシャッタースピード、撮影場所の緯度・経度もわかる。Ｍａｃの写真アプリｉＰｈｏｔｏ（現在はＰｈｏｔｏｓ）はＥｘｉｆ情報を使って、あなたが保存した画像をいとも簡単に撮影場所の地図に表示する。Ｅｘｉｆが教えてくれることは、これだけではない。たとえば、Ｏｋキューピッドに登録された自己紹介の写真は、写りがいいほど賞味期限が切れている確率が高い。厳選した「奇跡の1枚」を使い続ける人が多いからだ。それがわかるのは、Ｅｘｉｆ情報の撮影日時だ。このような付随情報はどこにでもある。あなたが愛用のアプリを開くたびに、ＧＰＳがネットワークの用心棒のごとくあなたに寄り添う。ウェブページには「タグ」「ビーコン（内部処理用の空の画像）」と呼ばれるアクセス解析ツールが埋め込まれていて、あなたの訪問を記録する。あなたがウェブ上で何をしているかではなく、いつどこのページを訪問したかという記録だけだが、この「いつ」「どこ」という単純な情報だけで、企業はあなたの人口統計学的なプロフィールを十分に推測できる。

誰にも知られたくない！

これらの情報を共有されたくない人はどうすればいいか。誰にも知られずに買い物をして、身繕いをしたいという人もいるだろう。私自身、プライバシーの価値はよくわかっている。私がソーシャルメディアを積極的に利用しない理由の一つでもある。自分の娘の写真をネットに投稿したことは一度もない。インスタグラムは2011年にいちはやく使い始めたが、もっぱら写真を保存するアプリとして利用していた。写真の撮影・加工アプリとして始まったヒップスタマティックのように、ソーシャル機能はおまけだと考えていた。年寄りくさいことは承知している。妻からほかの人とアカウントを紐付ければいいと教わり、時代遅れの夫は試しにクリックしてみた。なるほど簡単だ。しかし、自分の写真が自分だけのものでなくなると、すっかり興味が失せた。

もっとも、私のように腰が重い人は多くない。さまざまな懸念が取り沙汰されてはいるが、大半のネットユーザーがプライバシーに関心がないという指摘は、もっともだろう。フェイスブックが私たちのデータにより深く手を突っ込めるように利用規約を変更するたびに、1日は怒りが渦巻くが、次にフェイスブックに接続したときは普通に利用している。大騒ぎをした蜂が、刺す相手が見つからずにおとなしく巣へ戻るかのようだ。テクノロジーは境界線を押し広げることに夢中で、次々に新しい境界線が設置されるため、ソフトウエアは強引なくらい侵略的に成長する。減量アプリに心拍数計測アプリ、コーディネートを採点するアプリ（服装の画像を送信するとファッションの助言をもらえる）。女性の月経サイクルを管理するアプリもある。

ニューヨーク・タイムズ紙のテクノロジー担当記者ジェンナ・ウォーサムによると、その手のアプリは「市場に氾濫していて、私の知っている女性はほぼ全員、利用している」そうだ。生理が始まったことを送信すると、たとえば最も妊娠しやすいタイミングを知らせてくれて、妊娠を希望する人も希望しない人も参考にできる。もちろん、ユーザーが自ら提供するデータだから、厳密には侵略的なアプリではない。一方で、あるスタートアップは、サイトの閲覧履歴からその女性が生理中かどうかを「推測できる」と主張している。このような月経関連のアプリは、有能なデータサイエンティストの手にかかれば、ユーザーが妊娠した時期や、過剰な運動をしたこと、加齢を気にしていること、避妊せずにセックスをしたことなども把握できるだろう。生理が予定より遅れた女性は、いつもは気にしないことを調べるからだ。

ただし、一部の人が——あるいは多くの人が——プライバシーに関して気が緩んでいるからといって、本書を通じて誰の個人情報もリスクにさらすつもりはない。繰り返し説明してきたように、本書のあらゆる分析は匿名かつ集団を対象に行っており、[*3] 未加工のデータは慎重に扱っている。本書のデータには、ネットワーク上で個人を特定できる情報はいっさい含まれていない。ユーザーが使った言葉——自己紹介、ツイート、交際ステータスの更新、お気に入り——を議論している場合も、すべて公表されている言葉だ。個々のユーザーの記録はユーザーIDが暗号化されている。そして、どの分析に関しても、データの範囲は分析に必要な変数に限定されており、個人と紐付けることはできない。

言うまでもなく、私はデータから個人を分析するつもりはない。私が目指すのは、データからすべての人に通じる普遍的な分析を導くことだ。データから何を学べるか——それこそ私がデータに見出す価値であり、だからこそデータに埋もれがちなプライバシーを大切にしなければならない。

コンピュータサイエンティストで、現在はマイクロソフト・リサーチに籍を置くジャロン・ラニアー（近著に"Who Owns the Future?"〈未来は誰のものか〉がある）はサイエンティフィック・アメリカン誌に、「私たちの私生活に関する膨大な量の情報が、その効果的な利用方法が証明される前に、蓄積され、分析され、実際に使われている」と書いている。「膨大な量」であることに議論の余地はないが、後半の部分には反論しておきたい。「効果的な利用方法が証明される前に」実際に使ってみなければ、効果的かどうかわからないではないか。科学の研究は探索から始まる。鉄鉱石は、誰かがそれを使って実験しなければ、ただの岩石にすぎなかった。パンに生えたカビは何千年もの間人々の体調を悪くするだけだったが、アレクサンダー・フレミングがカビの培養液からペニシリンを発見した。

データサイエンスが生み出す新たな学問領域

データサイエンスはすでに、人々の生活を説明するだけでなく、実際に変えるような奥深い発見をしている。第8章で紹介した「グーグル・インフルトレンド」は25以上の国で伝染病の発生を追跡している。完璧なツールではないが、分析の入口になっている。統合されたデータは病気の予防だけでなく、患者数を最小限に抑えるためにも使われている。２０１３年にニューヨーク・タイムズ紙は次のように報じている。「マイクロソフト、スタンフォード大学、コロンビア大学の研究者は、グーグルとマイクロソフトとヤフーのサイトに入力された検索クエリに基づくデータを使って、これまで報告されていない処方薬の副作用の証拠を、米食品医薬品局（ＦＤＡ）の警告システムより早く発見した」。彼らは抗うつ薬に使われるパロキセチンと高脂血症の治療薬に使われるプラバスタチンが、高血糖症を引き起こすことを突き止めた。私生活を少々侵害されることと引き換えに、より健康な人生を送れるというわけだ。

データサイエンスの世界では、毎日のように新しいニュースが生まれている。家系図を作成できるサイト「ジーニ・ドット・コム」(geni.com)は、クラウドソーシングを使って全人類の系図を作成しようとしている。成功すれば、遺伝関係で結び付くソーシャルネットワークができるかもしれない。また、米共和党が下院で過半数を制したのは選挙区の区割りを操作したからだという「通説」のウソを、二人の政治学者が暴いた。彼らは考えられるあらゆる選挙区割りに基づいて、考えられるあらゆる選挙をコンピュータでモデル化し、現在の党派対立の社会がいちばんましだと結論づけた。アメリカの政治的な地図に、これ以上の展開は望めそうにない。

これらは始まりにすぎない。データは順調に増えているが(2012年にフェイスブックは毎日500テラバイトの情報を収集した)、分析はようやく追い付きかけたところだ。ネイト・シルバーのおかげで脚光を浴びたデータジャーナリズムは、いまや報道の必須項目となった。私たちは理解するために定量化する。ニューヨーク・タイムズやワシントン・ポスト、ガーディアンなど欧米の主要紙は、データの分析と可視化を専門とする優秀なチームを置き、記者や取材の現場が厳しい経費削減を強いられている一方で、多大な資源を費やして私たちの生活に関するデータを次々に発表している。

景気のいい業界を代表するグーグルは、本書でもたびたび紹介しているように、データを公共の利益に変える動きを先導している。グーグル・トレンドから大統領選と人種問題の関係をあぶり出した同社のデータアナリスト、セス・スティーブンズ・デビッドウィッツや、グーグル・インフルトレンドだけではない。世界中の憲法の検索や比較ができるオンライン・データベース「コンスティテュート」(Constitute) のように、あまり知られていない野心的なプロジェクトもたくさんある。ほとんどの国の市民は、一つの憲法――自分たちの憲法――しか気にしない。しかしグーグルは、1787年以降に作成された憲法草案900種類以上を収集している。これだけの量のデータを定量化して統合したおかげで、たとえば過去の成功例と失敗例を参照できるようになり、新興国家はより永続的な政権と憲法を築きやすくなる(毎年5件、新しい憲法が誕生している)。ここに、データがより良い未来を拓く。コンスティテュートのサイトが指摘するように、憲法では「たった一つの句読点が大きな違いを生むこともある」のだ。

フェイスブックも、人間の行動と反応について収集してきた膨大な量のデータをもとに、価値の高い研究を発表している。この新しいサイエンスを、MIT(マサチューセッツ工科大学)のアレックス・ペントランド教授は「ソーシャル物理学」と呼ぶ。ペントランドの研究チームは、都市全体のソーシャルデータをもとに、社会や個人の生活を改善する「データのニューディール」を提唱。イタリア北部のトレントで、地方自治体と通信プロバイダー、市民と協力して実験を進めており、「ほかの家庭の支出の内訳は」「ほかの人々はどのくらい外出しているのか」「最も長時間、対応してくれる幼稚園や診療所はどこか」など、具体的な数字をもとに日常生活の問題に取り組んでいる。

これが私たちの期待すべき未来だろう。本書は優れた研究と私の研究を組み合わせながら、データの世界ですでにわかっていることを説明してきた。その過程で、これが最前線だと強調しすぎたかもしれない。ジェームズ・ワトソンとフランシス・クリックは1953年にDNAの秘密の扉の鍵を開けた。そして60年後のいまも、科学者はヒトゲノムの解析を続けている。ヒトの遺伝子情報はいずれ完全に解析され、マッピングされるだろう。しかし、人間らしさをシェアする科学がそこまで蓄積されるのは、まだ先の話だ。

プライバシーの保護は、限界に達している

良い影響と悪い影響のバランスが取れる範囲で、私は前進する道を示したい。正直なところ、単純な解決策はわからない。私は近視眼的すぎるのかもしれない。データの利用方法を規制してもうまくいかないという、前述のラニアーの考えには賛成だ。それでも社会は規制を試みるだろう。適切な主旨に基づいて新しい法律が起草されるはずだ――そのインクが乾く前に、時代遅れの内容になっているだろうが。データを収集する側にいる私は、プライバシーを管理する手段を提供しても、大半の人が実際に使わないことを直に経験してきた。Ｏｋキューピッドは女性会員に「中絶をしたことがありますか？」と質問する。これは相性を診断する質問の３６８６番目の項目で、前述のとおり、ほぼすべての人が、ほぼすべての質問に正直に回答する。質問文の下にはチェックボックスがあり、回答を非公開にしたい人は印を付ける。３６８６番目の質問に「はい」と答えた人のうち、印を付けたのは半分以下だ。

つまり、大半の人は与えられたツールを使わないのだが、あえて「大半の人が使う」ようにする必要はないのかもしれない。そもそも、実際に使う人がほとんどいなくても、データを削除したり復元したりする手段は提供するべきだ。さらに、プライバシーは変わる可能性があり、プライバシーの保護に関する議論は置き去りにされがちだ。ラニアーと私は、インターネットの世界では守旧派だ。頭の固い将軍のように、過去にとらわれて新しい戦場を適切に理解できないのだろう。何が正しくて、何が許容されるのかという私の推

測は、間違っているのかもしれない。文化と世代がプライバシーの定義を変えていく。

ＮＳＡは恐ろしいくらい広範囲に触手を広げているが、人々はそれほど怒っていないようだ。ワシントンでは「ミリオン・マン」「ミリオン・マム」など、「１００万人《ミリオン》」をうたった抗議活動が何回も行われた。ハッカー集団アノニマスも「ミリオン・マスク・マーチ」と題したデモを実施し、とくにＰＲＩＳＭと政府の大規模な監視体制に抗議した。しかし、デモを報道したワシントン・ポスト紙の記事が「数百人の抗議者が……」という言葉で始まっているとおり、世間の関心は低い。

ラニアーはサイエンティフィック・アメリカ誌の記事で、個人データを差し出す代わりに恩恵を受けることができる点を強調して、プライバシーとデータ社会の長所とのバランスは市場の力に委ねようと述べている。たとえば、データを収集する側が、データが売れるたびに少額の支払いをする。消費者に直接、還元することもできる。データの薄利多売で利ザヤを稼ごうとするかもしれない（航空会社が航空券の価格をギリギリまで下げて、満席にしようとするのと同じだ）。ただし、いずれにせよ、消費者にとって正味の収入はない。言うまでもなく非現実的な提案だ。むしろ、「データのニューディール」のほうが現実的だ。皮肉にも、英米の伝統的なコモン・ローを思い起こさせるが、ペントランドによると、私たちは何よりも、自分のデータを所有し、使用し、廃棄する基本的な権利を有する。つまり、自分のデータが悪用や誤用されていると思ったら、そのサイト（もしくはデータの保管場所）から削除する権利を有する。さらに、理論上は自分のデータを「持ち運び」して転売することができ、そのようなデータ市場が発達する必要もある。この簡潔な仕組み――自分のデータについて「削除」ボタンをクリックし、「コピー・アンド・ペースト」を選択する――は、何らかの形でデータの対価を支払う仕組みに比べて、実現可能性が高く、公平でもある。

現実には、データ企業の側（私もその一員だ）からすれば、人々はすでに個人データの対価を受け取っている。フェイスブックやグーグルなどのサービスを無料で使い、旧友と連絡を取り合い、探しものを見つけているではないか。私もこれらのサービスにほんの少し自分の情報を提供しているが、引き換えに得るもののほうがずっと少ない。この交換条件は、それぞれが自分で決める。しかし、選択肢が一つしかなくなる日も近いだろう――これらのサービスを利用するか、それともまったく利用しないか、それだけだ。データ分析は強大になり続けている。あなたが何を隠したいと思うかは、関係なくなるかもしれない。すでに現在のアルゴリズムは、ほんのわずかな情報だけで個人について推測できる。デジタルデータの本格的な収集や分析が始まってから数年で、そこまで発達してきたのだ。「プライバシー設定」のオプションで提供されている手段の半分は、いずれあなたの情報をまったく保護できなくなるだろう。あなたが設定を選択できない領域に、遠慮はほとんどない。企業や政府は1枚のグラフからあなたを特定する。こうした議論自体が、すぐに過去の遺物となるのだろうが。

本書の冒頭でデータを大洪水にたとえたのも、大げさではなかったようだ。水はいまも激しく流れている。流れが落ち着いたときにようやく、本当の水位がわかり、過剰な水を排水できる。早くそのときが来てほしい。一方で、データを蓄積し、分析し、活用する人々は、価値を生み出す仕事を続け、自分が何をしているのかを正確に明かす責任がある。さもなければ、私のさまざまな言い訳も虚しく、ラニアーが正しいことになる。私たちはデータを分析してはならない、と。

テクノロジーは現代の新しい神話だ。奇跡と呼べるものも確かにあるが、実体よりはるかに大きなイメージが先行している。テクノロジーの巨神。エーゲ海に浮かぶロードス島が窮屈になった巨人《コロッサス》が、地球上を闊歩している。それがＩＴ業界のイメージであり、残念ながら本人たちもその気になっていることが多い。しかし、怪獣は確かに存在するが、神はいない。私たちはそのことを肝に銘じなければならない。すべては欠点と寿命のある人間がやることだ。私たちが引き起こした洪水に、私たちは溺れるのか、それとも浮上するのか。私は、データから血の通った本物の何かを生み出したい。私と同じようにデータと向き合う多くの人にも挑戦してほしい。その際にテクノロジーやデバイスやアルゴリズムが壮大すぎて圧倒されそうになったら、桂冠詩人アルフレッド・テニスンの『ユリシーズ』の最後の一節を思い出し、少しだけ違う視点で私たちの真実を見つけようと決意を新たにする。

努力を惜しまず、探し求め、見つけ出し、けっしてくじけぬ意志は。

エピローグに代えて

本書の図表を作成するにあたり、統計学者で芸術家でもあるエドワード・R・タフテの研究を参照した。参照したというより、真似をしようとした。実際、細部まで共通点がたくさんある。タフテの著書は豪華な装飾本のように華麗でありながら、教科書のように明快で、古今東西の著名な例を引きながら情報デザインの原則を語っている。

シャルル・ミナールの「ナポレオンのロシア遠征地図」は、統計データの可視化の傑作だ。無名の奴隷解放論者が作成したとされる大英図書館所蔵の「奴隷船の図」(Description of a Slave Ship) には、船底に人間を貨物のように敷き詰めた様子が描かれており、中央航路の恐怖を現代に伝える象徴的な史料だ。イギリスの医師ジョンソン・スノウが1854年に作成したコレラの「感染地図」は、感染源の特定につながった。

タフテは歴史の教訓を、現代の文脈に合わせた有用な教訓として語り直し、可視化の際はデータとデザイン部分の比率に最大限の注意を払うようにと教示する。すべての図表に明快なストーリーを語らせ、色を使ってデータの心臓を際立たせ、白は余白ではなく奥行きを表す。私は最善を尽くした。

タフテの著書に収録されている多くの地図や図表の中でも、ベトナム戦争の戦没者慰霊碑は、単なる石碑や歴史の記録ではない。データデザインの芸術品だ。できることならすべての説明を引用したいが、肝心なのは次の部分だ。

黒御影石に並んだ5万8000人の兵士の名前は、全体を遠くから見ると、5万8000という数字の意味を視覚的に訴える。一つひとつの名前がぼやけてグレーの塊になり、全体の死者数として積み重なる。

あらゆるデータサイエンティストは、延々と連なるぼやけたグレーの塊の意味を見出そうとしている。私も本書で、その長さとぼやけ具合のバランスを探してきた。最大のデータセットをもとに、最も広い範囲を網羅するストーリーに注目して、少しでも真実に近づこうとしてきた。

戦没者慰霊碑は2008年にデジタル化された。1インチ四方ごとに写真を撮影し、軍の記録と照合して、オンライン版では一つひとつの名前に写真やメッセージを添えることもできる。公式サイトには、「壁を検索する」と記された検索ボックスがある。

私は少し考えてから、父親の名前を入力しかけた。ベトナム戦争と言えば、ほとんど反射的に父を思い出すからだ。いや待て、その必要はないと、私は思い直した。デービッド・パットン・ラダーの名前は、ありがたいことに戦没者名簿には載っていない。そこで、当てずっぽうに入力した。まず「ジョン」。続きは、「スミス」はありがちだし、「ドウ」はわざとらしい［訳注　ジョン・ドウは氏名不詳の人物を指す架空の名前として使われる］。それなら「ウィルソン」でどうだろう。0・5秒で新しいページが表示され、いちばん上にジョン・ウィルソンの名前が出てきた。

ローン・ジョン・ウィルソン

軍務期間・自　1969年3月17日

軍務期間・至　1969年3月28日
死亡日　1969年3月28日
享年　20歳

写真が2枚、添えられていた。1枚は海兵隊の制服姿。もう1枚は11日間の1等兵生活の中で撮影されたと思われるスナップ写真で、4人の青年がジープを囲み、1人が後ろに立っている。午後のひととき、雑談をしているのだろう。

粒子の粗い写真だが、そのかすれ具合はインスタグラムからの転載かもしれない。この写真をアップロードした人は、友人たちの思い出を数十年間、大切にしてきたのだろう。

ウェブのページは黒御影石の代わりにはならない。友情や愛や家族の思いを代弁することもできない。それでも、ウェブを通じて経験を共有することによって、自分と自分の人生を理解しやすくなる。データの時代はもう始まっている。私たちはすでに記録されているのだ。

あらゆる変化と同じように恐ろしさも感じるが、灰色の監視社会とバラ色の未来予想図の中間に、開かれた解決策があるのだろう。

データを使って情報を知るが、操作はしない。探索はするが、詮索はしない。保護はするが窒息させず、さらけ出すこともしない。そして何よりも、ほかの人の人生を改善できるかもしれないと思って自分の人生を社会で共有するときに、喜んで差し出した貴重な情報が報われる。

古代バビロニアの王から現代人まで、人類の歴史で最も古い欲望が満たされる——私たちの名前は、石碑に刻まれるだけでなく、社会の記憶の一部に残り続ける。

著者あとがき

数字は扱いにくい相手だ。文脈の説明がなくても、数字は事実を表し、その具体性が議論を封じる。「2万7069人の医師が証言――ラッキーズは刺激が少ない」。煙草の広告に、これ以上の説明は必要ない［訳注　1930年代にアメリカでラッキー・ストライクのパッケージに、医師のイラストとともに掲げられたコピー］。数字が統計の衣をまとうと、さらに強力な錯覚や幻想をもたらす。

言い古された警句を繰り返すつもりはないが、すべての数字の裏には人間の判断がある。何を分析し、何を除外するか。数字が描く絵をどのような額縁で飾るか。それらを決めるのは人間だ。分析結果を発表する際も、簡潔なグラフを作成することですら、人間が選択する。そして、これらの選択に人間の不完全さが関与することは避けられない。

私は自覚しているかぎり、研究結果を歪曲するような判断を下したことはない。人の生きざまを表すデータは、私が何らかの方向に誘導しなくても、十分に興味深いのだから。しかし、私が数字に関する選択をして、それらの選択が本書に影響を与えていることもまた確かだ。

私が最初に行った選択は、おそらく最も難しい選択だった。まず、人の魅力やセックスについて語る際に、男女の関係だけに注目しようと決めたことだ。もちろん、ページ数の都合もあった。本書の分析に同性の関係も含めると、グラフや表の数が3倍になるだろう。しかし、それ以上に大きな理由は、同性の関係が例外ではないことに気がついたからだ。異性間も同性間も、同じような傾向をたどる。たとえば、ゲイの男性もストレートの男性と同じように、より若いパートナーを好む。また、人種別の評価など、セックスと間接的な関係しかない問題でも、同性間と異性間は同じようなパターンになる。したがって、男女関係のデータに絞れば、共通するパターンを一通りで示すことができ、ページを最も有効に使えると考えた。

二つ目の選択は、統計の神秘に首を突っ込まないということだ。本書では、「信頼区間」「標本サイズ」「確率値」などの専門的な手法には触れていない。

何よりも、データとデータサイエンスに広く親しみを持ってもらいたいからだ。数学愛好家には物足りないだろう。しかし、家を支える柱や梁のように、専門的な研究としての厳格な基準が、見えない所で本書を支えている。ここで紹介した研究結果の多くは、論文審査のある学術的な資料に基づくものだ。

Ｏｋキューピッドのデータ分析の大半は、まず私が行ったうえで、社員が中立的な立場で検証した。さらに、データの選択および体系化のプロセスと、分析のプロセスを分離して、後者が前者の目的にならないように留意した。たとえば、情報を抽出する担当者と、その意味を読み解く担当者は別にしている。

本書で、ある傾向とその原因を説明している場合の多くは、関連するすべての影響について私が解釈したうえで推測している。また、結果を解釈する際は、さまざまな可能性から一つの説明を選んだ。

たとえば、「ウッダーソンの法則」（ストレートの男性は自分の年齢に関係なく、21歳の女性が最も魅力的だと思う。第1章を参照）には、年齢以外の要素も影響を及ぼすかもしれない。しかし、その影響はきわめて小さいと私は考えた。「相関関係があっても、因果関係があるとはかぎらない」という真理は、物語が過剰になっていないかどうかを確認する格好の目安になる。私は最も理にかなっていると思う原因だけを挙げるように努めた。

ブログから本書ができあがるまで

本書で取り上げたほぼすべてのテーマは、私がOkキューピッドのサイトに投稿したブログ記事と重なっている。ただし、以前の発見を引用するのではなく、最新のデータをもとにあらためて分析した。一つには、これまでの研究をダブルチェックしたかったからだ。ブログには2009年から11年にかけて、断片的に分析結果を投稿した。その3年間に、たとえば男女別のメッセージの返信率のデータは、少なくとも5人のスタッフが整理した。繰り返し参照したデータポイントの一つを考えても、どのデータセットから出てきたのか、記録を振り返っても確認のしようがなかった。だから自分で裏付けを取ったのだ。また、すべてのリサーチに共通する基準を新たに設けることもできた（たとえば、本書の分析は20～50歳のデータに限定した。Okキューピッドのデータはその年齢層を代表しているからだ）。

したがって、本書の数字はブログに掲載したものとは異なる。グラフの曲がり具合や長さも少々異なる。それにもかかわらず、結論はブログの結論と一致する。皮肉な話だが、このような研究では、精確さ以上に一般化が重視される。私も数字の端数を丸め、「約」という言葉を繰り返し使っている。ちなみに、統計に関する記事や文章で、ある振る舞いをする人が「89・6％」と書かれていれば、実際は「約90％」や「ほぼ全員」「多くの人」かもしれない。小数点以下まであるほうが、カッコよくて本物らしく見えると思う筆者もいるのだろう。同じ計算を再度行ったら、次は85・2％になるかもしれないし、その次は93・4％だろう。海面をかき回し、どの白波が「海水位」かと訊くようなものだ。良く言えば意味のない数字、悪く言えば誤解を招く数字だ。

本書で扱うような私たちの人生に関するデータは、それ自体が生きていて、日々変化する。たとえば、私のクラウトスコアは執筆時は34だったが、あなたがこのページを読んでいるいまは確実に上昇しているはずだ。出版社との約束で本書についてツイッターに投稿することになっているから、ソーシャルメディアでの存在感はアップする。これぞユーザー・エンゲージメントだ。

一方で、明確な理由がわからないまま変動する数字もある。編集者と私は、グーグルのオートコンプリート機能の検証に多大な時間を費やした。検索ボックスに同じ単語やフレーズを入力しても、グーグルが自動的に完成させる文章は微妙に変化する。オートコンプリート機能は興味深いツールであると同時に、今日のデータサイエンスにとって最大の難関を象徴している。すなわち、不透明性だ。

実証は、科学的な手法としてとても重要だが、とても難しい。なぜなら、大多数の情報が誰かの所有物になっているからだ（この点については、Ｏｋキューピッドも例外ではなく罪深い）。ソーシャルメディア企業は自社のデータの膨大さと可能性を自慢するが、その大多数は、リサーチ業界の外部からは手が届かない。データはカネになる。だから、企業もそのように扱う。一部のデジタルデータは公開されているが、金庫室の壁のように分厚い法律の壁に守られている。たとえば、あなたが友人のフェイスブックのページを見て、彼女の名前が「リサ」と記載されているという事実を公表したら、法律上はフェイスブックのデータを盗んだことになる。

あるサイトに登録する際に、郵便番号や誕生日を偽って入力したら、コンピュータ詐欺および不正利用防止法（ＣＦＡＡ）違反になる。13歳未満の子どもがニューヨーク・タイムズ紙の電子版を読むことも、立派な犯罪だ。これらは極端な例だが、法律の規定は幅広く、インターネットを利用するすべてのアメリカ人は、生涯を通じて堕落したサイトを閲覧し続ける重犯罪人も同然だ。その「犯罪」で処罰されるかどうかは別にして、あなたは首根っこを押さえつけられている。企業の重役や、大切な献金企業の機嫌を取りたい首席検事がその気になれば、あなたの人生を破壊できる。そうすべきときに、彼らは躊躇しない。

だからこそ、社会科学者はデータセットをきわめて慎重に扱う。マリファナが詰まった大きな袋を抱えているかのように、少々偏執的になりながら、ほかに誰が似たような袋を持っているのだろう、それはどんな高揚感を与えてくれるのだろうと、好奇心に駆られている。

近年は、自分たちが収集した情報を外部の専門家に委ねるのではなく、社内に解析チームを擁する企業が増えている。本書でも紹介したフェイスブックのチームの斬新な研究や、グーグルのセス・ステファンズ・デビッドウィッツの素晴らしい解析など、数多くの成果が生まれている。さらに多くの企業が後に続いてほしい。私たちサイトのオーナーが、ユーザーのプライバシーを脅かすことなく、自社のデータを公益のために発表する方法が見つかるだろう。

パターンを探す永遠の旅

いささか古い話になるが、シャザムという音楽認識アプリは、私にとってiPhoneの偉大な奇跡の一つだ。ふと耳に入った曲の題名を知りたいときは、アプリを起動させてiPhoneに聴かせる。すると2秒後には、曲名を教えてくれる。初めて知人が私の目の前で実演したときは、とにかく感動した。ごく小さな音量でも正しく認識できるだけでなく（壁越しや、騒々しいバーでもだいじょうぶ）、処理の早さに驚いたのだ。ほとんど魔法だった。

あとで知ったのだが、シャザムの原理は実に簡潔だ。ほぼすべての曲をメロディーの高低のパターンのみで認識し、キーやリズム、歌詞、アレンジなど、ほかの要素は完全に無視する。音符の高低をマッピングするだけでいいのだ。これは「パーソンズ・コード」と呼ばれるもので、1970年代に考案した音楽学者にちなんで命名された。たとえば、「ハッピー・バースデー」の冒頭は「●RUDUDDRUDUD」となる（図15-1）。●（＊も使われる）は最初の1音を表し、Uは「音程が上がる」、Dは「音程が下がる」、Rは「同じ音を繰り返す」という意味だ。

ありえないと思うかもしれないが、「ハッピー・バースデー」のパーソンズ・コードの進行パターンは、録音があるすべての音楽を通じて唯一無二だ。同じコードの曲は、まず存在しない。そして、4種類のコードだけという簡潔な記述だからこそ、シャザムは迅速に処理をする。ビートルズの「イエスタデイ」の冒頭はポール・マッカートニーのベースギターが印象的な響きを奏でるが、メロディーの出だしは「●DRUUUUUDDR」。そのほうがはるかに認識しやすい。

音楽に耳をそばだてるアプリと同じように、データサイエンスはパターンを見つけようとする。私や、私のような仕事をしている多くの人は、ノイズ

図15-1

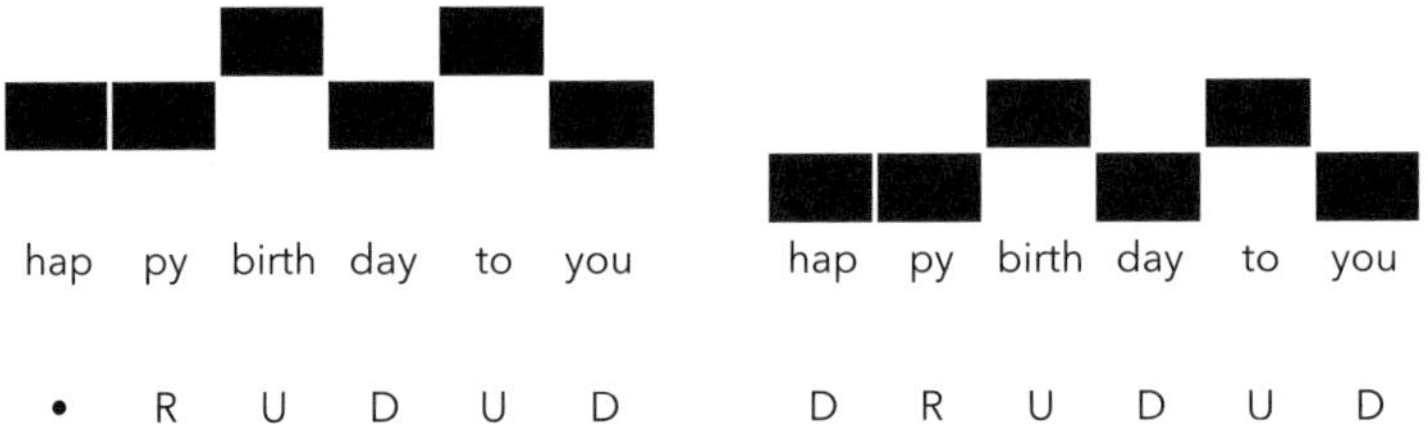

hap py birth day to you

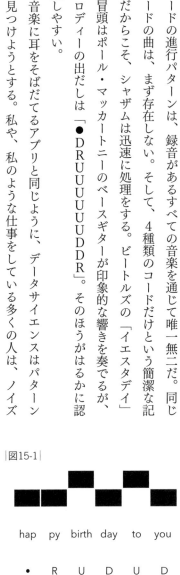

hap py birth day to you

の中からシグナルを見つけるための方法や仕組みを考案し、ときには手っ取り早い抜け道を探す。私たちデータサイエンティストは、それぞれが自分のパーソンズ・コードを探しているのだ。とても簡潔だが強力で、一生に一度のような大発見もあるが、幸い、データサイエンティストの人数だけ「一生」がある。本書は、私からデータサイエンスの可能性に贈るラブレターだ。

クリスチャン・ラダー

きという感性の持ち主だろう」

＊3　セールスフォースのデータを通じた企業のマーケティング支援

この分析が真実だと思われる理由として、セールスフォースがData.comという定量化のサービスも行っていることが挙げられる。

Chapter14

＊1　Xboxを使っているなら、マイクロソフトはあなたの心拍数を把握している

新機種Xbox oneに搭載された新型キネクトについて、ネイチャー誌は次のように説明している。「（ゲーム機と）同じ部屋に座っている人の心拍数をカメラで測定する。エクササイズゲーム用に設計されたセンサーが、ゲーム中の心拍数の変化を監視する。同じような原理のシステムを使って、テレビＣＭやホラー映画を観ている人の心理的な反応に関する詳細なデータを取得して送信することもできる……政治的な放送に関する反応もわかるのだ」

＊2　街中の監視カメラが解決に導いた

ボストンマラソンの爆破テロの後、アメリカのソーシャルニュースサイト「レディット」と画像掲示板「４ｃｈａｎ」で「サイバー探偵」による犯人追跡が行われ、無実の男性が名指しされるという事態が起きた。クラウドソーシング方式の情報収集に群衆《クラウド》が群がる問題点はあったが、監視カメラというハードウエアが犯罪を解決したことは確かだ。

＊3　本書のあらゆる分析は匿名かつ集団を対象とする

あらためて強調しておこう。本書のいかなるデータも、写真もテキストも含めて、いっさい個人と紐付けられていない。

Chapter12

＊1　ズークの地図

２カ月後にズークは別の激動のデータを測定した。ケンタッキー・ワイルドキャッツ［訳注　ケンタッキー大学のチーム］がバスケットボールのＮＣＡＡ（全米大学競技会）選手権で優勝。学生たちは盛大に酔っ払い、未来のリーダーとしてありえない大騒ぎを繰り広げた。#LexingtonPoliceScannerをハッシュタグのトレンドの上位に押し上げたのは1件のツイッターだった――「@Tkoppe22：うわ、半裸の男がプロパンガスのタンクを抱えてる#LexingtonPoliceScanner」。ズークはこのハッシュタグを追跡し、かつては地元のばか騒ぎで終わっていたようなことが、世界中に反響を巻き起こすことを示した。教養があるのかないのかわからないツイッターの統合失調症に、私は絶えず驚嘆している。

＊2　DOLLYは、数十年をかけて文化が衰退し、分裂していく様子をたどるために開発された

ツイッターは文明化の影響を受けた人々が使うという条件があるため、コロンブスが大陸を発見する以前のメソアメリカ時代には通用しない。とはいえ、ツイッターは大半の人が思っているよりはるかに普及しており、はるかに民主的でもある。スペインによるアメリカ大陸の征服に似たようなことが現代に起きるとしたら、ツイッターの影響は間違いなくある。

＊3　同性愛のポルノをダウンロードしたIPアドレスの分布

IPアドレスは個人の物理的な位置（より正確には、コンピュータのアドレス）を特定するものではなく、15～80キロ程度の範囲でわかるだけだ。気象予報のサイトにアクセスすると、現在地の郵便番号を入力する前に、初期設定のエリアの情報が表示されるようなものだ。IPアドレスからは、パソコンがインターネットに接続している大まかな地域しかわからない。このリサーチでは、対象のパソコンがどのようなポルノをダウンロードしたかというデータがわかるだけで、誰がどこでそのパソコンを使っていたのかも、人間がパソコンを操作しているかどうかも、いっさいわからない。

＊4　ソーシャルニュースの掲示板サイト「レディット」

2013年12月の時点でユニークビジター数は1億100万人、サイト数は50億ページを超えている。

Chapter13

＊1　億万長者になれる確率

2014年のフォーブス誌の億万長者ランキングに掲載されたのは1645人だった。

＊2　フォロワーをカネで雇っていた

ギングリッチ陣営の元スタッフが、ゴシップサイトのゴーカーで次のように語っている。「(ギングリッチのフォロワーの）アカウントの約80％は使われていないか、さまざまな「フォロー代理店」が作成したダミーだ。約10％は実在する人々で、フォローされたら基本的にはフォローを返し、ときにはカネで自分のフォロワーを買う（ギングリッチも彼らの「仲間」だが、フォローは返さない)。残りの10％は、おそらく実在の人々で、ニュート・ギングリッチが好

＊3
アルゴリズムはすべてを小文字に変換するため、リストの表記も小文字のみになっている。

Chapter11

＊1　推測とはそういうものだと思われていた
1491年ごろの世界地図を見れば、「推測」がどのようなものかわかるだろう。

＊2　キンゼイレポート
概要はウィキペディアの「キンゼイレポート」の項を参照。サンプルの成年男性の10%は同性愛の経験があるという数字は明快だが、女性に関する数字は少々幅があり、20〜35歳の女性の2〜6%は「同性愛の経験しかない」と記されている。

＊3　調査は政治的な動機が絡むものも多く、調査データや、実験用の不自然な設定に基づくデータをもとに、1%から15%までさまざまな数字が挙げられている
調査データは、質問の表現の選び方や、性的アイデンティティより性的経験を重視するような選択肢など、外部要因の影響を受ける場合がかなり多い。

＊4　恋愛相手を求めているアメリカの同性愛者のうち、2013年は4分の1以上がOkキューピッドを利用している
この推測は、⑴アメリカの人口の約5%が同性愛者で、⑵国勢調査によると9300万人いる独身者のうち半分が恋愛相手を求めている、という二つの前提に基づいている。ただし、政府の統計は結婚していない人をすべて「独身」と数えるが、本当の意味で「シングル」の人数を推測する際には、明らかに問題のある分類だ。2013年にOkキューピッドでは、プロフィールから明らかに同性愛者と思われる独身者のうち65万人が、何らかのアクションを起こしている。上の計算で行くと、アメリカの同性愛者の中で、恋愛相手を求めている人の26.8%に相当する。アカウントには二重登録や、めったにないが「幽霊会員」も含まれるが、アメリカの同性愛者の恋愛市場でOkキューピッドが大きなシェアを占めていることに変わりはない。この章では「ゲイ（同性愛者）」と「バイセクシャル（両性愛者）」のユーザーは別に集計しており、この注の計算に後者は含まれていない。

＊5　カジュアルなセックスをする相手を求めているかどうか
カジュアルなセックスの相手を探すアプリは、同性愛者専用のものも、ストレートの人専用のものも、同じくらい人気がある。したがって、Okキューピッドの同性愛者の会員から、長期的な関係を求めるサンプルだけを抽出しても、ストレートの会員の場合と同じレベルの精度になるだろう。もっとも、彼らがどのような関係を求めているのか、本当に知ることは不可能だが。

＊6　実質的な差はわずか
ストレートの男性と同性愛の女性の49%は、経験が4人以下と答えている。

現代でも投石を刑罰としている国の住人は、デジタル版の投石も同じように楽しむだろうか。

＊2　サフィーヤとジャスティン・サッコをめぐるツイッターについて

ここでは、ほかの分析のようにツイッター全体から無作為に抽出したサンプルを分析していない。関連する数字や図表は、サフィーヤのジョークに関するリツイートと「#ジャスティンはもう着陸したか」のハッシュタグをすべて参照し、適切な方法で推測した数字を反映している。

＊3　海洋生物学者は野生のサメにタグを付け、その動きを解明して人間に対する脅威を小さくしようとしている

オーストラリアでは、無線信号に自動応答する装置をタグに搭載し、サメが近づいてきたことを海水浴客に知らせる。タグはツイッターを介して交信する。

＊4　悪名高かった

彼らにもネットと同じように「ハンドル」ネームがあった。

＊5　武器を持たない社会運動が起きる

「アラブの春」ではツイッターが初めて、グローバル社会に大きな影響力を与えるツールとして使われた。グアテマラやモルドバ、ロシア、ウクライナの反体制運動でもツイッターが活躍している。

＊6　1日5億件のつぶやきのうち、27.5%がリツイートされる

私が無作為に抽出したサンプルの分析による。

Chapter10

＊1　あるグループだけに見られる「特別な」傾向

自己紹介の膨大なテキストから特定のグループを抽出する手法は、私が独自に考えたものだ。本書のもとになった私のブログではマックス・シャロンとアディチャ・ムカージーの協力を得て考案した別の手法を用いたが、その経験がなければ新しい手法は生まれなかった。本書では人間の選択が介在しない、アルゴリズムに完全に依存した分析を目指している。ただし、「私の青い目と」「青い目と」「私の青い目」など重複するフレーズがリストに並んだ場合は、人間の判断で最も代表的な表現を選び、残りは除外した。これにより、リストに有意の変化は生じていない。また、この章の分析は、30件以上の自己紹介に登場する4語以上のフレーズを対象としている。

＊2　ジップの法則

ジョセフ・ソレル（ビクトリア大学ウェリントン）の“Zipf's Law and Vocabulary”（The Encyclopedia of Applied Linguistics）より。あらゆる経験的法則と同じように、ジップの法則もきわめて優れた（そして、長年にわたり実証されてきた）枠組みだが、実際に観察した結果と相違が生じる場合もある。完全にバランスの取れたコインを投げると裏表が出る確率は半分ずつになるはずだが、実際に1000回投げると、表がちょうど500回出ることはまずありえない。

富について調べる際は、対象者の純資産や収入などの目安が簡単に手に入り、そのうえで富に関連すると思われる特徴を検証できる。しかし、美しさの研究では、まず対象者が「どのくらい美しいか」を決めなければならない。このような判定は情報量がカギを握る。美しさはきわめて主観的で（それに対し、たとえば髪の色は、「茶色」「ブルネット」「栗色」などのわずかな違いも基本的に同系色と見なすことができる）、幅広い意見があり、大規模で多様なサンプルが必要となる。社会学のWEIRD（白人、教育を受けている、先進社会、裕福、民主社会／イントロダクションを参照）問題のように、過去の標本と関連性はない。

Chapter8

＊1　歴史的に黒人と関係の深い地域ほど頻度が高いと思うかもしれないが、実際は全米で検索されている

グーグル・トレンドは、単語やフレーズが検索された回数を０～100のスケールに正規化した指数で表す。問題の軽蔑すべきキーワードの指数は、グーグルがサンプルとして挙げている10の大都市圏のすべてでプラスマイナス10％の範囲内だった。ただし、“nigga”は関連する検索の大半がラップの歌詞についてなので、今回のデータには含まれていない（この章で私が使った検索キーワードはnigger-nigga-song／nigger、ただしniggaとsongは除く）。“nigger”に関連するキーワードで最も多いのは、現時点では“nigger joke”（ニガー・ジョーク）だ。人種差別に関する私の分析は、グーグルのデータアナリストでエコノミストでもあるセス・ステファンズ・デビッドウィッツが考案した手法を使っている。彼は“nigger”について、「検索の大部分は、アフリカ系アメリカ人のジョークについてだ」と指摘している。彼のリサーチは公開されている匿名のデータを使っている。

＊2　“nigger”が検索される頻度

2004年1月～2013年9月にアメリカで検索された頻度について、グーグル・トレンドの検索数の指数は“apple pie”が25、“nigger”が32だった。

＊3　９月初めに共和党の党大会が開催された週は、人種差別的な検索は大統領選期間中で最も少なかった

夏休みと重なったからとも言えない。pasta（パスタ）、pizza（ピザ）、family（家族）、truck（トラック）など中立的な検索キーワードの頻度は年間を通して一定だった。

＊4　おぞましい言葉

グーグルのデータアナリストのセス・ステファンズ・デビッドウィッツにメールで確認したところによると、人種に対する侮蔑の言葉は、ツイッターやＯｋキューピッドの個別のメッセージ、グーグルの検索ではかなり少ない。

Chapter9

＊1　古代の宗教で投石が公開処刑の手段だった

thebiglead.com/2010/12/02/quarterbacks-and-whether-race-matters/を参照。私が数時間をかけて検索した際に1件しか見つからなかったからといって、ほかにまったく存在しないという証拠にはもちろんならない。また、9万7000件という数字も「生もの」であり、本書を執筆中に再検索したときは8万9800件だった。

＊2　相性度

言うまでもなく、Ｏｋキューピッドのユーザーが全員、四つの人種グループのいずれかにあてはまるわけではない。しかし、話を簡潔にして人種問題に集中するために、すべての分析において、四つの人種のいずれかを一つを選んだユーザーを対象とする。

＊3　Ｏｋキューピッドで最も多い人種グループ四つ

Ｏｋキューピッドのユーザーが自分の人種を選択する際に、15％の人が一つ以上のグループを、３％の人が主な四つ以外のグループを選ぶ。彼らと、人種を選択しなかった人は、この統計から除外している。

＊4　ユーザーが実際に交わすメッセージのデータも、これらの数字と強い相関関係があり、同じようなパターンになる

初めての相手から受け取るメッセージの数は、黒人女性はそれ以外の女性の約75％。黒人女性が送ったメッセージのレスポンス率は約75％。

＊5　独特のデータセットを生む

もちろん、出会いサイトは「一般的な」データ源とは程遠い。ユーザーは前述のとおりほぼ全員が独身で、この事実がデータに影響を及ぼす。出会いサイトのデータをもとに、たとえば消費動向を調べ、平均的なアメリカ人男性は可処分所得のすべてを外食と映画に使うと結論づけても意味がない。このような主張は、明らかにＯｋキューピッドの特別な傾向から導き出したものにすぎないのだ。

＊6　私たちが下す判断の多くは、いまだに人種差別をうかがわせる

「私たち」には「私」も確かに含まれる。

Chapter7

＊1　就職情報サイトシフトギグへの応募結果

データがややまばらでノイズが目立つため、濃い色で傾向線を加えた（サンプル数は5000人以下)。

＊2　フェイスブックの友達の数

Ｏｋキューピッドの会員のうち、アカウントをフェイスブックと連係させることを選んだ人について友達の数を数えた（友達は匿名のまま)。

＊3　サンプルがこれほど少ないと、美しさの影響を証明することはもちろん、さまざまな面を見ることもできない

美しさの研究で用いる従来の手法はとくに、サンプル不足の影響を受けやすい。たとえば、

＊5　10万件のメッセージ
この分析に関して、個々のメッセージの内容はいっさい確認していない。Ｏｋキューピッドのスパム検知ソフトウエアの一環として、サンプルとして抽出したユーザーのキーストロークとタイピングの所要時間を集計した。例として挙げた「hey」も実際の本文という意味ではなく、3文字のメッセージとして可能性が高いものにすぎない。実際にＯｋキューピッドのサイト全体で、3文字のメッセージの約80％は「hey」、次いで「sup（やあ）」「wow（すごい）」の順に多い。

＊6　キーボードのキーをたたいた回数と、実際に送信した文字数の関係を表している
キーボードのキーをたたいた回数を計算するソフトウエアを作成した。

Chapter4

＊1　命題は不可能であることが証明されて解決した
反証は難しそうだ。有名な７本の橋はその後、２本は爆破され、２本は高速道路に変わった。

＊2　概念は1970年代に提唱された
最初に提唱した論文は２万回以上、引用されている。

＊3　マイクロソフトの社員
マイクロソフトの社員が全員そうだとは言わないが、私の経験では、モバイル製品とタブレット端末のチームは筋金入りの「ドッグフーダー」だ。ウィンドウズのモバイル製品はめったに見かけないから、使っていれば嫌でも目立つ。ちなみに私はマイクロソフト・オフィスに忠誠を誓っており、本書の図表のすべてと分析の大半はエクセルを利用している。

Chapter5

＊1　CBDのシステムを悪用した証拠
CBDのサムネイルの解読は、実はとても簡単で、私たちもそのようなことが起きるだろうと想定していた。実際、サービス開始から約1週間後には、数人のハッカーが写真の身元を暴くアプリをいくつか作った。しかし、大半は使い方が難しく、うまく機能しないときもあったため、そのようなアプリが広まることはなかった。CBDが短命に終わったことも、CBDから収集したデータも、写真の解読とは関係がない。本書に掲載したサムネイルは写真素材のデータベース（ゲッティ・イメージズ）のものだ。

Chapter6

＊9万7000件の検索結果のうち、黒人と白人のクォーターバックのレイティングを計算した記事は1件
Jason Lisk, “Quarterbacks and Whether Race Matters,” The Big Lead, December 2, 2010,

Chaoter3

＊1　ツイッター上でつぶやかれる言葉の数、書籍に印刷された言葉の数

有史以来、刊行された書籍はグーグルによると1億2986万4880タイトル。グーグルがすでにそのうち3000万タイトルをデジタル化してインデックスを作成していることを考えると、信憑性の高い推測だろう（Ben Parr, “Google: There Are 129,864,880 Books in the Entire World,” Mashable, August 5, 2010, mashable.com/2010/08/05/number-of-books-in-the-world/ を参照)。

アマゾンによると、小説の単語量の中央値は6万4000語。この場合、中央値と平均はかなり近い値になると考えられるため、ここでは平均として計算に使った。小説は、ほかのジャンルの書籍に比べて特別に短くも長くもないだろう（Gabe Habash, “The Average Book Has 64,500 Words,” PWxyz, March 6, 2012, blogs. publishersweekly.com/blogs/PWxyz/2012/03/06/the-average-book-has-64500-words を参照)。

これら二つの数字から、有史以来、刊行された書籍に印刷された単語数は8兆3113億5232万語となる。

ツイッターによると、2013年8月に投稿されたツイートの数は1日5億件（blog.twitter.com/2013/new-tweets-per-second-record-and-how を参照)。ツイート1件の単語数を20語とすると1日100億語。831日（2.3年）分のツイートで、有史以来の書籍の単語数を超える。もちろん、あくまでも推測であり、それも控えめな推測だ。ツイッターの1日の投稿数は急激に増えており、この計算より短期間で書籍の単語数を超えることはほぼ確実だ。

［訳注　グーグルが16世紀以降に刊行された数百万タイトルの書籍をスキャンし、単語やフレーズの頻度をグラフ化している「グーグル・Nグラム・プロジェクト・ビューワー」については『カルチャロミクス：文化をビッグデータで計測する』（草思社）で詳しく紹介されている］

＊2　ツイッターで使われている言葉の初歩的な分析

ツイッターに関する私の分析はすべて、無作為に選んだ120万件のアカウントの投稿とフォロワーをサンプルとして使っている。

＊3　ツイッターのサンプルより短い

リバーマン(と私)はツイートからＵＲＬや@、#などの特殊文字を除外して計算しており、「単語ではない」字数で平均を底上げしていない。

＊4　集団心理の奥底に迫る簡単なアプローチでもある

グーグル・ブックスのデータから、現代ではたとえば19世紀に比べて、はるかに多くの書籍が出版されていることがわかる。毎年一定数の書籍をサンプリングしているので、単語が使われる頻度が年々増えているということは、その単語に関する関心が高まっているということだ。ただし、すべての単語が同じようなパターンになるわけではない。たとえば「God(神)」の頻度は減る一方で、現在アメリカの著作物で使われる頻度は、1800年代前半の3分の1にすぎない。「カルチャロミクス」という言葉は、ジャン＝バプティースト・ミシェルとエレズ・リーバーマン・エイデンが「デジタル書籍数百万冊を使った文化の定量分析」と題した論文で初めて使った。本書の図表と分析は彼らの研究をもとに作成した。

人の数で、長年のパートナーがいる人の多くや、同性愛者のほぼすべてが含まれている。一方で、2011～13年に主要な出会いサイト――Ｏｋキューピッド、ティンダー、マッチ・ドットコム、デートフックアップ――に登録した人は全米で5700万人で、2300万人はその3年間独身だった。5700万人から、重複して登録する人10～15％を引いて、2倍にすると1億300万程度になることから、「全米の独身者の半分」とした。

＊5　社会科学の研究論文の大半はWEIRD

スレート誌の記事は次のように指摘している。「WEIRDな被験者は、世界の人口の約12％を占めるにすぎない国々に暮らし、道徳的な意思決定や理論的な思考、公平さ、さらには視覚的判断もほかの集団とは異なる。これらの振る舞いや知覚の多くが、生まれ育った環境や背景に基づくからだ」

Chapter1

＊1　年齢そのものを質問して得た回答ではない

本書で取り上げる「魅力」は、25人以上の評価に基づいている。人の魅力のように特異なものを考えるときに、25件以下の平均では信頼性がないと考えた。

＊2　自然の美は幾何学模様を描き、科学的な論証の出発点となる

単純化したグラフや、数字の要素を偶然に含む芸術作品と違い、データを可視化すると物理的な空間がデータの関係を表す。

Chapter2

＊1　ウォーターズの狙い

ウォーターズ本人は次のように語っている。「私にとって、バッドテイスト（悪趣味）こそエンターテインメントだ。私の作品を観ながら嘔吐する人がいたら、それはスタンディングオベーションだ」

＊2　レディットのファンが集まるページ

「サブレディット」と呼ばれるページ。レディットとその意味については後で詳しく説明する。

＊3　分散

この章では、標準偏差によって分散の大きさを表している。

＊4　低い評価をつけた相手とコンタクトを取ろうとする人はまずいないだろう

Ｏｋキューピッドでユーザーが送信するメッセージのうち、３以下の評価をつけた人に宛てるものはわずか0.2％だ。

原注

イントロダクション

＊1　約1000万人がＯｋキューピッドに出会いを求めた

2014年4月から12カ月間で1092万2722人がＯｋキューピッドにログインしている

＊2　今夜、約3万組のカップルが、Ｏｋキューピッドがきっかけで初めてのデートをする

どのくらいの会員がオフラインで実際にデートをするのか、そのあと二人はどうなるのか――。これは出会いサイトの運営者にとって不可知の領域でもある。約3万組のカップルという数字も、私が最大限の推測を働かせたものだ。ここでは二通りのアプローチで計算した。

1　Ｏｋキューピッドのアクティブユーザーは2カ月に1回、デートをすると仮定する（控えめな仮定だろう）。毎月のアクティブユーザーは約400万人だから、毎日約6万5000人がデートをしていることになり、約3万組になる。

2　毎日300組のカップルが、Ｏｋキューピッドで特定の相手を見つけたと思われるという理由で、「無効アカウントフィルター」にひっかかる。その中には、（A）真剣に交際を始めたからアカウントを閉鎖してもかまわないであろう人や、（B）プロフィールなど本人の記載や投稿の内容から、恋愛のステータスが変わったと思われる人もいる。私の推測では、グループBはＯｋキューピッドで結ばれて長期的に関係が続くカップルのうち10組に1組、グループAは最初のデートをしたカップルのうち10組に1組程度だ。したがって、毎日3万組が最初のデートをしていて、そのうち3000組が継続して付き合うと考えられる。その3000組のうち、結婚するのは10組に1組より少ないだろう。この数字を別の方向から見ると、結婚する相手が見つかるまでに真剣な交際をした人の数は平均で約10人となる。

これらの数字は、少なくとも「今夜、最初のデートをしているカップル」の数については互いに裏付け合う。推測ではあるが、より厳密な計算も似たようなかたちになるだろう。

＊3　男性の58％は頭脳に問題あり

男性の評価の対象をIQに置き換えると、中央値は「知的機能のボーダーライン」とされる85をほんの少し下回る。たとえば、米軍はIQ85未満の志願者を採用しない。「男性の58％は頭脳に問題あり」という表現は少々過激だが、「男性の58％はIQが85未満」というたとえだ。

＊4　全米の独身者の約半分

恋愛サイトのデータセットの範囲を特定することは難しいが、なるべくわかりやすい、広義の説明を試みた。本書の読者の大半は、フェイスブックやツイッターと違って、出会いサイトを利用したことがないだろう。1990年代後半かそれ以前に結婚した、あるいは当時から同じパートナーと交際している人は、オンラインで出会う必要がなかった。2011年の国勢調査によると、15～64歳の独身者は全米で1億300万人。ただし、これは正式に結婚していない

［著者紹介］

クリスチャン・ラダー（Christian Rudder）

アメリカの大手出会いサイト　OkCupid 共同創業者。同社が運営する大人気のブログ「OkTrends」の執筆も手掛けた。ハーバード大学卒業（数学専攻）。

［訳者紹介］

矢羽野薫（やはの・かおる）

会社勤務を経て翻訳者に。慶應義塾大学法学部卒。主な訳書に『ヤバい統計学』『ナンバーセンス』（ＣＣＣメディアハウス）、『マイクロソフトでは出会えなかった天職』（ダイヤモンド社）、『ワーク・ルールズ！』（共訳・東洋経済新報社）などがある。

ハーバード数学科のデータサイエンティストが明かす
ビッグデータの残酷な現実
——ネットの密かな行動から、私たちの何がわかってしまったのか？

2016年８月４日　第１刷発行

著　者——クリスチャン・ラダー
訳　者——矢羽野薫
発行所——ダイヤモンド社
〒150-8409　東京都渋谷区神宮前6-12-17
http://www.diamond.co.jp/
電話／03･5778･7232（編集）　03･5778･7240（販売）
装丁————デザインワークショップジン
本文ＤＴＰ—インタラクティブ
製作進行——ダイヤモンド・グラフィック社
印刷————堀内印刷所（本文）・共栄メディア（カバー）
製本————本間製本
編集担当——木山政行

ISBN978-4-478-02299-3